Testosterona Rex

Cordelia Fine

Testosterona Rex

Mitos de sexo, ciência e sociedade

TRADUÇÃO Renato Marques

Copyright © 2017 Cordelia Fine
Copyright da tradução © 2018 Três Estrelas – selo editorial da Publifolha Editora Ltda.

Todos os direitos reservados. Nenhuma parte desta obra pode ser reproduzida, arquivada ou transmitida de nenhuma forma ou por nenhum meio sem a permissão expressa e por escrito da Publifolha Editora Ltda., detentora do selo editorial Três Estrelas.

Título original *Testosterone Rex: Myths of Sex, Science, and Society*

EDITORA Rita Mattar
EDITORA-ASSISTENTE Rita Palmeira
PRODUÇÃO GRÁFICA Iris Polachini
CAPA Mateus Valadares
IMAGENS DA CAPA CSA Images/ Getty Images
PROJETO GRÁFICO DO MIOLO Mayumi Okuyama
EDITORAÇÃO ELETRÔNICA Jussara Fino
PREPARAÇÃO Carlos A. Inada
REVISÃO Alyne Azuma e Patricia Quero

Dados Internacionais de Catalogação na Publicação (CIP)
(Câmara Brasileira do Livro, SP, Brasil)

Fine, Cordelia
  Testosterona Rex: mitos de sexo, ciência e sociedade/ Cordelia Fine; tradução Renato Marques. – São Paulo: Três Estrelas, 2018.

  Título original: *Testosterone Rex: myths of sex, science, and society.*
  Bibliografia.
  ISBN 978-85-68493-52-6

  1. Sexo 2. Sexo (Biologia) 3. Sexo (Psicologia) I. Título.

18-19460   CDD-155.3

Índices para catálogo sistemático:
1. Sexualidade: Psicologia 155.3

Este livro segue as regras do Acordo Ortográfico da Língua Portuguesa (1990), em vigor desde 1º de janeiro de 2009.

TRÊS
ESTRELAS

Al. Barão de Limeira, 401, 6º andar
CEP 01202-900, São Paulo, SP
Tel.: (11) 3224-2186/2187/2197
editora3estrelas@editora3estrelas.com.br
www.editora3estrelas.com.br

Sumário

10 Apresentando o Testosterona Rex
26 Uma nota sobre terminologia

31 **PARTE I** – **Passado**
    Capítulo 1 – Mosquinhas mirabolantes 32
    Capítulo 2 – Cem bebês? 54
    Capítulo 3 – Uma nova posição para o sexo 78

99 **PARTE II** – **Presente**
    Capítulo 4 – Por que uma mulher *não pode* ser mais parecida com um homem? 100
    Capítulo 5 – Moscas-mortas paraquedistas 132
    Capítulo 6 – A essência hormonal do T-Rex? 158
    Capítulo 7 – O mito das Irmãs Lehman 188

215 **PARTE III – Futuro**
    Capítulo 8 – *Vale Rex* 216

247 Agradecimentos
251 Notas
319 Índice remissivo

Para Isaac e Olly

Mas, além de estar furiosa, também tenho esperança, porque acredito profundamente na capacidade dos seres humanos de evoluírem, de se fazerem e se refazerem e se tornarem pessoas melhores.

CHIMAMANDA NGOZI ADICHIE, *SEJAMOS TODOS FEMINISTAS*[1]

Apresentando o Testosterona Rex

Em uma noite inesquecível, mencionei durante um jantar em família que era chegada a hora de castrar o nosso recém-adquirido cachorrinho. Aqui creio que devo explicar que meu filho mais velho nutre um interesse por taxidermia estranho e nada pueril. Assim, desde que aquele cãozinho barulhento e adorável passou a fazer parte da família, meu filho vinha fazendo campanha para que o animal, depois de morto, continuasse vivendo não apenas em nosso coração, como também em uma deliciosa e requintada pose, preservada em formol na sala de estar. Para meu filho, então, o comentário sobre a castração oferecia a possibilidade de um substituto temporário e improvisado, até que o fatídico dia chegasse. Empolgado a ponto de deixar cair os talheres, ele exclamou: "A gente pode pendurar os testículos dele na argola do chaveiro!".

Depois disso seguiu-se um acalorado debate sobre os méritos da ideia.

Compartilho com o leitor esse momento da intimidade da família Fine por dois motivos. O primeiro é que quero chamar a atenção para o fato de que – ao contrário da visão predominante acerca das feministas como pessoas incapazes de pensar em uma maneira mais inspiradora e encorajante de começar o dia de trabalho do que abrir a porta do escritório com um chaveiro feito de um par de testículos do tamanho dos de um homem – vetei veementemente a sugestão do meu filho.

O segundo motivo é que há aqui uma metáfora bastante útil. Um par de testículos fazendo as vezes de penduricalho em um chaveiro está fadado a prender a atenção do observador, enfeitiçá--lo. "Você tem um chaveiro e tanto!", comentariam as pessoas com toda a polidez do mundo. Porém, o que elas realmente gostariam de dizer com o comentário é que, de alguma maneira importante, a identidade do dono do chaveiro foi definida. Idiossincrasias, complexidades, contradições, características comuns àqueles que *não* ostentam genitais balançando em uma argola de chaveiro – tudo isso definha e desaparece como pano de fundo. *Você é* alguém com um chaveiro de testículos.

O sexo biológico é capaz de fisgar nossa atenção de modo muito parecido. Somos fascinados por ele; nós o mantemos constantemente sob os holofotes, na berlinda. Pelo jeito, nada mais adequado. Afinal, as categorias sexuais – se uma pessoa tem genitália masculina ou feminina – são obviamente fundamentais para a reprodução. As categorias sexuais também são a maneira mais básica de dividir o mundo social. Quando um bebê nasce, em geral a primeira coisa que queremos saber é se é menino ou menina, e provavelmente a última informação demográfica sobre uma pessoa que esquecemos é se é homem ou mulher. Então, talvez não surpreenda que quase sempre pensemos no sexo biológico como uma força fundamental do desenvolvimento, que cria não apenas dois tipos de sistema reprodutor, como dois tipos de pessoas.[1]

Uma conhecida história evolucionária (apropriadamente chamada de "Panorama Biológico Geral" por John Dupré, filósofo da ciência da Universidade de Exeter[2] e um de seus críticos mais ferrenhos) está no cerne dessa forma de pensar. Como todos sabemos, os pais de todo bebê são credores de dívidas gritantemente desiguais pelo milagre da vida. De acordo com meus cálculos grosseiros, a mãe merece receber mais ou menos uma vida inteira de inabalável gratidão em retribuição à doação de um óvulo perfeito e rechonchudo, cerca de quarenta semanas de hospedagem e comida *in utero*, muitas horas de trabalho de parto e diversos meses de amamentação. Entretanto, para o pai, que, por ocasião do nascimento, talvez tenha contribuído com pouca coisa, além de um único espermatozoide, provavelmente baste um ligeiro meneio de cabeça em sinal de agradecimento. Essa diferença fundamental dos sexos no investimento biológico em um bebê significa que, pelo menos em alguns aspectos, no nosso passado ancestral os sexos exigiam diferentes enfoques sobre a vida, com vistas à obtenção do sucesso reprodutivo. Essa é, claro, a questão decisiva – aliás, a única questão – na contabilidade evolutiva. O investimento muito menor dos homens em um bebê significa que eles têm potencial para colher imensos benefícios reprodutivos fazendo sexo com muitas mulheres diferentes, de preferência jovens e férteis. Para a mulher não é assim. O que mais a restringe é o acesso a recursos que a ajudem a cuidar de sua prole biologicamente dispendiosa.

E assim continuam várias versões desse conhecido relato, uma forma de seleção natural chamada de seleção sexual – que surge por causa da margem de superioridade que alguns indivíduos desfrutam sobre outros do mesmo sexo quando se trata de reprodução[3] – acabou moldando as diferentes naturezas nos sexos. Os homens desenvolveram um traço promíscuo e, na evolução, gradualmente se tornaram arrojados e competitivos, uma vez que essas eram as qualidades que lhes davam melhores condições de amealhar recursos materiais e sociais atraentes para as mulheres, e de converter esse interesse sexual em proveito ou lucro reprodutivo. Um homem poderia *se virar* ao ficar com uma única mulher, mas esses bons moços nunca ganham na loteria reprodutiva. Para as mulheres, por outro lado, esse tipo de comportamento predatório e ganancioso em geral ocasionaria mais custos do que benefícios. Alguns autores propõem uma estratégia feminina evoluída, de casos amorosos oportunistas com homens geneticamente superiores durante a fase fértil do ciclo menstrual, em uma caça a "bons genes".[4] Mas as mulheres ancestrais que com mais frequência conseguiam passar adiante seus genes eram as psicologicamente inclinadas ao jogo seguro, mais concentradas em cuidar de sua prole preciosa do que em desviar sua energia para a caça de múltiplos amantes, riqueza e glória.

Tudo isso parece uma lógica evolutiva fria, desapaixonada, desinteressada e indiscutível. As feministas podem condenar o patriarcado e chacoalhar com fúria seu chaveiro de testículos o quanto quiserem; isso não vai mudar os fatos fundamentais da reprodução, tampouco vai alterar a enxurrada de consequências que eles acarretam para o cérebro e o comportamento dos humanos modernos. Esses efeitos, sempre ouvimos dizer, aparentemente abrangem atividades que vão muito além das imaginações mais delirantes e desenfreadas dos nossos ancestrais, como cultivar células em laboratório ou viajar em alta velocidade dentro de um tubo metálico sobre rodas. Vejamos, por exemplo, como Gijsbert Stoet, psicólogo da Universidade de Glasgow, explica a persistência da disparidade abismal de gênero nos ramos da ciência, tecnologia, engenharia e matemática (STEM, na sigla em inglês).

> As pessoas são invariavelmente guiadas por seus desejos inconscientes. Na Idade da Pedra, era útil que homens fossem caçadores, e mulheres cuidassem dos bebês, e a natureza ajudou a codificar algumas dessas habilidades ao equipar nosso cérebro. Isso ainda hoje influencia o modo como pensamos.[5]

Devo dizer que nenhum dos muitos matemáticos e cientistas que conheço conduz suas pesquisas de modo que faça lembrar a forma como um homem das cavernas manejava uma lança para caçar um javali, mas é claro que talvez em Glasgow as coisas sejam feitas de um jeito diferente. E um elo semelhante entre o passado e as desigualdades do presente é mostrado pelo articulista de uma revista de Fórmula 1:

HUMANOS DO SÉCULO XXI TÊM CÉREBRO DA IDADE DA PEDRA

Os humanos da Idade da Pedra naturalmente não participavam do Campeonato Mundial de Fórmula 1 da FIA [Federação Internacional de Automobilismo], mas as recompensas da sobrevivência e, claro, do acasalamento resultaram em um cérebro masculino ajustado para a caça, para a agressividade e para a exposição a riscos e perigos. Isso foi mostrado em estudos sobre a forma como os homens dirigem carros hoje. Essa é a razão pela qual eles se envolvem em um número de acidentes de trânsito fatais bem mais alto do que as mulheres. Durante o mesmo período, obviamente as mulheres aprimoraram sua capacidade de criar e defender a prole. É claro que tudo isso parece profundamente sexista, mas é uma combinação de fatos históricos e estudos científicos recentes.[6]

De fato! Como poderia ser sexista a mera descrição das conclusões objetivas da ciência? A bem da verdade, *existe* alguém que seja sexista hoje em dia? Ou há apenas pessoas que reconhecem que nossos cérebros e nossas naturezas foram moldados por pressões evolutivas que respondem somente ao sucesso reprodutivo em nosso passado ancestral, sem preocupação alguma com as consequências futuras para a representatividade das mulheres nos campeonatos mundiais de Fórmula 1 ou na diretoria das grandes corporações? Afinal, de acordo com o que observa o neurobiólogo Larry Cahill, da Universidade da Califórnia em Irvine:

Insistir em que de alguma forma – magicamente – a evolução não produziu influências sexuais de base biológica de todas as dimensões e todos os tipos no cérebro humano, ou que essas influências de alguma forma – magicamente – produzem pouco ou nenhum efeito apreciável na função (comportamento) do cérebro, é o equivalente a negar que a evolução se aplica ao cérebro humano.[7]

De fato, à medida que se avolumam os estudos que mapeiam as diferenças cerebrais relativas ao sexo, o argumento de que a seleção sexual criou dois tipos de cérebro humano – masculino e feminino – parece se fortalecer cada vez mais.[8] Afinal, John Gray tinha razão quando afirmou que homens são de Marte, e mulheres são de Vênus? Alguns cientistas argumentaram que, embora a diferença média na forma como homens e mulheres pensam, sentem e agem talvez seja, comparando cada uma de suas peculiaridades, relativamente modesta, a consequência acumulada é profunda. "Psicologicamente, homens e mulheres são quase espécies diferentes", concluiu um acadêmico da Escola de Negócios de Manchester.[9] Cahill, na mesma linha, sugere que essa composição é semelhante à forma como muitas pequenas diferenças entre um Volvo e um Corvette – uma pequena disparidade nos freios aqui, uma modesta dessemelhança nos pistões acolá, e assim por diante – se somam para configurar tipos de carros bastante diferentes.[10] Talvez não por coincidência, um deles é um excelente e seguro veículo familiar, com bastante espaço no porta-malas para guardar as compras do supermercado; o outro é projetado para conferir poder e status.[11]

Por certo, muitas vezes nos comportamos e falamos como se os sexos fossem categorias diferentes: homens gostam *disso*, mulheres gostam *daquilo*. Nas lojas de brinquedos, os corredores de produtos (reais ou virtuais) segregados por sexo pressupõem que o sexo biológico de uma criança é um bom guia para definir que tipo de brinquedo vai interessar a ela. Supostamente em consonância com as pressões de seleção específicas ao sexo em nosso passado evolutivo, os "brinquedos para meninos" incentivam a fisicalidade, a competição, o domínio e a construção. Enquanto isso, o corredor cor-de-rosa, com sua oferta mais delicada de bonecas, brinquedos domésticos e kits de beleza, reforça os pilares gêmeos da feminilidade tradicional: cuidar dos filhos – provendo carinho e atenção – e ser bonita.[12]

Algumas escolas gabam-se de ter salas de aula segregadas, com base no pressuposto de que o sexo biológico cria categorias úteis para necessidades pedagógicas. Por exemplo, o *slogan* publicitário de uma escola para garotos perto da minha casa – "Nós sabemos como são os meninos" – sugere que um estado de profunda confusão viria à tona caso algum dia uma menina aparecesse de repente na escola, esperando receber instrução formal. "Mas nós sabemos como são os *meninos*!" – dá para imaginar os professores exclamando em desespero.

Do mesmo modo, muitos livros reforçam a mensagem de que *Homens são de Marte, mulheres são de Vênus*;[13] há um sem-número de outros títulos que prometem explicar por que *Men Are Like Waffles: Women Are Like Spaghetti* [Homens são como *waffles*, mulheres são como espaguete],[14] *Why Men Want Sex and Women Need Love* [Por que homens querem sexo e mulheres precisam de amor],[15] *Why Men Don't Listen and Women Can't Read Maps* [Por que homens não escutam, e mulheres não sabem ler mapas],[16] *Why Men Don't Iron* [Por que homens não passam roupa],[17] e até mesmo *Why Men Like Straight Lines and Women Like Polka Dots* [Por que homens gostam de linhas retas e mulheres gostam de poá][18] (linhas retas são muito antipáticas, eu acho).

E no que diz respeito ao mercado de trabalho, muitos consultores de "diversidade de gênero" dão como favas contadas que o sexo biológico propicia um substituto útil, um equivalente indireto para os conjuntos de habilidades que os funcionários trazem para as empresas. Para aumentar a representação feminina nos escalões mais altos das hierarquias corporativas, recomendam que os empregadores "reúnam as qualidades únicas de homens e mulheres".[19] Ter principalmente homens nos cargos de gerência, diz o argumento, é um pouco como tentar varrer o chão com nove pás de lixo e uma vassoura. Tomemos um exemplo típico: *Work with Me: The 8 Blind Spots between Men and Women in Business* [Trabalhe comigo: os oito pontos cegos entre homens e mulheres],[20] respeitosamente resenhado nas revistas *Forbes* e *The Economist*.[21] Aqui, os autores Barbara Annis e John Gray alegam que os trabalhadores precisam cultivar uma "inteligência de gênero" – o que quer dizer uma melhor compreensão das diferentes perspectivas e necessidades de homens e mulheres, e uma apreciação adequada do talento inerente das mulheres para a comunalidade, colaboração, intuição e empatia, que proporcionam o equilíbrio perfeito ao enfoque intrinsecamente competitivo dos homens, orientados para objetivos e por vezes socialmente insensíveis.

Quando pensamos em homens e mulheres dessa maneira, procuramos de forma intuitiva a causa, única e poderosa, que cria essa divisão entre os sexos. E se neste momento o leitor está pensando em um hormônio que começa com a letra T, não está sozinho. Há muito tempo, e ainda hoje, a testosterona vem figurando com destaque em explicações sobre as diferenças entre os sexos. Por exemplo, *Testosterone: Sex, Power, and the Will to Win* [Testosterona: sexo, poder e a vontade de vencer], livro de Joe Herbert, neurocientista da Universidade de Cambridge, não dá aos leitores a menor chance de subestimar a potência desse hormônio:

> Ao fim e ao cabo de qualquer discussão sobre o impacto da testosterona na história da humanidade em toda a sua ampla e poderosa complexidade, perdura um fato simples: sem testosterona, não existiriam humanos para que houvesse uma história.[22]

Ora, eis uma conclusão para inspirar a reverência que os testículos merecem… Ou pelo menos até percebermos que o mesmo fato se aplica ao estrogênio, ao carbono e até mesmo ao mais insípido dos elementos, o nitrogênio. Mas ainda assim – Sexo! Poder! Vontade de vencer! Conforme Herbert explica, essas são exatamente as qualidades masculinas que, de acordo com a sabedoria convencional acerca do nosso passado evolutivo, eram tão necessárias para o sucesso reprodutivo.[23] O repentino incremento da testosterona no feto durante a gestação é decisivo para o desenvolvimento da engrenagem reprodutora masculina. O contínuo aumento da testosterona na puberdade ocasiona a produção de esperma e características sexuais secundárias, por exemplo, o aumento da massa muscular, de pelos faciais e de ombros largos. Não faria sentido se a testosterona também tornasse os homens *masculinos*,[24] criando uma bifurcação psicológica que faz com que eles gostem *disso*, ao passo que a sua presença mínima em fêmeas ajuda as mulheres a gostar *daquilo*? Como essência hormonal da masculinidade, a testosterona teria assegurado, em nosso passado evolutivo, que o desejo de sexo, o ímpeto de poder e a vontade de vencer se desenvolvessem com muito mais vigor no sexo para o qual isso seria benéfico em termos reprodutivos.

Todos sabemos o que isso significa para a igualdade sexual no âmbito do trabalho, dados os níveis médios de testosterona muito mais altos nos homens do que nas mulheres. A gama mais ampla de possibilidades reprodutivas dos homens implica que "toda a estratégia da história de vida dos homens é uma aventura de riscos maiores, de mais competição e de mais coisas em jogo que a das mulheres", nas palavras de um acadêmico.[25] Então, o que acarreta para a esperança de igualdade o fato de a testosterona impulsionar o apetite por aventura? *Claro*, devemos valorizar as qualidades especiais que resultam do enfoque com que as mulheres encaram a vida: baixo risco e pouca competitividade. À medida que as economias mundiais se esforçam para se recuperar da inconsequente exposição a riscos que ensejou a crise financeira global, comentaristas perguntam se há "testosterona em demasia" em Wall Street,[26] exigindo a presença de mais mulheres em posições de liderança no mundo das finanças. Afinal, para uma mulher, com a fração ínfima de testosterona que percorre sua corrente sanguínea, hipotecas *subprime* e derivativos de crédito complexos não exercerão o mesmo fascínio irresistível. Há, porém, o outro lado dessa moeda. Se, graças à mão da evolução, implementada pela testosterona, um sexo é biologicamente mais predisposto a querer correr riscos e seguir em frente, então é apenas lógico e óbvio que esse seja o sexo mais ávido para, digamos, assumir a aposta do empreendedorismo, competir na Fórmula 1 ou aspirar a um status de poder que todos os dias traz a possibilidade embriagante de vociferar: "Jones, você está demitido!". Dupré explica essas implicações:

> Se a busca por status mostrou ser uma adaptação para o sucesso reprodutivo *masculino*, por fim localizamos a razão biológica para o status muito mais baixo alcançado pelas mulheres. Deixemos que os homens o persigam enquanto as mulheres se dedicam ao importante negócio de permanecer jovens.[27]

É verdade que, de maneira geral, não temos a tendência de pensar que os fatos científicos da natureza impõem o modo como as coisas *deveriam* ser. Só porque um cientista diz que algo é "natural" – como a agressão masculina ou o estupro –, obviamente isso não quer dizer que devamos endossar ou recomendar o que ele diz, muito menos compactuar com sua opinião. Isso não significa, no entanto, que a ciência não tenha nada a contribuir para os debates ou as aspirações sociais.[28] Embora as afirmações científicas não nos digam como a sociedade *deveria* ser, tarefa que cabe aos nossos valores, elas podem nos dar pistas sólidas sobre como colocar em prática esses valores, e que tipos de arranjos são viáveis.[29] Como ressalta Jeanette Kennett, filósofa da Universidade Macquarie, se uma sociedade igualitária não é "uma possibilidade genuína para criaturas como nós; [...] então, com base no pressuposto de que 'deve ser' implica 'poder ser', são solapados as prescrições e os ideais igualitários".[30] Se normalmente é típico apenas da natureza masculina brincar com certos tipos de brinquedo, querer trabalhar em tipos específicos de profissão, ter a disposição de fazer sacrifícios em nome da família e assumir os riscos necessários a fim de chegar ao topo, então isso, com certeza, nos diz algo acerca do tipo de sociedade que é razoável esperar e à qual aspirar. Stoet, por exemplo, desdobra-se para assegurar que suas conclusões sobre o impacto persistente do nosso passado evolucionário sobre o interesse das meninas em biologia ou engenharia "não significam, naturalmente, que as mulheres na sociedade moderna devam se ater aos papéis tradicionais". Ele enfatiza que as pessoas deveriam ser livres para escolher uma carreira contrariando os estereótipos, mas também é da opinião de que essa oportunidade jamais será assumida com grande regularidade e que as iniciativas para equiparar a participação das mulheres nas carreiras STEM, mais bem remuneradas, "negam a biologia e a natureza humanas".[31]

Essa afirmação reflete o peso da responsabilidade daqueles que aderem a esse ponto de vista sobre os sexos: ser o mensageiro de verdades indesejadas porém necessárias. O princípio da igualdade dos sexos – segundo o qual não deve ser negada a ninguém uma oportunidade apenas com base na genitália que, por acaso, a pessoa traz sob a roupa íntima – está razoavelmente bem entrincheirado nas sociedades ocidentais contemporâneas. Verdade seja dita, os membros dos clubes de cavalheiros deviam estar em um longo e profundo cochilo quando essa mudança particular nas atitudes e legislação sociais ocorreu; mas a maioria de nós já a entendeu, e o princípio está consagrado na legislação acerca da igualdade de oportunidades. Se, porém, os sexos são essencialmente diferentes, então a igualdade de oportunidades jamais levará à igualdade de resultados. Disseram-nos que, "se os vários abismos de disparidade, no mercado de trabalho e fora dele, pudessem ser destilados até chegar a uma única palavra, essa palavra não seria *discriminação*, e sim *testosterona*";[32] que as diferenças relacionadas ao sexo, resultantes da evolução, nas preferências de risco são "uma das principais causas da diferença de gêneros no mercado de trabalho";[33] e que, em vez de nos preocuparmos com a segregação dos corredores azuis e cor-de-rosa das lojas de brinquedos, devemos respeitar as "diferenças básicas e profundas"[34] nos tipos de brinquedos de que meninos e meninas gostam e apenas deixar "os meninos serem meninos, as meninas serem meninas".[35]

Isto é o Testosterona Rex: essa antiga, conhecida, plausível, penetrante, difundida e poderosa história de sexo e sociedade. Entremeando alegações interconectadas sobre evolução, cérebros, hormônios e comportamento, ele apresenta um relato puro e convincente das persistentes e aparentemente intratáveis desigualdades sexuais de nossas sociedades. O Testosterona Rex pode parecer imbatível. Sempre que discutimos o relevante tema das desigualdades sexuais e o que fazer a respeito delas, ele será o gigantesco testículo de elefante na sala. *E quanto às nossas diferenças resultantes da evolução, as desigualdades entre o cérebro masculino e o cérebro feminino? E quanto a toda aquela testosterona masculina?*

Se cavarmos um pouco mais fundo, porém, descobriremos que rejeitar a visão do Testosterona Rex não requer a negação da evolução, da diferença ou da biologia. Na verdade, levá-las em conta é a base da rejeição. Como demonstra este livro, o Testosterona Rex entende tudo errado, muito errado, totalmente errado. A compreensão científica contemporânea da dinâmica da seleção sexual, dos efeitos do sexo no cérebro e no comportamento, nas relações entre testosterona e comportamento e da conexão entre nosso passado evolutivo e nossos possíveis futuros, tudo isso debilita a visão do Testosterona Rex.

Não se discute que a seleção natural tenha moldado tanto o nosso cérebro como o nosso corpo. Se é que *existe* alguma feminista criacionista – o que parece ser uma combinação improvável de cosmovisões –, posso atestar que não sou uma delas. Mas, como explica a primeira parte deste livro, intitulada "Passado", a conhecida versão do "Panorama Biológico Geral" da seleção sexual agora parece, sem dúvida, obsoleta. Décadas de pesquisa em biologia evolucionária desestabilizaram os princípios fundamentais outrora aplicados de forma universal de uma ponta à outra de todo o espectro do reino animal, de acordo com os quais machos trabalhadores e de baixo investimento competem por fêmeas tímidas, carinhosas e de alto investimento. No fim, fica claro que a ordem sexual natural é surpreendentemente diversa, e também que trazemos para a história da seleção sexual as nossas próprias características humanas singulares. Já faz muitos anos que a ciência vem reescrevendo e humanizando essa narrativa evolutiva: não restam muitos vestígios da antiga história no núcleo vital do Testosterona Rex, como mostram os três primeiros capítulos.

A seção "Passado" põe abaixo antigas suposições de que princípios universais de seleção sexual inexoravelmente dão origem à evolução de dois *tipos* de natureza humana: a feminina e a masculina. Isso abre caminho para que a segunda parte, "Presente", estabeleça as bases e reúna as evidências, além da sexualidade, para a mesma conclusão. Desnecessário dizer que, hoje em dia, todos concordamos que a "natureza" e a "criação" interagem em nosso desenvolvimento. Mas, no interacionismo da perspectiva do Testosterona Rex, o sexo biológico é "uma causa básica, penetrante, poderosa e direta dos resultados humanos".[36] O sexo é fundamental, dizem. É a semente atemporal e imutável a partir da qual se desenrola um programa de desenvolvimento masculino ou feminino. A experiência tem um papel secundário na jornada de desenvolvimento do indivíduo em um cérebro masculino e uma natureza masculina, ou em um cérebro feminino e uma natureza feminina. Claro que há variabilidade – nem todos os homens são idênticos, e o mesmo vale para as mulheres. Entretanto, em meio a todo o "ruído" das diferenças individuais, uma "essência" masculina ou feminina pode ser extraída: características da masculinidade e da feminilidade que são naturais, imutáveis, discretas, histórica e transculturalmente invariáveis, e alicerçadas em fatores biológicos arraigados.[37] Toda vez que dizemos "uma vez menino, sempre menino" ou acusamos intervenções progressistas de tentar "ir contra a natureza", invocamos a suposição de que existem resultados ou "essências" evolutivamente intencionais.[38]

Porém, como mostram os capítulos 4 e 5, enquanto os componentes genéticos e hormonais do sexo sem dúvida influenciam o desenvolvimento e a função do cérebro – não somos tábulas rasas assexuadas –, o sexo é apenas um dos muitos fatores em interação. Somos uma espécie adaptada, é claro, mas também adaptável de maneira singular. Para além dos órgãos genitais, o sexo é surpreendentemente dinâmico, e não apenas aberto à influência das construções de gênero, mas dependente delas. O sexo também não entalha em nós cérebros masculinos e femininos, ou naturezas masculinas e femininas. Não há características masculinas ou femininas essenciais – nem mesmo quando se trata de correr riscos e de competir, traços ou peculiaridades aos quais com frequência se recorre para explicar por que os homens são mais propensos a ascender ao topo.

Então, em que situação fica a testosterona? De que modo ela cria a masculinidade, se não existe uma única maneira de ser homem, se não há um âmago masculino comum? A testosterona afeta nosso cérebro, nosso corpo e nosso comportamento. Mas ela não é o rei nem tem o poder ou a influência para criar reis – a poderosa essência hormonal masculina, competitiva e afeita a riscos –, como muitas vezes se supõe, conforme explica o capítulo 6. Dessa forma, embora talvez seja razoável dizer que foram principalmente os homens que, de fato, provocaram a crise financeira global de 2008, a elegante e atual controvérsia de que a "a culpa foi da testosterona" e que, portanto, uma maior "diversidade endócrina" nos salvará[39] é um excelente exemplo do que acontece quando as falhas do pensamento do Testosterona Rex são transpostas para a pesquisa e o debate públicos, conforme conclui o capítulo 7.

Então, o que devemos pensar dessa nova compreensão científica em evolução, das relações entre sexo e sociedade – e o que fazer com tudo isso?

A parte final do livro, "Futuro", olha para a frente. A morte do Testosterona Rex e a chegada de seu sucessor científico devem transformar o modo como pensamos as perspectivas de mudança social. Já não podemos mais supor que decretar as diferenças sexuais como "biológicas", "inatas", transculturalmente universais, ou manifestações de adaptações sexualmente selecionadas, seja o mesmo que proclamar que estamos presos a elas, conforme explica o último capítulo. Então o que queremos como sociedade?

Sem dúvida, o Testosterona Rex sobreviverá ao ataque brutal e feroz que recebe neste livro e – feito um cãozinho de família empalhado que segue existindo após o término de sua vida natural – continuará a perdurar na imaginação pública científica. No entanto, espero que saia estropiado, com graves ferimentos. Ou, pelo menos, um pouco mordiscado.

Falando sério: o Testosterona Rex está extinto. Ele deturpa nosso passado, presente e futuro, orienta incorretamente a pesquisa científica e reforça um *status quo* de desigualdade. É hora de dizer adeus e seguir em frente.

Uma nota sobre terminologia

Há algum tempo, meu filho mais novo empacou de repente em uma das tarefas de sua lição de casa porque não sabia ao certo se deveria usar a palavra *sexo* ou *gênero* para descrever um exercício de educação física em que cada menino fazia par com uma menina.

"Veja bem!", exclamei exultante quando ele fez a pergunta, discretamente empolgada por me ver diante de um momento feminista perfeito, propício para ensinar-lhe algo. "Essa é uma questão muito interessante, Olly. Vou tentar explicar." Ao ouvir essas palavras, o irmão mais velho de Olly soltou um suspiro abafado.

Ignorando com silenciosa dignidade esse olhar, comecei meu sermão sobre os princípios da terminologia, mas fui interrompida quase imediatamente.

"Só me diga *qual é*, mamãe", cortou meu filho, impaciente. "Tenho lição de matemática e uma porção de contas de multiplicação para fazer também. É *sexo* ou *gênero*?"

A incerteza dele nada tem de surpreendente. A partir do final da década de 1970, a palavra *gênero* começou a ser usada como uma maneira de estabelecer uma distinção entre o sexo biológico e os aspectos e status masculinos e femininos que uma sociedade atribui a ser homens ou mulheres. A ideia era que, fazendo referência ao "gênero", destacamos o papel dessas construções sociais

27

– o que a sociedade faz significar ser homem ou mulher – na criação de disparidades entre os sexos, em oposição ao inexorável desenvolvimento de naturezas masculinas e femininas biologicamente determinadas.[1] Esse prisma, porém, teve vida curta. Mais ou menos a partir da década de 1980, a palavra *gênero* também começou a ser usada no lugar de *sexo* como uma maneira de aludir ao fato de um indivíduo ser macho ou fêmea em termos biológicos, incluindo animais não humanos.[2] Hoje em dia, por exemplo, as pesquisas de opinião e os questionários costumam pedir ao entrevistado que identifique seu "gênero", embora em geral a expectativa do entrevistador seja a de que a resposta se baseie na existência de uma vagina ou um pênis, e não em qualquer qualidade ou preferência psíquica característica de um determinado gênero. A pessoa que processa seu formulário de solicitação de cartão de crédito não vai gostar se, em vez de assinalar uma das duas alternativas, você fizer anotações para informar que, sob alguns aspectos, seu gênero é masculino, mas que, no que tange a outros e não menos importantes conjuntos de características, seu gênero é feminino. Consequentemente, essa mudança no uso privou a palavra *gênero* de seu sentido e sua função originais.[3] Em seu lugar, algumas cientistas feministas agora usam termos como *sexo/gênero* ou *gênero/sexo* para enfatizar que, quando comparamos os sexos, estamos sempre olhando para o produto de uma inextricável mistura de sexo biológico e construções sociais de gênero.[4] No entanto, embora isso faça todo o sentido (como deixam claro os capítulos 4 e 6), não leva exatamente a uma experiência de leitura agradável e fluida. Por essa razão, eu uso *sexo* quando me refiro a comparações baseadas nas categorias de sexo biológico, e *gênero* para fazer referência a atribuições sociais.

Em um segundo sacrifício do pedantismo acadêmico em nome da legibilidade, uso a palavra *promíscuo* (em vez de vocábulos mais técnicos e precisos como *polígino*, *cópula extradiádica*, *poliândrico* e *acasalamentos múltiplos*), a despeito de tratar-se de um termo que vem sendo reprovado na biologia evolucionária.[5] Ainda que *promíscuo* seja um termo extremamente carregado de valor, nenhum julgamento moral está implicado em seu uso aqui. Nem mesmo para uma espécie de pássaro obscena e indecente chamada maçaricos--das-rochas retratada no capítulo que se segue.[6]

PARTE I
Passado

CAPÍTULO 1

Mosquinhas mirabolantes*

---

* No título original do capítulo, "Flies of Fancy", a autora faz um trocadilho intraduzível com a expressão *flights of fancy* ("voos da imaginação"), que equivale a *flight of fantasy* e *flight of imagination*, no sentido de "ideia mirabolante". Se o substantivo *fancy* significa "ilusão", "crença infundada", "fantasia", "imaginação", "ideia visionária", aqui a bricandeira verbal torna-se mais sofisticada porque, na zoologia, o vocábulo também se refere a "cruzamento seletivo de animais", "reprodução de um animal por suas qualidades específicas". [N.T.]

Em meio às brumas do tempo que felizmente lançam uma névoa por sobre a lista de namorados que tive ao longo da vida, em algum momento me envolvi com um homem cujo carro era um Maserati. Quando deixei escapar essa informação para a minha mãe, ela respondeu no tom de voz afetado e artificial que usa toda vez que, em deferência à minha condição – tecnicamente falando – de adulta, deseja disfarçar o fato de que acha que tomei uma decisão que sem dúvida levará ao desastre. "Imagina só, um *Maserati*!", exclamou. "Que chique, ele tem *muitas* namoradas?"

    A conexão que ela sugeriu de forma nada sutil tem uma interessante história científica.[1] Em meados do século passado, o biólogo e geneticista britânico Angus Bateman conduziu uma série de experimentos com as drosófilas (*Drosophila melanogaster*), também conhecidas como mosquinhas-das-frutas. No fim das contas, elas se tornariam a fonte de uma torrente de alegações sobre as diferenças psicológicas que se desenvolveram entre mulheres e homens. Qualquer pessoa que um dia já tenha se deparado com a ideia de que homens dirigem Maseratis pela mesma razão que pavões cultivam caudas primorosamente ornamentais foi tocada pelas repercussões desse estudo pioneiro. A pesquisa de Bateman foi inspirada pela teoria darwiniana da seleção sexual, uma subteoria muito debatida no âmbito da teoria darwiniana da seleção natural, esta sim, amplamente aceita. Segundo essa teoria, a seleção sexual é o processo por meio do qual a frequência de diferentes versões de um traço hereditário muda no decorrer do tempo, devido ao fato de que algumas variedades de um traço resultam em um sucesso reprodutivo maior que outros. Tratava-se, em parte, de uma tentativa de compreender e atribuir sentido ao mistério de por que os machos de muitas espécies exibem características extravagantes e pomposas, a exemplo da cauda do pavão. Esses fenômenos exigiam uma explicação porque eram muito estranhos para a teoria darwiniana da seleção natural. Afinal, se um dos objetivos primordiais da vida de uma criatura é evitar ser devorado por outro animal, então um traseiro emplumado no formato de um leque imenso e chamativo de abano não é uma vantagem.

A explicação de Darwin calcava-se em observações fartamente pormenorizadas de animais e seus hábitos de acasalamento. (Como um jornalista da revista *Nature* apontou sobre aquela época, "a despeito da reputação de puritanismo e pudicícia dos vitorianos [...], havia poucos lugares no mundo onde animais em pleno galanteio poderiam escapar de um naturalista com seus blocos de anotações".)[2] Esses estudos de campo deram origem à famosa observação de Darwin em *A origem do homem e a seleção sexual*, de que a causa para que os machos se afastassem da forma feminina

> parece estar no fato de que os machos de quase todas as espécies de animais são dotados de paixões mais fortes do que as fêmeas. Por isso, são os machos que lutam juntos e, diligentes, exibem laboriosos seus encantos diante das fêmeas.[3]

No que diz respeito à disputa, mais conhecida formalmente como competição intrassexual, Darwin propôs que algumas características (como um tamanho descomunalmente avantajado e imponente ou um par grande e ameaçador de chifres) em geral são selecionadas de maneira mais vigorosa para o benefício dos machos. Isso ocorre porque esse tipo de traço amplia a vantagem reprodutora de um macho, por incrementar sua capacidade de lutar contra outros machos pelo acesso a fêmeas. Por outro lado, características mais excêntricas ou estapafúrdias – uma plumagem esplêndida, um odor agradável ou uma cantoria intrincada – exercem seu efeito positivo no sucesso reprodutivo, intensificando o encanto com que o macho atrai a fêmea. Essa dinâmica recebe o nome de competição intersexual.

Darwin reconhecia que o padrão que descrevera era por vezes invertido: as fêmeas eram competitivas ou ornamentadas e os machos adotavam o estilo seletivo, exigente e menos espetaculoso. Mas isso era menos comum, porque, como Darwin sugeriu, o desafio de ser escolhido geralmente recaía com maior ímpeto sobre os machos do que sobre as fêmeas. Ele deu a entender que isso se devia de alguma forma a diferenças no tamanho e na mobilidade de espermatozoides *vis-à-vis* os óvulos. Mas foi Bateman quem, retomando a ideia do ponto onde Darwin havia parado, desenvolveu-a e ofereceu a primeira explicação contundente para o fato de os machos competirem, e depois as fêmeas escolherem um dentre eles.

O objetivo da pesquisa de Bateman era testar uma previsão a partir da teoria da seleção sexual. Tal qual a seleção natural, para que a seleção sexual funcione, ela precisa de variação no sucesso reprodutivo: se todo mundo obtiver êxito idêntico na produção de uma prole, não há base que sirva de referência para eliminar os indivíduos menos bem-sucedidos. Se, conforme Darwin sugeriu, a seleção sexual afeta mais fortemente os machos, então isso implica uma maior variação no sucesso reprodutivo dos machos em comparação com as fêmeas – isto é, uma amplitude mais extensa entre os indivíduos mais ou menos bem-sucedidos em termos reprodutivos. Foi Bateman que pôs esse pressuposto à prova pela primeira vez.[4]

Para tanto, realizou uma série de experimentos em que drosófilas machos e fêmeas foram colocadas juntas dentro de frascos de vidro para se reproduzirem livremente durante três ou quatro dias. No fim desse período, Bateman calculou da melhor maneira que pôde quantos filhotes cada macho e cada fêmea haviam produzido, e de quantos parceiros diferentes. Ele precisou de engenho considerável para fazer isso, uma vez que a disciplina da biologia molecular, graças à qual hoje em dia há kits de teste de paternidade à venda nas prateleiras dos supermercados, não existia na década de 1940.

Um fã de filmes e séries talvez ficasse tentado a descrever a solução a que Bateman chegou como um cruzamento entre *Frankenstein* e *Big Brother*. Cada um dos espécimes em sua série apresentava uma mutação congênita diferente, única e distintiva: alguns com nomes charmosamente evocativos ("Cerda", "Careca" e "Asa peluda"); outros horripilantes (como a mosca "microcéfala", de olhos minúsculos ou sem olhos). Cada mosquinha tinha um alelo (uma das duas cópias de um gene) mutante dominante e um gene recessivo normal: em outras palavras, conforme o leitor há de lembrar vagamente das aulas de biologia do ensino médio, mais ou menos um quarto da progênie acabaria evidenciando uma mutação tanto do pai como da mãe, um quarto apenas a mutação do pai e outro quarto somente a mutação da mãe (os 25% sortudos remanescentes da prole não apresentariam mutação alguma). Esse princípio de herança genética permitiu a Bateman estimar quem havia acasalado com quem, quantos filhotes cada macho e cada fêmea tinham produzido e com quantos diferentes parceiros de cópula cada mosquinha havia se divertido.

O resultado das seis séries de acasalamentos de Bateman foi o primeiro relato científico de uma maior variação no sucesso reprodutivo do macho. Por exemplo, 21% dos machos fracassaram na produção de filhotes, em comparação com apenas 4% das fêmeas. Eles também mostraram uma maior variação no número estimado de parceiras de cópula. Mas foi a ligação entre as duas descobertas que se tornou a base para explicações de por que os machos competem e as fêmeas escolhem: Bateman concluiu que, embora o sucesso reprodutivo das moscas macho – medido pela quantidade de descendentes adultos gerados – aumentasse com a promiscuidade, o mesmo não ocorria com as drosófilas fêmeas, que, ao contrário, tinham maior sucesso quando elas se reproduziam com o mesmo parceiro. A explicação decisivamente importante de Bateman foi a percepção hoje conhecida de que o sucesso masculino na produção de descendentes é em larga medida limitado pelo número de fêmeas que ele é capaz de inseminar, ao passo que uma fêmea nada ganha com outros acasalamentos (já que seu primeiro parceiro deveria lhe fornecer muito mais espermatozoides do que ela necessita).

Curiosamente, o estudo de Bateman foi ignorado durante mais de vinte anos.[5] Até que seu argumento foi expandido em um estudo pioneiro do biólogo evolucionário Robert Trivers.[6] No artigo de Trivers, um divisor de águas, a economia da produção do óvulo e do esperma tornou-se mais explícita, sendo expressa em termos do maior investimento da fêmea na forma de um óvulo grande e custoso, em comparação com a minúscula contribuição do macho de um diminuto e único espermatozoide. Trivers apontou também que a assimetria dos custos biológicos ou energéticos de reprodução pode ir muito além das diferenças relacionadas ao sexo na contribuição original dos gametas (isto é, o óvulo *versus* o espermatozoide) incluindo a gestação, amamentação, alimentação e proteção. Qualquer leitora que já tenha tido filhos, posso apostar, estará inclinada a concordar com esse ponto de vista a respeito da realidade do papel substancial da fêmea na reprodução dos mamíferos. Minha própria compreensão pessoal dessa verdade profunda se deu durante minha primeira gravidez, ao ler uma descrição realista e nem um pouco obsequiosa de um parto como uma façanha física comparável à de uma pessoa que sai de dentro de um automóvel pelo cano do escapamento. O sexo de investimento mais alto – de praxe, o feminino – deveria, portanto, reter o melhor macho possível, Trivers especulou, visto que os custos de um acasalamento de baixa qualidade são consideráveis. Mas os machos fariam de tudo para competir com outros machos a fim de disseminar entre o maior número possível de fêmeas sua semente barata e produzida em massa. Uma implicação suplementar, alegou Trivers, era que os machos em geral têm menos a perder do que a ganhar abandonando a prole existente para buscar uma nova parceira de cópula.

O Paradigma de Bateman, como às vezes é conhecido, foi durante muito tempo o "princípio norteador e a pedra angular de boa parte da teoria da seleção sexual". Na definição de Zuleyma Tang-Martínez, bióloga evolucionária da Universidade do Missouri em St. Louis,

> até muito recentemente, os inquestionáveis pressupostos subjacentes ao estudo da seleção sexual eram que os óvulos são caros, ao passo que os espermatozoides são ilimitados e baratos, e que, portanto, os machos deveriam ser promíscuos, enquanto as fêmeas deveriam ser bastante seletivas e exigentes e acasalar apenas com o melhor macho possível, e que deveria haver maior variação reprodutiva entre os machos (em comparação com as fêmeas), porque são eles que competem por fêmeas e copulam com mais de uma delas. Uma vez que as fêmeas supostamente se acasalam com um único macho, isso significa que alguns machos talvez copulem com muitas delas, ao passo que outros podem procriar com poucas ou nenhuma. Essa variação reprodutiva é, então, responsável pela seleção sexual de traços característicos que os machos mais bem-sucedidos têm.[7]

Irrefutavelmente elegantes, as conclusões de Bateman, aprimoradas por Trivers, desfrutaram por muitos anos do status de princípios universais. Tornaram-se também o fundamento de alegações sobre as diferenças que mulheres e homens desenvolveram, em que caudas de pavão são substituídas por Maseratis, por um escritório melhor e mais bem localizado ou por troféus imensos e reluzentes. Apenas substitua a expressão "muitas fêmeas" por "muitas namoradas" e "traços característicos que os machos mais bem-sucedidos têm" por "Maseratis que os homens mais bem-sucedidos têm", e todos os pontos se ligam. A partir dessa perspectiva evolutiva, uma mulher que deseja um status elevado é um pouco parecida com um peixe que deseja uma bicicleta.

Entretanto, nas últimas décadas houve tal reviravolta conceitual e empírica acerca da seleção sexual na biologia evolucionária que, de acordo com um professor da área com quem conversei, hoje os artigos clássicos de Bateman e Trivers são em larga medida citados por razões sentimentais. De maneira surpreendente, o primeiro conjunto de dados contraditórios que examinaremos vem do estudo do próprio Bateman.

Embora as conclusões de Bateman tendam a evocar imagens da Mansão Playboy ou de haréns bem abastecidos, é necessário por ora retornar aos seus insalubres frascos de vidro. Foi somente neste século que se inicia que, ao constatar que esse artigo seminal jamais havia sido repetido ou reproduzido, e aparentemente nem sequer submetido a um escrutínio mais detido, os biólogos contemporâneos Brian Snyder e Patricia Gowaty o reexaminaram. Eles próprios admitem que, ao retomar o estudo, estavam munidos de muitas vantagens de que Bateman não dispunha. Isso incluía o auxílio de modernos recursos computacionais, métodos estatísticos mais sofisticados e – talvez eu ouse acrescentar – cinquenta anos de percepções, noções e discernimentos feministas sobre o modo como as convicções culturais podem afetar o processo científico.[8] Como outros críticos modernos do estudo de Bateman, Snyder e Gowaty expressaram considerável admiração e respeito pela "inovação" do estudo. Porém, como eles apontaram, dada a "natureza fundacional" do trabalho de Bateman, era "importante saber que seus dados são robustos, suas análises são corretas, e suas conclusões são justificadas".[9] A bem da verdade, essas afirmações não se sustentaram posteriormente. O reexame de Snyder e Gowaty revelou alguns problemas significativos.

Para começo de conversa, como o leitor há de recordar, Bateman usou diferentes tipos de deformidades e mutações de drosófilas para inferir o sucesso reprodutivo a partir do padrão particular de anormalidades passadas adiante para cada descendente. Se esse método faz você, leitor, sentir náuseas ao ponderar sobre o horror elevado ao quadrado de uma mosquinha desgraçada o bastante para herdar, ao mesmo tempo, tanto uma mutação materna como uma paterna, então você está a um passo de um problema significativo: no fim ficou claro que essas mutações afetavam a viabilidade da prole, e em sua contabilidade Bateman só computou jovens moscas sobreviventes.[10] Se, por outro lado, uma mosca que apresentasse apenas uma mutação, ou nenhuma, tinha probabilidade maior de sobreviver, isso poderia ser atribuído, na melhor das hipóteses, a um dos pais. Devido ao fato de a linhagem ou filiação de tantas fertilizações permanecer completa ou parcialmente não contabilizada, abre-se considerável margem para erro. Bateman apenas reconheceu esse problema, ao passo que Snyder e Gowaty o quantificaram. Eles perceberam que, em dois terços da série de experimentos de Bateman, os dados indicavam que os machos tinham produzido mais descendentes do que as fêmeas: uma impossibilidade lógica, já que cada descendente tinha obviamente um pai e uma mãe. Em outras palavras, os dados tinham sido enviesados em favor da contagem da progênie de machos.[11] Essa inclinação é importante porque o propósito do estudo era justamente comparar a variação de macho e fêmea no sucesso reprodutivo, e no entanto os dados tenham sido enviesados de modo a inflar as estimativas da variação de machos.

Mesmo deixando de lado essa fonte de distorção nos dados de Bateman, persiste um problema crucial, proposto pela primeira vez por Tang-Martínez e Brandt Ryder.[12] Embora reconhecendo que o estudo de seu antecessor era "engenhoso e elegante",[13] Tang--Martínez e Ryder apontaram também que sua famosa descoberta de que somente os machos se beneficiam da promiscuidade – imortalizada em um princípio universal – se aplicava na verdade apenas às duas últimas séries de experimentos. Por razões que permanecem obscuras,[14] Bateman analisou os dados das quatro primeiras séries separados das duas últimas e apresentou-os em dois gráficos independentes. Notavelmente, as fêmeas mostraram *maior* sucesso reprodutivo com um número maior de parceiros nas primeiras quatro séries, ainda que inferior ao dos machos. Mas, na seção de discussão de seu artigo, Bateman concentrou-se essencialmente nos resultados que se ajustavam à noção de machos competitivos e fêmeas seletivas. Como aponta Tang-Martínez, esse foco restritivo foi a seguir perpetuado por outros:

> Com poucas exceções, a maior parte dos pesquisadores posteriores apresentou os dados das séries 5 e 6 de Bateman (seu segundo gráfico) e fiaram-se neles. Discussões gerais acerca da seleção sexual e até mesmo livros didáticos sobre comportamento animal quase sempre apresentaram somente o segundo gráfico, e a discussão limitou-se apenas a esses resultados, geralmente como uma explicação de por que os machos são promíscuos e as fêmeas, recatadas e seletivas. Os resultados das séries 1 a 4, e qualquer discussão sobre um aumento [no sucesso reprodutivo] das fêmeas como uma função do número de machos com que ela copulou, para todos os efeitos práticos, desapareceram da literatura.[15]

Para ver como seriam os resultados sem a aparentemente arbitrária separação entre as séries experimentais impostas por Bateman, Snyder e Gowaty reanalisaram dados de todas as séries, somados em conjunto. Em tom jocoso, apontaram que, se pelo menos o próprio Bateman tivesse feito isso, ele poderia ter reivindicado com orgulho a descoberta da primeira evidência dos benefícios reprodutivos da promiscuidade feminina! O sucesso reprodutivo aumentou em relação direta com o número de parceiros tanto para fêmeas como para machos, e em um grau semelhante. Tomada em conjunto com a inclinação para a contagem da prole dos machos, a conclusão a que chegaram foi de "que não existe nenhuma base estatística séria nos dados de Bateman para sua conclusão de que o sucesso reprodutivo das fêmeas não aumenta com o número de parceiros".[16]

Talvez seja desnecessário dizer que o fato de os princípios de Bateman terem sido desmentidos pelos próprios dados produzidos por ele representou um retrocesso. Claro que os biólogos evolucionários interessados em seleção sexual não ficaram à toa durante décadas a fio, seguros de que o bom e velho Bateman houvesse descoberto em 1948 tudo o que precisavam saber. Estavam ocupados realizando experimentos, e a pesquisa contemporânea identificou muitas espécies às quais os princípios de Bateman parecem de fato se aplicar.[17] Contudo, a *Drosophila melanogaster* acabou se revelando apenas o início de uma história empírica mais complicada. Em 2012, uma extensa tabela publicada em um periódico acadêmico de ecologia comportamental listou 39 espécies, de uma ponta à outra do espectro do reino animal, em que a pesquisa havia estabelecido que a promiscuidade feminina ocasiona maior sucesso reprodutivo.[18] E, no entanto, embora em muitas dessas espécies o vínculo seja mais forte para os machos, às vezes ele é igual (por exemplo, no caso do esquilo-do-pinheiro amarelo e do tritão-selvagem-oriental).[19]

Isso ajuda a explicar por que, ao contrário da compreensão histórica de que a promiscuidade é em geral exclusiva dos machos, agora está claro que a promiscuidade feminina é abundante em todo o reino animal – das drosófilas[20] às baleias jubartes[21] (também conhecidas como baleias-cantoras) – e "difundida" entre os primatas.[22] Essa revelação deve muito às técnicas de teste de paternidade de DNA, que permitiram aos pesquisadores retirar os véus de discrição que antes encobriam a copiosa e desenfreada promiscuidade feminina (em especial em muitas fêmeas de aves supostamente monogâmicas).[23] Examinemos o acasalamento *lek**: um arranjo em que os machos competem entre si em um território específico, em um conflito em que "o vencedor leva tudo" no acesso sexual a fêmeas. É o caso paradigmático de machos competitivos e fêmeas seletivas e exigentes. Em algumas espécies, no entanto, um exame mais aprofundado, com o auxílio de técnicas de teste de paternidade, virou esse padrão de cabeça para baixo. Por exemplo, observações do maçarico-das-rochas-de-peito-ruivo, uma bela ave costeira, realizadas ao longo de dois anos, sugeriu que, em conformidade com as expectativas tradicionais acerca do funcionamento do *lek*, um macho afortunado estava envolvido em 80% dos acasalamentos no primeiro ano, e em 100% no segundo.[24] Para *ele* valeu muito a pena correr qualquer risco para alcançar a posição de macho alfa, qualquer um pensaria. Todavia, o teste de paternidade de DNA aplicado a mais de 160 filhotes chocados durante esse período revelou que muita coisa havia ocorrido, digamos, por debaixo dos panos. Longe de um ou dois machos terem toda a sorte reprodutiva, pelo menos 59 machos diferentes haviam fertilizado ovos nas 47 ninhadas testadas! (ovos da mesma ninhada

---

* Normalmente formado antes ou durante a época de reprodução, o *lek* é uma agregação de machos que se juntam para entrar em exibições competitivas que podem convencer fêmeas à procura de possíveis parceiros para a cópula; apesar de ser mais comum entre aves, o comportamento *lek* é observado também em insetos, anfíbios e mamíferos. [N.T.]

podem ter pais diferentes). Isso significava que "na verdade havia mais pais que mães".[25] Lembre-se: em tese deveria haver *um único* pai compartilhado entre toda a comunidade de mães. Ademais, a maioria dos machos só gerou descendentes com uma única fêmea; no entanto, extraordinários 40% das ninhadas tinham mais de um pai.

Não poderia haver um contraste maior com a compreensão tradicional de como um *lek* é operado. É como se as mulheres de um harém, ao receber a visita do sultão, comentassem com toda a tranquilidade do mundo: "Ah, não, esta criança não é sua filha – é a filha do segundo lacaio... Hã? Ah, desculpe. Esse aí também não é seu, é o filho do chofer. Espere aí, sultão, a gente vai encontrar o seu filho. Nadia... *Nadia!* Você lembra qual dessas crianças é o filho do sultão? Ah, sim, isso mesmo. Aquele menino ali, brincando com o meio-irmão. Ele é seu. É quase certeza".

De fato, já havia relatos surpreendentes sobre a promiscuidade feminina mesmo nas décadas de 1960 e 1970, como apontado pela ecologista comportamental Sarah Blaffer Hrdy, da Universidade da Califórnia, em Davis. É o caso dos grandes felinos, como a leoa, que durante o cio é capaz de copular até cem vezes por dia com múltiplos leões. Ou dos babuínos da savana, que, de acordo com observações, buscavam ativamente inúmeros acasalamentos breves.[26] No entanto, de alguma forma esses exames atentos não representaram um avanço conceitual: talvez porque, como Hrdy sugere com sarcasmo, "em teoria o fenômeno não deveria ter existido"[27] (os antropólogos gostam de fazer um gracejo espirituoso: "Eu não teria visto se não tivesse acreditado").[28]

Hrdy pode reivindicar para si a autoria da mais famosa e provocativa afronta à noção de monogamia feminina. Estudando uma espécie de macaco langur na Índia quando era aluna de pós-graduação em Harvard, ela percebeu que as fêmeas costumavam procurar outros parceiros de cópula que não os "seus chamados *líderes do harém*". Ela descreveu assim seu lento despertar intelectual:

> Meu primeiro vislumbre de um langur, a espécie que eu passaria quase dez anos estudando de forma intermitente, foi perto do Grande Deserto Indiano, no Rajastão. Uma fêmea movia-se rapidamente de uma ponta à outra de um íngreme cânion de granito, afastando-se de seu grupo original para aproximar-se de um bando só de machos e cortejar parceiros de cópula. À época, eu não dispunha do contexto para interpretar comportamentos que pareciam simplesmente estranhos e incompreensíveis para os meus olhos treinados por Harvard. Apenas com o tempo acabei por perceber que aquelas andanças e o comportamento aparentemente "lascivo" eram eventos recorrentes na vida dos langures.[29]

Em função dos perigos e custos desses acasalamentos "excessivos" (como os riscos de doenças e predação por abandonar o grupo, bem como o investimento de tempo e energia que poderiam ser gastos para fazer outra coisa), esse era um comportamento que exigia explicação (Hrdy sugeriu que ele ajudava a deixar em aberto a identidade do pai, o que reduzia a probabilidade de a prole da mãe ser assassinada). Desde essa famosa revelação científica, pesquisadores apresentaram um sem-número de sugestões engenhosas sobre as vantagens que fêmeas poderiam obter com múltiplos parceiros. Na medida em que parece não haver nada mais justo do que as mulheres também terem acesso, quando traem um parceiro, a desculpas de sabor evolucionista, como "o-sussurro-dos-meus--genes-me-obrigou-a-fazer-isso", aqui exponho uma seleção dessas ideias. Entre as vantagens propostas da promiscuidade feminina, incluem-se benefícios genéticos, uma prole mais saudável e a oportunidade de estabelecer uma competição de esperma que extirpe os espécimes inferiores. Chegou-se inclusive a sugerir que as fêmeas pudessem ter relações sexuais com diversos machos a fim de sabotar o sucesso reprodutivo das rivais, por meio do esgotamento dos estoques de espermatozoides.[30]

Se essa última possibilidade se parece mais com uma espécie ridícula de maldade do que com a mãe natureza, talvez seja por causa do grau de eficácia com que os princípios de Bateman de fato obscureceram a noção de *competição feminina*.[31] Já que mesmo a mais medíocre das fêmeas pode realizar a façanha bastante modesta de ser fertilizada por um macho ávido, por anos supôs-se que toda fêmea adulta se reproduziria mais ou menos como qualquer outra. As fêmeas, portanto, sofreriam pouca pressão da seleção para desenvolver traços característicos que lhes dessem uma vantagem reprodutiva com relação a outras fêmeas. Mas, como Hrdy apontou mais de três décadas atrás e pesquisas em andamento continuam a confirmar, o status e a situação de uma fêmea podem ter repercussões de grande envergadura para seu sucesso reprodutivo – particularmente no decorrer de longos períodos, durante os quais o sucesso reprodutivo dos machos pode de alguma forma se nivelar, à medida que eles se revezam no papel de "rei do pedaço".[32] Entre os primatas, por exemplo, a ovulação das fêmeas de posição inferior pode ser paralisada em consequência da proximidade daquelas dominantes, ou elas podem ser tão acossadas por outras fêmeas que acabam sofrendo aborto espontâneo. Na hipótese de virem a dar à luz, sua prole provavelmente terá menores chances de vingar e sobreviver, devido à alimentação inadequada, ao molestamento ou até mesmo ao infanticídio praticado por fêmeas sem parentesco. De maneira horrenda, essas fêmeas saqueadoras são famosas por comer os recém-nascidos que matam. Ao mesmo tempo, em espécies como o chimpanzé, as fêmeas de status elevado se reproduzem mais rapidamente, e seus filhotes têm maiores chances de sobreviver, aparentemente devido ao acesso a locais com víveres mais abundantes.[33]

Recursos e status são importantes para as fêmeas (de fato, agora talvez seja um bom momento para lembrar que expressões como "lei do galinheiro", para indicar hierarquia social, nos foram legadas por cortesia das galinhas). Constatou-se que fêmeas mamíferas dominantes obtêm comida mais abundante e de melhor qualidade, têm mais acesso a água e locais propícios para se abrigar, correndo menores riscos de sofrer predação – assim, "o sucesso reprodutivo incrementado entre fêmeas dominantes parece ser amplamente disseminado em diversas espécies de mamíferos".[34] Levando em conta tudo o que é necessário para gerar, amamentar e despachar com êxito um filhote mundo afora – comida, proteção, talvez um abrigo aconchegante ou o uso privilegiado de um comedouro –, isso faz sentido. Os mais aptos a competir por recursos materiais e sociais muito provavelmente terão maiores chances de passar adiante seus genes para a geração seguinte e até mesmo – por meio da *qualidade* dessa prole, ou por herança ou status[35] – para a geração posterior a essa.[36]

Em suma, nem a promiscuidade nem a competição são necessariamente um privilégio reservado ao sucesso reprodutivo dos machos.

E uma terceira objeção à força intuitiva dos princípios de Bateman é a constatação de que os machos também podem ser seletivos e exigentes. Isso, claro, não faz sentido algum se partirmos do pressuposto de que, para eles, o acasalamento se dá ao preço ínfimo de um espermatozoide saído de um estoque ilimitado. Acontece que essa é uma maneira profundamente equivocada de encarar a situação. Analisemos, por exemplo, a suposta abundância estonteante de esperma masculino, cujo custo é, em teoria, trivial. Conforme diversos cientistas apontaram, tanto a observação como a experiência pessoal atestam o fato de que os machos não oferecem apenas um único espermatozoide em troca de um óvulo.[37] Pelo contrário, eles produzem, a cada vez, milhões de espermatozoides (nos humanos, na ordem de 200 milhões)[38] que vicejam de forma copiosa nas secreções glandulares que compõem o sêmen. Embora a situação varie de espécie para espécie, os biólogos concluíram que, de forma geral, "a antiquada noção de que os machos são capazes de produzir um número praticamente infinito de espermatozoides a um custo baixíssimo é incorreta, o que está comprovado".[39] De fato, em uma espécie de aranha, os machos esgotam sua reserva de esperma depois de copular uma única vez.[40] Talvez uma única ejaculação também não seja suficiente para assegurar a fertilização, o que torna a conta biológica ainda mais cara.[41] A copulação inclui ainda outros custos além do esperma. Machos de muitas espécies oferecem "presentes nupciais", tais como pacotes de esperma ricos em nutrientes, presas capturadas ou até mesmo partes de seu próprio corpo. E para qualquer espécie em que o coito seja mais elaborado do que uma brutal e eficiente colisão de gametas, haverá custos de tempo e energia para a corte.

Pesando tudo, existem boas razões reprodutivas para que os machos de certas espécies sejam seletivos. Análises sobre o tópico fornecem ao behaviorista animal amador muitos estudos de caso fascinantes que indiretamente ilustram o princípio de que, para os machos, o acasalamento vem acompanhado de uma etiqueta de preço nada trivial.[42] Os machos de algumas espécies (a exemplo da maria-fedida e do peixe-papagaio-dentuço) lidam com o problema dos custos do esperma à maneira do avarento Ebenezer Scrooge, relutantemente "ajustando de má vontade o tamanho de suas ejaculações"[43] de acordo com a qualidade reprodutiva da fêmea.[44] Outras, como o rato-marsupial-australiano *Antechinus*, lançam mão do enfoque oposto, entregando-se ao desregramento, essencialmente copulando até morrer em um breve frenesi reprodutivo.[45] O preço do sexo para o macho da aranha-da-cruz-de-santo-andré é tão alto que ele só copula uma única vez na vida. De acordo com o que me explicou o biólogo Mark Elgar, da Universidade de Melbourne, isso ocorre porque durante essa especialíssima ocasião "o macho tolamente quebra seu aparato copulatório, e a fêmea acaba com seu constrangimento comendo-o"[46] (não é para menos que essas aranhas macho carregam sua própria cruz e estão sempre entre a cruz e a espada). Outras espécies mantêm os custos baixos com uma castidade autoimposta. No laboratório de Elgar, bichos-pau-de-macleay machos recebem toda semana uma oportunidade de copular. Apesar de aparentemente não terem nada mais trabalhoso para fazer o dia inteiro além de se assemelhar a um graveto, só se animam a aproveitar a oportunidade de cópula entre 30% e 40% das vezes.[47] Os besouros tenébrios (bicho-da-farinha), os grilos *Anabrus simplex* (também chamados de grilos-canibais) e os estorninhos-comuns ou estorninhos-malhados são, de tempos em tempos, igualmente indiferentes ao charme feminino.[48] No fim fica claro que mesmo a drosófila, o garoto-propaganda original dos benefícios do estilo de vida namorador, vez por outra recusa os avanços das fêmeas, supostamente sob o pretexto de que está guardando o esperma para a parceira certa.[49]

Em virtude de todas as complicações da história original de Bateman, não surpreende que no fim se evidencie que não existe nenhuma relação direta entre investimento e cuidado parental. Por muitos anos, as pessoas ficaram tão extasiadas pelas vertiginosas possibilidades reprodutivas dos machos que se esqueceram de perguntar de onde viriam todas as fêmeas a serem fertilizadas.[50] Negligenciou-se o fato de que, em sua maioria, as fêmeas talvez já estivessem ocupadas com a prole existente. Na média, o sucesso reprodutivo dos machos não consegue superar o das fêmeas, devido ao simples fato de que cada descendente tem um pai e uma mãe. Como apontam os biólogos evolucionários Hanna Kokko e Michael Jennions, a possibilidade teórica de que um macho seria capaz de produzir dezenas de descendentes se copulasse com dezenas de fêmeas tem pouca importância se, na realidade, há poucas fêmeas disponíveis para fertilizar, e a competição por elas é intensa. Na definição de Kokko e Jennions, a teoria do investimento parental de Trivers

> implicitamente presume que a melhor resposta para os machos – que enfrentam mais concorrentes de acasalamento do que as mulheres – é investir com mais peso em armas, enfeites ou outros traços característicos que aumentem seu acesso às parceiras. Há, no entanto, um contra-argumento válido: quando a situação fica difícil, e a necessidade aperta, os inteligentes fazem outra coisa.[51]

Um exemplo maravilhoso é o besouro-do-esterco,[52] cujos machos desenvolvem longos chifres com os quais, em postura agressiva e beligerante, montam guarda na entrada dos túneis que as fêmeas usam para copular e cuidar de seus ovos. Mas, enquanto os besouros com chifres lutam na entrada dos túneis, os machos menores adotam uma postura mais fácil e tranquila, que não exige chifres, tampouco o esforço da batalha. Eles apenas usam uma abertura lateral para entrar sorrateiramente no túnel, encontram uma fêmea e copulam (as fêmeas, aliás, não demonstram preferência particular por seus pretendentes tidos como mais masculinos). Nesse caso, os machos dispõem de duas estratégias reprodutivas, sendo a esperta tática de tentar "algo diferente" aquela que contorna a agressão e as armas. Porém, em outras espécies, os machos podem desenvolver um padrão mais geral de fazer "algo diferente": o cuidado parental. Se o cuidado parental evolui ou não em uma espécie parece depender da interação de muitos fatores diferentes ainda não compreendidos por completo. Mas, com certeza, é bem mais comum em pássaros e peixes do que em mamíferos, nos quais a gestação e a lactação impõem à mãe imensos custos biológicos iniciais. No entanto, uma exceção são os primatas, entre os quais, em pelo menos alguns deles, o cuidado parental é prática comum: "Muitos machos rotineiramente protegem, socorrem, patrulham, pajeiam, vigiam, adotam, carregam, abrigam, alimentam, limpam, enfeitam, arrumam os filhotes e brincam com eles".[53]

É preciso deixar claro que a moral disso tudo não é alegar que os humanos são de fato como os maçaricos-das-rochas-de-peito--ruivo, os bichos-pau-de-macleay ou os chimpanzés. Não é sugerir que as fêmeas na posição de gerentes em uma empresa estão suprimindo a ovulação das estagiárias, nem inferir que, em algum nível primário, as mulheres que trabalham na creche querem matar nosso filho pequeno e talvez até comê-lo. E certamente não se trata de sugerir que as diferenças sexuais nos papéis reprodutivos são irrelevantes. Em vez disso, a questão é a incrível diversidade de papéis sexuais em todo o reino animal: entre as espécies, o sexo biológico é definido pelo tamanho do gameta, mas isso, por sua vez, não determina os arranjos para o acasalamento nem o cuidado parental.[54] Isso significa que questionar a visão popular das relações sexuais humanas inspirada por Bateman não é um apelo especial para que os humanos sejam isentos dos princípios fundacionais que se aplicam a qualquer outro animal.

Contudo, não menos importante, mesmo *dentro* de uma só espécie, o sexo biológico não necessariamente grava a ferro e fogo um molde ou padrão fixo sobre como deve ser realizado o importante negócio da reprodução. As fêmeas do gafanhoto-verde, por exemplo, são ferozmente competitivas quando as fontes de comida são escassas, em tese porque os machos lhes fornecem pacotes de esperma ricos em nutrientes. No entanto, quando o ambiente é abundante no pólen com que se deleitam, elas mudam para um enfoque mais "convencional" e seletivo.[55] Quem teria atribuído ao pólen o poder de alterar a natureza sexual? Ou vejamos o caso dos peixes gobião, em que a proporção de machos disponíveis para as fêmeas se altera com rapidez no decorrer de apenas poucos meses, à medida que os machos morrem exaustos pelas cópulas, pelas atribulações da criação dos filhos e pela vida em geral. Mais uma vez, a mudança ambiental exerce um efeito profundo sobre o acasalamento. "No início da temporada de acasalamento, os machos competiam agressivamente entre si por parceiras de cópula e eram muito ativos no galanteio, ao passo que, no final da estação reprodutiva, as fêmeas [...] assumem as rédeas e passam a cortejar os machos."[56] E há o caso da ave ferreirinha-comum. Em um livro dedicado aos hábitos desse pássaro, o zoólogo Nick Davies, da Universidade de Cambridge, observa que um reverendo e ornitólogo amador de meados do século XIX "incentivava seus paroquianos a emular a vida humilde da ferreirinha-comum". No entanto, como o trabalho científico de campo de Davies documenta meticulosamente, esse pássaro "ostenta um comportamento sexual bizarro e um variado sistema de acasalamento".[57] Dependendo de fatores, como a extensão do território das fêmeas e a compatibilidade entre machos e fêmeas na habilidade para a disputa, as ferreirinhas-comuns podem acabar enredadas em uma variedade de arranjos sexuais extremamente intrincada: monogamia, uma fêmea com dois machos, um macho com duas fêmeas, ou duas fêmeas compartilhando dois machos.[58] Davies observa jocosamente que, se a congregação do reverendo amante de pássaros "tivesse seguido o exemplo, a paróquia mergulharia no caos".[59]

Em suma, inclusive no âmbito de uma mesma espécie, o sexo biológico não necessariamente determina as estratégias de acasalamento, que em vez disso podem "variar de acordo com o espaço e no decorrer do tempo, e são expressas de forma flexível como funções de influências ecológicas e sociais", como sintetizam os biólogos suecos Malin Ah-King e Ingrid Ahnesjö.[60] O cuidado parental, observam, parece menos flexível. Mas mesmo esse aspecto pode por vezes variar no âmbito de uma espécie. Por exemplo, em alguns bandos de macacos-japoneses selvagens os machos adultos protegem, carregam, limpam e mimam filhotes de um e dois anos de idade. Mas os machos de bandos diferentes, em outras partes do país, mostram menos cuidado parental ou nenhum cuidado.[61] Mesmo quando se trata de algo tão fundamental quanto o acasalamento, os efeitos do sexo são mais amplos e flexíveis do que talvez tendêssemos a supor – um ponto a que retornaremos na segunda parte deste livro.

Afinal, em que situação isso nos deixa? Na biologia evolucionária, a seleção sexual vive um estado de convulsão empolgante; revelações empíricas estão virando de ponta-cabeça fatos tidos como líquidos e certos, ao passo que mudanças conceituais estão descartando antigos pressupostos. Um homem com um Maserati é um fenômeno fascinante, que merece ser objeto de estudos, com certeza. Mas se ele é o equivalente biológico humano do macho dotado de enormes chifres, seu carro imaculado sendo a contraparte da tremeluzente e biologicamente extravagante cauda do pavão – *essa* já é outra questão.

CAPÍTULO 2
Cem bebês?

Das muitas histórias sobre parto que já ouvi na vida, minha favorita é a da mulher – vamos chamá-la aqui de Lily – do grupo de mães de que eu fazia parte. A história de Lily começa da maneira habitual. Ela se sentiu cansada e nauseada no primeiro trimestre; comeu vorazmente nos três meses seguintes, enquanto o crescimento e a consolidação mais importantes ocorriam *in utero*; depois, no terceiro trimestre, foi o desconforto de caminhar cambaleando feito uma pata, cada vez mais esgotada, à medida que os retoques finais no bebê iam sendo concluídos. Por fim, Lily entrou cedo em trabalho de parto. Não de forma perigosa, mas inconveniente, pois na ocasião seu companheiro estava no exterior, nos Estados Unidos, a trabalho. Tão logo aterrissou em Melbourne depois de uma jornada insone de 24 horas, preocupado com Lily e com o filho por nascer, ele saiu em disparada para o hospital, onde foi conduzido até a ala na qual o trabalho de parto estava finalmente chegando à conclusão. Ele se apressou em colocar-se ao lado de Lily, mas, exaurido e dando de cara com uma pequena poça de sangue, sentiu tontura e enjoo, seu corpo oscilou e desabou para a frente, sobre a cama. Lily teve de usar alguma força para desvencilhar-se do parceiro. Prestativo, o futuro papai desabou para trás e acabou batendo a cabeça no piso inclemente do quarto do hospital. De imediato os enfermeiros que atendiam Lily se mobilizaram para ajudá-lo, e mais ou menos no mesmo momento em que Lily dava à luz seu filhinho, o pai, acomodado em uma cadeira de rodas e sentindo o bafejo de ar frio aliviar suas bochechas afogueadas, era empurrado na direção do ambulatório para receber pontos na cabeça.

Meu argumento, caso já não tenha ficado óbvio, é o seguinte: quando se trata do milagre de trazer uma nova vida para o mundo, assim que o homem fornece o sêmen ejaculado, mesmo que suas contribuições posteriores sejam simplesmente inúteis, ele ainda está fazendo muito mais do que outros. É por essa razão que, à primeira vista, o potencial reprodutivo dos machos parece sobrepujar com tanta facilidade o das fêmeas. Como aponta a psicóloga Dorothy Einon, "no intervalo de tempo que uma mulher leva para completar o ciclo menstrual que libera um óvulo, um homem poderia ejacular [...] cem vezes"[1] (embora ninguém espere que ele seja tão infantil a ponto de efetivamente fazer a conta). Estima-se que, no que foram descritas como condições de reprodução "ideais", uma mulher poderia dar à luz quinze filhos ao longo de sua vida.[2] Algumas mulheres chegaram inclusive a gerar uma prole ainda maior: a primeira esposa anônima de um camponês russo chamado Féodor Vássilev teve 37 gravidezes, concebendo 69 filhos. A maior média, contudo, é de 11 filhos por mulher, impressionante realização coletiva das mulheres da comunidade religiosa huterita no início do século XX.[3] E, fato que constantemente é mencionado, um homem seria capaz de produzir dez vezes mais bebês em um único ano. Isso, sempre ouvimos dizer, deve inevitavelmente fazer diferença para os murmúrios evolutivos íntimos. De acordo com a explicação de David Schmitt, da Universidade Bradley:

> Levemos em conta que um homem pode produzir até cem descendentes copulando indiscriminadamente com cem mulheres em um determinado ano, enquanto um homem monogâmico tenderá a ter apenas um filho com sua única parceira durante esse mesmo período. Em moeda corrente evolutiva, isso representa uma forte pressão

seletiva – e um potente problema adaptativo – para as estratégias de acasalamento do homem no sentido de favorecer pelo menos algum desejo de variedade sexual.[4]

A dívida dessa linha de raciocínio com Bateman é óbvia, na implicação de que, para os machos, produzir uma prole pode exigir pouco, uma mera colher de sopa de sêmen ejaculado e algum esforço modesto e prazeroso. Mas, como vimos no capítulo anterior, em muitas espécies a situação é decididamente mais complexa, e um escrutínio mais minucioso com frequência tem subvertido alguns dos pressupostos mais antigos e duradouros no alicerce do princípio do Testosterona Rex. E quanto aos humanos?

Imaginemos, propõe Einon, uma mulher que tem em média uma relação sexual por semana durante trinta anos. Agora suponhamos que ela dê origem a uma generosa prole de nove filhos. Como o leitor pode facilmente calcular por si mesmo, em média ela terá feito sexo, para cada filho, 173 vezes. E para cada um dos 172 coitos que *não* resultaram em gravidez havia um parceiro envolvido, fazendo sexo sem fins reprodutivos. A fim de explorar o que isso significa para qualquer homem que tente alcançar a marca de referência estabelecida por Schmitt de gerar uma centena de filhos por ano, vale a pena seguir a análise de Einon para ver com clareza a programação envolvida.

Em primeiro lugar, um homem tem de encontrar uma mulher fértil. Talvez valha a pena ressaltar, para o benefício dos leitores mais jovens, que, ao longo da maior parte da história da evolução humana, o aplicativo Tinder não estava disponível a fim de facilitar a empreitada. Tampouco, conforme observado no capítulo anterior, era provável existir um estoque ilimitado de mulheres férteis a que os homens tivessem acesso. Em sociedades históricas e tradicionais, talvez cerca de 80% a 90% das mulheres em idade reprodutiva estariam em algum momento grávidas ou temporariamente inférteis, por estarem amamentando, sugere Einon. Das mulheres remanescentes, algumas, é claro, já estavam envolvidas em um relacionamento, o que tornaria as relações sexuais menos prováveis e talvez repletas de dificuldades. Suponhamos, contudo, que nosso homem consiga, em meio à provisão limitada, encontrar uma candidata adequada. A seguir, ele tem de levar a melhor e triunfar na intensa competição criada por todos os outros homens – também esperançosos de uma relação sexual casual com uma mulher fértil – e ser bem-sucedido ao negociar o sexo com ela. Digamos que isso demore um dia. A fim de alcançar seu objetivo de 100 mulheres ao ano, nosso homem tem apenas 2 ou 3 dias para repetir com êxito o exercício, 99 outras vezes, junto a um número cada vez menor de mulheres. Tudo isso, veja bem, enquanto mantém o status e os recursos materiais de que precisa para continuar sendo competitivo como um parceiro sexual desejável.

Então qual é o provável retorno reprodutivo desse exaustivo investimento? Para casais saudáveis, a probabilidade de uma mulher engravidar com um único e aleatório coito cronometrado é de cerca de 3%, variando (a depender da época do mês) de 0% a um pico de quase 9%.[5] Em média, então, um ano de galanteio competivivo resultaria na gravidez de mais ou menos apenas três das cem mulheres.[6] (Embora um homem possa aumentar suas chances de concepção fazendo sexo com a mesma mulher várias vezes, é óbvio que isso desestruturaria o apertadíssimo cronograma.)[7] Essa estimativa, a propósito, supõe que o homem, em contradição com o princípio do "acasalamento indiscriminado", exclui as mulheres de menos de vinte anos e mais de quarenta, que têm um número maior de ciclos sem liberação de óvulo. O cômputo também não leva em consideração o fato de que algumas mulheres vão sofrer de infertilidade crônica (Einon calcula cerca de 8%), ou de que aquelas predominantemente abstinentes sexuais têm ciclos menstruais mais longos e ovulam com menor frequência, o que diminui a probabilidade de que um único coito resulte em gravidez. Também estamos sendo generosos, negligenciando o esgotamento do esperma, e discretamente fazendo vista grossa para a possibilidade de que o espermatozoide de um outro homem chegue primeiro ao óvulo. Nessas condições ideais, porém irreais, um homem que inicie o projeto anual de produzir cem filhos por meio de cem transas sem compromisso tem uma chance de sucesso de cerca de 0,00000000000000000000000000000000000000000000000000000000000000000000000000000000000000000000000000000000000000000000000000000000000000363.[8]

Um remédio para essas baixas probabilidades, o leitor poderia pensar, é os homens restringirem sua atenção sexual às mulheres que estejam ovulando. A sabedoria tradicional argumenta que isso é impossível, pois, ao contrário das fêmeas de outras espécies, as mulheres não alardeiam quando estão na fase "de negócios" de seu ciclo. Contudo, com descobertas recentes de que, por exemplo, os homens consideram mais atraentes algumas características das mulheres (como o odor de suas secreções corporais) durante o período fértil do ciclo menstrual,[9] houve sugestões de que a ovulação das mulheres não fica afinal tão despercebida assim. Se isso se traduz em comportamento, é questionável: um estudo em grande escala de mulheres casadas não conseguiu encontrar nenhuma evidência de que houvesse maior probabilidade de sexo durante a ovulação.[10] E, como observa o antropólogo biológico Greg Laden, embora isso de fato deixe em aberto a possibilidade de essas sutis atrações terem uma influência maior sobre o sexo casual,

> o fato de que é preciso realizar estudos cuidadosamente controlados e depois examinar com minúcia os dados a fim de verificar um padrão como esse (se é que ele existe) não deve ser ignorado: se os machos humanos eram atraídos sobretudo por mulheres que

estavam ovulando e não demonstravam muito interesse em fêmeas não ovulantes, então isso seria facilmente observado e demonstrado.[11]

De qualquer forma, escolher o momento certo e cronometrar uma centena de seduções com tanta precisão em geral seria trabalhoso além da conta.[12] Mesmo admitindo que essa façanha extraordinária pudesse ser concebida (desculpe!) e executada com êxito, ainda assim a chance de gerar uma centena de filhos seria de 0,00000 00000000000000000000000000000000000000000000 00000000000000000000000000000000000000000000 0000000000000000748.[13] Para contextualizar um pouco esse número, a probabilidade de um homem morrer atingido por um meteorito é de 0,000004.[14]

E depois dizem que as *feministas* é que confundem desejo com a realidade.

Não é o caso de dizer, então, que, bem na entrada dos portões trancados a cadeado da fidelidade se estendem campos infinitos e opulentamente férteis nos quais os homens podem semear à vontade sua semente. Entre as várias sociedades caçadoras-coletoras, cujo modo de vida, supõe-se, deve refletir melhor nosso passado ancestral, o número máximo estimado de crianças que um homem poderia gerar é de doze a dezesseis: não é tão diferente do número de filhos que as mulheres seriam capazes de dar à luz (que é de nove a doze). Esse número é maior nas sociedades pastoras-agricultoras, aumentando a variação reprodutiva dos homens em comparação com a das mulheres, e a variação é vastamente maior nas sociedades de agricultura intensiva, que possibilitaram a alguns homens poderosos e ricos adquirir enormes haréns.[15] Mas parece improvável que a maior variação reprodutiva masculina tenha sido universal em nossa história evolutiva, sendo, em vez disso, vista apenas em certas condições ecológicas, sociais e econômicas. Não é muito fácil encontrar dados que forneçam boas informações sobre a variação reprodutiva masculina e feminina. No entanto, um estudo conduzido por Gillian Brown, da Universidade de St. Andrews, compilou dezoito conjuntos de dados relevantes de todo o mundo, e de uma ponta à outra do espectro cultural, incluindo populações atuais e históricas com vários sistemas de acasalamento. Como seria de esperar, em sociedades políginas (em que um pequeno número de homens tem múltiplas esposas), os homens apresentaram maior variação reprodutiva do que as mulheres (às vezes de maneira substancial, e em outros casos com mais modéstia). Contudo, o aspecto mais marcante é que em geral esse não era o caso nas sociedades monogâmicas.[16]

Em suma, ser pai de qualquer número remotamente próximo de uma centena de bebês por ano não é algo que qualquer homem da Idade da Pedra conseguiria. (Na verdade, um homem promíscuo precisaria ter relações sexuais com mais de 130 mulheres para ter 90% de probabilidade de superar o único bebê que um homem monogâmico poderia esperar gerar em um ano.)[17] Isso exigiria o invulgar alinhamento de condições que permitem a um homem montar um harém bem abastecido e gerenciado com competência. Os haréns têm "status excepcional"[18] no mundo dos primatas não humanos; obviamente, só estiveram disponíveis para um reduzidíssimo número de homens na história da humanidade e eram desconhecidos dos grupos de caçadores-coletores, a que faltavam as necessárias hierarquias de riqueza e poder[19] (e, é claro, tratar as mulheres como propriedade tornou-se bastante fora de moda em muitas partes do mundo). Como alerta Augustín Fuentes, antropólogo da Universidade de Notre Dame:

> O uso de números irrealistas para o potencial sucesso reprodutivo masculino é contraproducente, porque não há evidência alguma de que em humanos ou outros primatas esse desvio reprodutivo espetacular e impactante ocorra com alguma regularidade em qualquer

população estudada. Usar tais pressupostos como um ponto de partida, mesmo que hipotético, estabelece uma diretriz fantasiosa que depois pode ser usada para criar uma variedade de cenários, todos eles defeituosos devido à suposição basilar errônea.[20]

Ou, em termos um pouco menos acadêmicos: boa sorte, Psicólogo Evolucionário Delirante!

Os psicólogos evolucionários, a propósito, certamente não propõem que os homens só estão interessados em sexo sem compromisso ou que as mulheres desejam somente e sempre a monogamia. Uma corrente dessa linha de pensamento intelectual, por exemplo, argumenta que ambos os sexos implementam "estratégias" de curto e longo prazo, embora em diferentes graus e ajustadas para qualidades de parceiros um tanto diferentes.[21] Mas, durante boa parte da nossa história evolutiva, o comportamento sexual impulsionado por "desejos indiscriminados que levam à procura de inúmeros parceiros sexuais, em uma quantidade enorme", como Schmitt descreve a "estratégia de acasalamento de curto prazo" atribuída aos homens,[22] não teria sido um caminho plausível ou produtivo para o sucesso reprodutivo. Isso deveria nos preparar para o que as evidências – em oposição a caricaturas estereotipadas – têm a dizer sobre a sexualidade dos homens e das mulheres do Ocidente contemporâneo. Em *Challenging Casanova: Beyond the Stereotype of the Promiscuous Young Male* [Desafiando Casanova: além do estereótipo do homem jovem e promíscuo], Andrew Smiler, psicólogo da Universidade Wake Forest, observa que "os indivíduos promíscuos atendem às nossas expectativas; os monogâmicos parecem exceções".[23] No entanto, como Smiler explica a seguir, essas convicções são baseadas em uma inversão da realidade.[24]

Desnecessário dizer que se fiar apenas no que as pessoas relatam sobre seus desejos e comportamentos sexuais não é ideal (embora seja eticamente preferível, óbvio, a espioná-las). Homens e mulheres tendem a manipular informações (como sobre o uso de pornografia e a masturbação) de maneira diferente, a fim de amoldar-se da melhor forma ao duplo padrão sexual.[25] A bem da verdade, uma grande dor de cabeça para os pesquisadores sexuais é que homens relatem de forma confiável um número médio bem maior de parceiros sexuais de outro sexo do que mulheres. Isso é logicamente impossível, uma vez que o coito heterossexual exige a presença tanto de uma mulher como de um homem. Essa discrepância impossível parece dever-se sobretudo à inexatidão dos relatos dos homens e a sua "maior tendência de informar números elevados e 'redondos' de parceiros". Assim que as contas chegam a mais ou menos quinze parceiros, as pessoas tendem a responder com "estimativas de cálculo" que terminam em múltiplos de cinco ("Vamos ver, teve a Suzy, a Jenny, a Malini, a Ruth... digamos que foram umas cinquenta"), e a discrepância entre a média de homens e mulheres é maior nos grupos etários mais velhos, cuja memória costuma ser mais vaga.[26] Os números aparentemente inflados dos homens também inflam sua variação: porém, é desnecessário dizer, a seleção sexual só pode afetar os resultados reprodutivos de experiências sexuais reais, não fabricadas.

Mesmo quando levamos a sério esses relatos pessoais, acreditando neles e os tomando como verdades, as diferenças entre os sexos são de grau, não de tipo. É certo que, na média, atualmente os homens relatam um interesse em sexo casual maior que as mulheres – pelo menos no âmbito da reduzida porção da humanidade na extensão de tempo e espaço que foi pesquisada.[27] Mas não existe uma linha nítida que divida os sexos; tampouco o modelo Casanova de sexualidade masculina é uma boa opção para a maioria dos homens. Vejamos a segunda Pesquisa Nacional de Atitudes Sexuais e Estilo de Vida na Grã-Bretanha (NATSAL, na sigla em inglês),[28] baseada em uma amostra aleatória de mais de 12 mil pessoas com idades de 16 a 44 anos.[29] De novo, precisamos de certa dose de ceticismo ao lidar com esses números: rapazes de 16 a 17 anos informam ter em média um total de 0,4 mais parceiros de outro sexo do que as moças da mesma idade; homens de 35 a 44 anos relatam 9 mais, sugerindo que essas estimativas acabam se tornando cada vez mais inchadas ao longo do tempo. Mas, apesar disso, o número mais comum de parceiros sexuais tanto para mulheres como para homens nos três meses anteriores, no ano anterior e até nos últimos cinco anos, foi de apenas 1.[30] Durante toda a vida, o número total médio de parceiros foi de 6 para os homens, em comparação com 4 para as mulheres. De acordo com o que sugerem esses números modestos, somente uma pequena fração de homens relatou ter tido 5 ou mais parceiras no ano anterior: por volta de 5% (em comparação com cerca de 2% para as mulheres).[31]

Claro, os homens podem *querer* fazer sexo com muitas mulheres diferentes, mas não conseguem colocar em prática seus planos. No entanto, mesmo quando eles são indagados sobre quantas parceiras sexuais gostariam de ter *idealmente*, as respostas não diferem muito daquelas respostas das mulheres e revelam uma forte relutância por parte dos homens em aceitar o encargo da heroica lista de tarefas necessárias para uma rotatividade suficientemente alta de parceiros sexuais casuais para ter chances decentes de, em teoria, procriar de forma mais prolífica do que um homem monogâmico. A pesquisa NATSAL constatou que a ampla maioria tanto de homens como de mulheres preferia idealmente estar em um relacionamento de exclusividade sexual: 80% dos homens e 89% das mulheres.[32] Na faixa etária mais velha (os indivíduos de 35 a 44 anos de idade ainda repletos de ânimo e vitalidade), a diferença na pesquisa foi ainda menor (86% para homens e 92% para mulheres). De maneira tocante, a grande maioria dos homens casados e em coabitação estava muito feliz com a ideia de exclusividade sexual.[33] Essa similaridade aproximada entre os sexos na teoria da monogamia também parece se traduzir em prática, pelo menos de acordo com os relatos pessoais. Pesquisas nacionais representativas de larga escala constatam que a probabilidade de os maridos relatarem episódios de sexo extraconjugal é só um pouco maior do que as mulheres.[34] E não há motivo para que ninguém sinta piedade em relação às mulheres solteiras em especial: enquanto 78% das mulheres solteiras pesquisadas na NATSAL queriam idealmente estar em um relacionamento monogâmico, 67% dos homens solteiros desejavam o mesmo.[35] Por fim, ao contrário do que se poderia esperar com base na premissa de que os homens supostamente se esforçam por status social para obter oportunidades reprodutivas, os homens de classe social mais elevada tinham maior propensão a preferir estar casados sem outros parceiros sexuais e eram os menos inclinados a querer dedicar suas energias sexuais apenas ao sexo casual.[36]

Há, no entanto, uma infame dupla de estudos que de fato parece corroborar a visão do Testosterona Rex, de um contraste agudo entre a natureza sexual das mulheres e a dos homens. Nesses estudos, conduzidos por Russell Clark e Elaine Hatfield, moças e rapazes moderadamente bonitos e atraentes foram posicionados em diferentes locais de um campus universitário para fazer as vezes de isca.[37] Os voluntários-chamarizes foram instruídos a aproximar-se das pessoas do sexo oposto e entabular conversa, dizendo: "Tenho reparado em você aqui pelo campus. Acho você muito atraente". Essa abordagem inicial abrupta era seguida de uma entre três proposições predefinidas: "Você gostaria de sair comigo esta noite?"; "Você quer ir ao meu apartamento esta noite?"; ou "Você gostaria de ir para a cama comigo esta noite?". Homens e mulheres mostraram-se igualmente propensos a aceitar a oferta de um encontro (cerca de metade disse sim, e metade disse não). Mas, embora 69% dos homens tenham concordado em visitar o apartamento da mulher, e um número ainda maior de homens aceitasse a oferta de dormir com ela, quase nenhuma mulher expressou interesse em visitar o apartamento de um homem estranho, e nenhuma consentiu no sexo. Estudos semelhantes na Dinamarca e na França também verificaram que homens são muito mais propensos a demonstrar interesse em aceitar um convite implícito ou explícito de sexo casual.[38]

Esse estudo é volta e meia saudado como um teste "real" das diferenças entre os sexos em relação a inclinações promíscuas, em oposição ao que as pessoas simplesmente dizem sobre si mesmas. Talvez seja, e uma tentação sexual efetiva com forma humana pode muito bem sobrepujar o que os homens pensam (ou preferem anunciar) que não querem. No entanto, vale ressaltar que o experimento terminava pouco depois que o desavisado – e provavelmente espantado – participante desse sua resposta. Não sabemos, por exemplo, quantas das mulheres que concordaram em sair para um encontro poderiam ter terminado a noite fazendo sexo.[39] Também não sabemos até que ponto os homens levaram a sério esses convites sexuais bastante implausíveis, ou se os que os aceitaram teriam ido até o fim. Até onde sabemos, não havia como distinguir entre um "Sim, claro" que significava: "Imagine só, tamanho é o poder do meu magnetismo sexual que essa mulher cheia de sinceridade e com a cabeça no lugar deseja levar a mim, um completo estranho, até um lugar isolado e fazer sexo comigo" e um "Sim, claro" que queria dizer: "Ah, sei, muito engraçado... Seus amigos obrigaram você a fazer isso?". Ou: "Isso é esquisito, mas vou tratá-la com educação". Na verdade, em uma simulação posterior do mesmo estudo (agora com papel e caneta, em que os participantes liam a descrição da circunstância hipotética e eram convidados a imaginar como responderiam), que eliminou a estranheza da situação, os homens de forma geral estavam pouco inclinados a aceitar qualquer um dos convites sexuais.[40] Mesmo em uma versão um pouco mais plausível da situação, em que a proponente afirmava ser uma estudante da mesma universidade, e a oferta era precedida de uma conversa breve e educada, muitos homens responderam que não estariam interessados, alegando motivos como: "Oferecida demais, meio esquisita, me deu a sensação de que tinha um parafuso solto" e "É preciso mais que uma conversa pra eu transar com alguém".[41]

Uma segunda objeção óbvia é que o estudo está *de fato* mostrando outra coisa: fundamentalmente, a falta de interesse das mulheres em serem assassinadas, estupradas ou roubadas, e o seu receio de inflamar os interesses de um perseguidor ou assediador potencial (verdade seja dita: os autores do estudo, bem como outros, levantam essa questão e apresentam esse argumento).[42] Nas simulações por escrito dos estudos originais, as mulheres citaram muitas vezes a sensação apavorante e perigosa da situação – sujeita à obsessão potencial de um espreitador – como razão para recusar a oferta.[43]

Ao fim e ao cabo, então, em que pese o fato de as descobertas da pergunta "você gostaria de ir para a cama comigo esta noite?" representarem uma das maiores diferenças sexuais já observadas na pesquisa psicológica, o que exige explicação, talvez seja prematuro atribuir isso a diferenças entre naturezas sexuais feminina e masculina fundamentalmente diferentes. E um trabalho recente da psicóloga Terri Conley e de seus colegas da Universidade de Michigan, desvendando os fatores que impulsionaram esse conhecido resultado, ilustra um ponto decisivo: as realidades sociais significam que, nesses estudos, mulheres e homens simplesmente não estão participando do mesmo experimento. Não se trata apenas da constatação de que envolver as mulheres nessa experiência científica implica convidá-las a colocar-se em uma situação que, de acordo com anos de conselhos e advertências, é o próprio epítome de "procurar encrenca".[44] Por causa do padrão diferente para cada sexo, existem dois desincentivos adicionais para as mulheres.

Em primeiro lugar, aquela que aceita uma oferta de sexo casual corre o risco de ser vista tanto por si mesma como por outras pessoas como uma "vagabunda", como apontam Clark e Hatfield.

Alguns descartaram o duplo padrão sexual como uma relíquia cultural em lugares como os Estados Unidos. Não há dúvidas de que as atitudes podem mudar: às vezes de forma extraordinariamente rápida, como eu mesma descobri certa vez ao visitar a casa de um namorado na época da universidade. O pai dele protestou com veemência contra a ideia de eu dormir no mesmo quarto que o filho, dada a nossa condição de não casados. A esposa dele ouviu respeitosamente e então sugeriu que, se era assim que o marido se sentia, então era melhor ele subir a escadinha até o sótão, procurar a cama de lona dobrável, descer com ela, limpá-la, consertar o pé bambo, montá-la no escritório, encontrar roupas de cama e arrumá-la para mim. O pai do meu namorado parou para ponderar um momento e depois concluiu que, pensando bem, as pessoas *tinham* de adaptar-se aos tempos.

Os tempos *mudaram*, e alguns estudos escritos de laboratório (em geral com a participação de estudantes universitários) fracassaram na tentativa de encontrar evidências do duplo padrão sexual, ou encontraram apenas nos limites de bolsões demográficos específicos,[45] ou para atividades sexuais menos convencionais.[46] Mas o duplo padrão vem à tona quando os pesquisadores vão além de vinhetas fictícias e conversam com as pessoas. Uma pesquisa etnográfica com estudantes universitários, por exemplo, "relatou que a maioria deles acreditava em duplos padrões heterossexuais e classificava as mulheres em categorias dicotômicas de 'boas' ou 'vagabundas'".[47] O etnógrafo resumiu assim a atitude típica dos estudantes do sexo masculino:

> Os homens têm o direito de experimentar sexualmente por alguns anos. Há muitas vagabundas por aí com quem realizar essas experiências. E assim que eu satisfizer meus desejos, aí vou procurar uma boa mulher para um relacionamento longo (ou para ser minha esposa).[48]

Vagabunda, claro, é uma palavra para a qual não existe um equivalente masculino real. Em seu livro de memórias *Girls Will be Girls* [Uma vez meninas, sempre meninas], Emer O'Toole, professora da Universidade Concordia, observa que isso fornece implicitamente uma lição poderosa sobre moralidades sexuais:

> Aprendi uma infinidade de palavras para as mulheres que tinham muitos parceiros sexuais – *piranha, vaca, depravada, puta, vadia, biscate, safada, prostituta, meretriz, rameira, quenga* – e uma para homens: *galinha*, que de alguma forma sempre me pareceu carregar um ar de realização jocosa e bem-humorada.[49]

Da mesma forma, o vocábulo mais próximo relatado em estudo sobre as culturas linguísticas dos estudantes foi *hoebuck*,[50] uma gíria tão positiva e favorável que a primeira ocorrência que apareceu na busca do Google foi "Imobiliária Hoebuck".* Quando "Casa de Meretrizes" se tornar um nome viável para uma corretora de imóveis, aí saberemos que o duplo padrão sexual desapareceu *de verdade*. É provável que, quando se trata de avaliar os potenciais efeitos de reputação do sexo casual, as normas culturais aceitas terão um peso maior do que as ideias próprias e aparentemente idiossincráticas de um indivíduo.[51] E, embora estudantes universitários mais ou menos progressistas não endossem *eles mesmos* o duplo padrão

---

* O vocábulo *hoebuck*, algo como "macho pegador", tem conotações inteiramente positivas: *buck* é "macho" (para homens e animais) e associa o sexo masculino a força, velocidade e valor estético; *hoe* significa "puta", "vadia". Ao descrever homens que desfrutam de constantes relações sexuais com inúmeras parceiras, e por isso são dignos de admiração, *hoebuck* parece ter sido criado como análogo masculino de *hobag*, que equivale a "piranha" – *bag* é gíria comum para "mulher velha e feia" e ecoa, por exemplo, em *douchebag* ("babaca", "idiota", "imbecil", "trouxa", "antipático", "nojento", "intragável", "indigesto", "repugnante"). [N.T.]

sexual (embora os homens o rejeitem com menos entusiasmo que as mulheres), eles julgam que *os outros* o adotam.⁵² Também costuma ser negligenciado o risco para as mulheres de um tipo diferente de duplo padrão sexual: a possibilidade muito nítida de o evento não ser tudo aquilo que se poderia esperar. Um estudo em grande escala com milhares de universitárias da América do Norte concluiu que essas estudantes tinham apenas 11% de chance de atingir um orgasmo em uma primeira transa casual. Ainda que uma política de cortesia exija a observação de que os orgasmos não são tudo em um encontro sexual, as mulheres estariam seis vezes mais propensas a sentir satisfação em uma transa casual se tivessem tido um orgasmo.⁵³ As entrevistas de acompanhamento revelaram por que motivo as mulheres tinham probabilidades tão magras de chegar ao clímax. Os estudantes em geral concordaram que era importante que um homem fosse satisfeito em termos sexuais em qualquer contexto, e que as mulheres se sentissem sexualmente satisfeitas no contexto de um relacionamento. No entanto, não havia nenhuma obrigação percebida de proporcionar satisfação sexual a uma mulher em uma transa casual. Enquanto muitos homens achavam que levar a namorada ao orgasmo repercutia bem em sua masculinidade, muitas vezes não pensavam da mesma maneira sobre suas parceiras sexuais. Um participante citado pelos autores do estudo traduziu com fidelidade e de forma bastante clara essa noção de direito egoísta:

> Outro homem nos disse: "Sou totalmente a favor de fazer a garota gozar", mas quando indagado se ele queria dizer "garotas em geral" ou "uma garota específica", ele respondeu: "A garota, a namorada. Em uma transa casual, com uma qualquer, não dou a mínima".⁵⁴

E se o desconhecido que convidava a garota no campus a deitar-se com ele naquela noite fosse *esse* cara?

A partir disso, podemos refletir sobre duas ideias. A primeira é que talvez pudesse ser levada a cabo uma atualização das normas de cavalheirismo de gênero, com resultados bastante proveitosos. Os pressupostos de que, por convenção, os homens vão abrir a porta para a mulher e pagar a conta deveriam ser abandonados, e essa solicitude e essa generosidade, redirecionadas para o espaço entre quatro paredes. A segunda é que uma parte da disparidade entre os sexos no quesito entusiasmo por sexo casual poderia diminuir se o evento deixasse os homens sexualmente frustrados na maior parte do tempo, ao passo que as mulheres quase sempre se satisfizessem.

É pouco surpreendente, à luz de tudo isso, saber que, quando apresentou aos participantes uma versão hipotética do experimento de Clark e Hatfield, Conley constatou que eles percebiam que a situação era bastante diferente para as mulheres que recebiam a proposta sexual, em comparação com os homens que ouviam a cantada. Os proponentes do sexo masculino foram considerados mais perigosos do que os do sexo feminino,[55] e as mulheres previram que seriam vistas de forma mais negativa no geral, e como mais promíscuas, socialmente inapropriadas e sexualmente desesperadas, caso aceitassem a oferta, em vez de recusá-la.[56] Para os homens, ao contrário, aceitar a oferta foi tido como um aspecto que melhorava, em vez de prejudicar, sua reputação. Os alunos também supuseram que um proponente do sexo masculino demonstrava menor propensão a ser um bom amante do que uma proponente mulher, e que eram menores as probabilidades de ele propiciar uma experiência sexual positiva[57] – o que aparentemente é de uma extrema precisão, pelo menos para as populações estudantis norte-americanas. Essas discrepâncias todas fizeram diferença quanto à probabilidade de aceitar a oferta, e a percepção da destreza sexual do parceiro em potencial foi particularmente decisiva. Importante salientar que Conley descobriu que isso era válido não apenas para o cenário francamente improvável de Clark e Hatfield, como também quando se tratava de ofertas reais de sexo casual que os participantes tinham recebido no passado. E quando a situação foi modificada para envolver celebridades ou um amigo íntimo, em vez de um completo desconhecido – uma maneira de tentar equiparar o perigo e o prazer percebidos e antecipados por participantes do sexo masculino e feminino –, as diferenças entre os sexos quanto ao interesse em aceitar a oferta quase sempre desapareceram.[58]

Sem dúvida, testes hipotéticos escritos do comportamento sexual são limitados, e não queremos tomar os estudos de Conley como a última palavra acerca da questão. Outras pesquisas, por exemplo, não encontraram evidência alguma de que homens e mulheres percebem riscos sociais diferentes em ter múltiplos parceiros sexuais, ou de que isso contribua para diferenças de sexo no número desejado de parceiros sexuais.[59] Também não se trata de alegar que a sexualidade de mulheres e homens funcione de fato do mesmo jeito. Mas esses estudos prestam um serviço útil no sentido de chamar a atenção para o que parece ser ignorado: os muitos fatores sociais diferentes, ainda desiguais para mulheres e homens, que afetam a tomada de decisão sexual. Ironicamente, a necessidade desse lembrete foi realçada por uma omissão nas descobertas de Conley apontada por um psicólogo renomado, sob a alegação de que o interesse das mulheres em ter relações sexuais com pessoas famosas "pode ser motivado por mais do que sexo".[60] Como se o sexo, no curso normal dos acontecimentos, fosse algo à parte, intato e intocado por questões de identidade, reputação, normas determinadas por gênero, noções como "conquista" e "vagabunda", pressão e prestígio dos pares, poder, economia, relacionamentos, roteiros sexuais culturalmente moldados, vergonha do corpo ou qualquer outra parte complexa da vida interna e externa de um indivíduo.

Isso nos traz ao ponto importante (aprofundado no próximo capítulo) de que o comportamento sexual visto através da lente da cosmovisão de Bateman filtra nossa humanidade. Levemos em consideração como os pesquisadores inspirados pela psicologia evolucionária explicam em seus estudos por que homens comprometidos recusam ofertas de sexo casual. Explicações aparentemente óbvias – valores morais, compromisso, lealdade, simples falta de interesse em fazer sexo com alguém que não seja a pessoa amada – são ignoradas; em vez disso, a restrição sexual é explicada em termos de resultados reprodutivos avaliados pelo "risco de perder um parceiro principal com boas perspectivas reprodutivas após a revelação da infidelidade".[61] O sexo despojado de tudo o que é humano é mais parecido com... acasalamento, e, como veremos no próximo capítulo, não está claro em que medida os humanos fazem mesmo isso.

Nada disso é dito com a intenção de liderar o coro da torcida pela noção de que a monogamia é de fato a preferência "natural" dos homens, nem de manifestar predileção pela ideia de que a promiscuidade é primazia das mulheres.[62] Marlene Zuk, bióloga evolucionária da Universidade de Minnesota, argumenta, em *Paleofantasy: What Evolution Really Tells Us About Sex, Diet, and How We Live* [Paleofantasia: o que a evolução realmente nos diz sobre sexo, dieta e como vivemos], que evidências de uma variada gama de fontes sugerem que os humanos se acasalaram e se reproduziram com êxito usando todos os tipos de arranjos sociais, variando de acordo com tempo, lugar e circunstância. "Tal como acontece com a dieta, com os exercícios físicos e com todas as outras características da nossa biologia que as pessoas querem transformar em um único modo 'natural' – não temos um único padrão natural para os sexos", conclui.[63] Mesmo a poliandria (uma mulher com dois ou mais maridos ao mesmo tempo) é, em condições demográficas e ecológicas específicas, observada com maior frequência do que outrora se supunha em grupos de caçadores e coletores, pequenos agricultores em muitas partes do mundo, sugerindo que "a poliandria talvez tenha existido ao longo de toda a história da evolução humana". De modo interessante, os grupos sociais são "aparentemente capazes de instituir (e abandonar) taxas razoavelmente elevadas de poliandria em um curtíssimo período de tempo".[64] Em um texto com o apropriado título de "Humans Are (Blank)-Ogamous" [Os humanos são (lacuna)-gâmicos], Patrick Clarkin, antropólogo da Universidade de Massachusetts-Boston, ressalta que, ao contrário do que poderíamos pensar, "dada a importância do sexo e do acasalamento na evolução, parece pouco provável que a seleção natural tenha colocado uma camisa de força sobre eles, fornecendo-nos um modelo mais rigoroso a ser seguido [...]".[65]

A ciência avançou muito, percorrendo um longo caminho desde a visão do Testosterona Rex sobre a seleção sexual, segunda a qual, de acordo com o desenho evolutivo universal, os carros esportivos são as caudas de pavão com que homens competitivos rivalizam por fêmeas férteis, estabelecendo as bases psicológicas da desigualdade sexual. Como vimos no capítulo anterior, décadas de pesquisa em biologia evolucionária vêm reexaminando e questionando os princípios inspirados em Bateman que estão na base da ideia do Testosterona Rex, do suposto preço módico dos espermatozoides ao despropósito da competição feminina. Foi-se o tempo em que os comentadores podiam se referir com clareza, por exemplo, à dinâmica patriarcal da família do elefante-marinho em discussões sobre os seres humanos. O antigo pressuposto de que a seleção sexual criou papéis sexuais quase universais – machos principalmente *assim*, fêmeas predominantemente *assado* – foi substituído pelo reconhecimento crescente da diversidade do galanteio e dos papéis parentais interespecíficos (entre duas ou mais espécies diferentes) e intraespecíficos (entre indivíduos, populações ou subespécies de uma mesma espécie).

Essa variabilidade entre espécies significa que não existe um modelo universal de como os componentes genéticos e hormonais do sexo afetam o cérebro e o comportamento – questão a que retornaremos no capítulo 4. E a variabilidade de espécies intraespecífica no que diz respeito a "papéis sexuais" – pense nos gafanhotos-verdes, nos besouros-do-esterco, nas ferreirinhas-comuns e mais obviamente em nós mesmos – aponta para uma conclusão não menos importante (à qual voltaremos mais tarde no livro). A seleção sexual não atrelou tais papéis a genes e hormônios vinculados ao sexo, mas permitiu que os indivíduos fossem profundamente influenciados por suas próprias circunstâncias sociais, materiais, físicas, (e em nosso próprio caso) econômicas, culturais e políticas. Isso é importante porque, como vimos na Introdução, as implicações da visão do Testosterona Rex nos efeitos da seleção sexual se estendem para muito além das quatro paredes. Em última análise, aquela antiga história alega que não são apenas o machismo e a discriminação que sustentam o teto de vidro* – não completamente. No cerne dessa desigualdade estão os sussurros da evolução. Para os homens, o murmúrio evolutivo é: "É isso aí, vá em frente, garoto. Sei que pode parecer contraintuitivo sugerir que passar oitenta horas por semana em um laboratório, cada vez mais pálido e magricela,

---

* A expressão no original em inglês, "*glass ceiling*", tem um significado diferente do usado na versão brasileiro-lusitana – em português a expressão "telhado de vidro" tem a ver com reputação desonrosa, a condição de quem é atacável em sua reputação. No livro, aqui e no mais das vezes, é usada para indicar a existência de um objetivo visível, mas protegido por um escudo intransponível. Por exemplo, uma mulher que enxerga uma possível promoção no trabalho, mas sempre esbarra em um "teto de vidro" inquebrável e não consegue passar pelo obstáculo. Assim, o teto de vidro descreve uma barreira à ascensão, um ponto além do qual não se consegue progredir e que define o suposto limite do avanço imposto às mulheres e a outras minorias raciais e étnicas no ambiente de trabalho. [N.T.]

e possivelmente desenvolvendo raquitismo, deixará você mais atraente para centenas de mulheres jovens, bonitas e férteis, mas confie em mim". No lugar disso, para as mulheres a evolução está sussurrando: "Tem certeza de que todo esse trabalho duro vale a pena? Por que não ir pra casa, investir mais nos poucos filhos que você tem? Ah, e quem sabe dar uma penteada nos cabelos? Assim eles ficarão mais lustrosos".

Essa velha história, porém, está nas últimas, exalando seus derradeiros suspiros, e é hora de dar à luz o seu sucessor. Como descobriram Lily – minha amiga do grupo de mães – e seu companheiro, os recém-chegados nem sempre esperam até que todos estejam perfeitamente prontos para recebê-los. Aqui acontece a mesma coisa. Não importa se você está na sala de parto natural encorajando o pimpolho a vir ao mundo, ou sendo empurrada às pressas em uma cadeira de rodas com a cabeça apoiada nas mãos. Ele está a caminho.

CAPÍTULO 3

Uma nova posição para o sexo

Em um momento marcante dos acontecimentos, o bonitão do Maserati me deu de presente um par de óculos de sol da marca Bulgari. Do ponto de vista da seleção sexual tradicional, isso foi uma manobra estratégica brilhante: equivalente à fabricação dos intrincados ninhos com que os pássaros-pavilhões machos seduzem suas fêmeas.* Quase comecei a ter a impressão de que meu namorado havia adquirido um velho e esfarrapado exemplar de um livro intitulado *Fazendo a seleção sexual funcionar para você: um manual para os homens* e o estava seguindo à risca. Uma perspectiva da psicologia evolucionária sobre o comportamento do consumidor, por exemplo (com uma piscadela para o hábito superficialmente parecido dos babuínos machos de oferecer comida para as fêmeas em troca de acesso sexual), sugeriu que "dar presentes poderia ter se desenvolvido como uma estratégia de galanteio inconfundivelmente masculina", que permite aos homens "ostentar seus recursos".[1] Mas, embora alguns autores, me parece, julguem o hábito irresistível,

---

* Nativos da Austrália e Nova Guiné, os *bower birds* dedicam meses à construção de elaborados ninhos conhecidos como *bowers* visando atrair fêmeas em um singular ritual de cortejo. Com até meio metro de altura, os *bowers* são estruturas trançadas de capim, palha e galhos, de geometria cônica e forradas com musgo, que o pássaro decora com uma variedade de objetos coloridos, incluindo pétalas de flores, tampas de garrafa, carvão e frutas vermelhas. Diante da forte competição, os machos também realizam danças de acasalamento, enquanto as fêmeas avaliam os ninhos um a um. [N.T.]

no âmbito da biologia evolucionária ele em geral é considerado uma forma bastante ruim de tentar explicar a condição humana por meio de gestos graciosos e etéreos que apontam para padrões superficialmente semelhantes em outros animais.[2] Mesmo entre animais não humanos, comportamentos que parecem idênticos podem ter em duas espécies diferentes funções e histórias evolutivas muito distintas.[3] Embora eu não pretenda ser uma especialista em psicologia de macacos, tenho a plena convicção de que um pedaço do jantar de um babuíno é desprovido do importante peso de significado social refletido no caro brilho dos óculos de sol Bulgari. Uma análise recente da troca de presentes em campos de concentração nazistas, por exemplo, fornece uma ilustração instigante e comovente de como o hábito humano de presentear pode ser muito diferente do dos babuínos. As principais motivações para dar presentes nesse "contexto poderosamente extirpador de identidades", os pesquisadores concluíram, eram afirmar a capacidade de agir, formar e restabelecer identidades sociais por meio de relacionamentos e restaurar um senso de humanidade.[4] Nos humanos, os presentes "revelam um segredo importante: a ideia que a pessoa que recebe o presente evoca na imaginação de quem o dá", como definiu um pesquisador.[5] E como! O clima britânico oferece poucas oportunidades válidas para o uso de óculos escuros, mas mesmo assim o presente da Bulgari causou uma colisão de identidades – a real *versus* a projetada – de proporções épicas. Nenhum membro da minha família jamais possuíra um acessório de grife, e durante anos a fio os óculos de sol nos proporcionaram uma abundante fonte de diversão. Todos pensamos com carinho no homem que, com tanta generosidade, me presenteou com os óculos. Mas era inevitável reconhecer o humor do gesto, que foi, lamento dizer, um pouco como tentar atrair um babuíno com uma cauda de pavão.

Embora animais não humanos tenham suas próprias provações e tribulações, isso simplesmente não é algo com o que tenham de se preocupar. A pavoa não se pergunta se a cauda do pavão talvez não seja um pouco vistosa e pomposa *demais* para seus gostos e valores particulares; o pássaro-pavilhão macho é isento, creio eu, das ansiedades e angústias de pensar com seus botões se a casa que construiu vai ou não repercutir em suas expectativas e chances de acasalamento. Sim, somos animais e evoluímos. Mas a dimensão singularmente humana que colocamos em tudo o que fazemos, incluindo os fundamentos biológicos do nascimento, da alimentação, da excreção e da morte, ressalta quanto é enganoso "afirmar a equivalência entre, digamos, a plumagem de pássaros e os carros esportivos na atração de parceiros de cópula", argumenta Jonathan Marks, antropólogo da Universidade da Carolina do Norte.[6] Os capítulos anteriores desconstruíram o estreito vínculo na imaginação popular entre esperma barato, vasto potencial reprodutivo e um impulso evolutivo relacionado a uma natureza sexual caracteristicamente masculina. Este capítulo nos desamarra por completo da visão tradicional da seleção sexual ao apresentar a ideia de que a sexualidade humana não diz respeito apenas – talvez nem sequer de forma especial – à união de potenciais reprodutivos. Como Marks adverte:

> Confundir sexualidade humana (cultural) e reprodução (natural) é classicamente pseudocientífico. É claro que a sexualidade visa à reprodução – se você for um lêmure. Se for humano, a sexualidade visa a muito mais do que a reprodução; foi isso que a evolução fez para a natureza humana.[7]

Já que em seguida ele sugere que, "se você imagina que o sexo é biológico, e não biocultural, provavelmente não vai fazer muito sexo", continue lendo.

Em um ensaio longo e ponderado, Greg Downey, antropólogo da Universidade Macquarie, argumenta que, "a fim de mudar o entendimento popular da evolução, precisamos não apenas de melhores dados, mas também de melhores histórias". Sua proposta de narrativa alternativa à história do "homem, o promíscuo caçador tarado/mulher, a seletiva coletora casta" é uma "longa e lenta revolução sexual", no cerne da qual está a compreensão de que "a expressão sexual nos humanos [...] há muito tempo é muito mais ampla do que apenas juntar gametas de forma bem--sucedida".[8] É importante destacar que não se trata de um apelo especial no sentido de que os seres humanos sejam retirados de uma perspectiva evolutiva. Na verdade, há um forte argumento a ser apresentado, a saber, o de que o sexo também não serve a propósitos puramente reprodutivos em outros primatas.[9] O princípio da "exaptação", segundo o qual uma característica que evoluiu para cumprir uma função é reempregada ou cooptada para outra, agora é um padrão na biologia evolucionária.[10] Um exemplo didático e bastante ilustrativo vem inclusive da característica distintivamente não humana das penas, que teriam se desenvolvido em dinossauros primeiro para fornecer calor, depois para exibição sexual e, por fim, para o voo nos pássaros. Hoje, elas continuam a servir a todas as três funções. John Dupré prova a pertinência de seu argumento de maneira brincalhona, observando que "o fato de grande parte da tecnologia empregada por meu computador ter sido desenvolvida com aplicações militares em mente não implica que ele esteja a toda hora à beira de planejar um ataque nuclear ou projetar algum instrumento de destruição em massa".[11] Sem dúvida a função inicial de nossas atividades e nossos desejos sexuais adaptativos *foi* a reprodução, mas isso não impede que eles agora tenham outras funções. O prazer sexual cria uma "brecha no esquema evolutivo", sugerem Paul Abramson e Steven Pinkerton em *With Pleasure: Thoughts on the Nature of Human Sexuality* [Com prazer: pensamentos sobre a natureza da sexualidade humana], que "permite que ele seja cooptado para outros fins (não procriativos), tais como a facilitação de laços e a redução de tensões pessoais e interpessoais [...]. O prazer intenso que acompanha o sexo pode servir para motivar a cópula, e assim facilitar a reprodução, mas essa já não é sua única função".[12] Isso não é o mesmo que dizer que os humanos às vezes fazem sexo por outras razões que não têm o propósito consciente de reproduzir, o que obviamente é verdade. Uma pesquisa com estudantes revelou nada menos que 237 razões distintas para ter relações sexuais,[13] das quais a minha favorita é: "Eu queria mudar o assunto da conversa". (Sempre tive curiosidade de saber em que contexto essa é uma motivação para o sexo. Um jantar chato? Uma reunião de trabalho no laboratório em que aparece a embaraçosa questão de quem se esqueceu de encomendar as pipetas?) O ponto central é que o papel funcional do sexo vai além do meramente reprodutivo.

Não vou tentar explicar as razões *pelas quais* isso acontece, e não peço desculpas. A elaboração de hipóteses acadêmicas sobre a evolução comportamental humana só me faz lembrar de quando jogava Imagem & Ação com meu pai. Meu pai tem muitos pontos fortes e muitas qualidades, mas nada que esteja na direção das artes visuais. Quando joga Imagem & Ação, ele não desenha uma figura exatamente, apenas traça uma linha ou um rabisco no papel enquanto gesticula sem parar com um lápis na mão (ainda que, tecnicamente, dar dicas nesse jogo configure trapaça, há na família um acordo tácito de que meu pai precisa de toda a ajuda possível). Os pesquisadores que especulam sobre as origens evolutivas da condição humana estão, a meu ver, na mesma posição de alguém que faz parte da equipe do meu pai em uma partida de Imagem & Ação, tentando com desespero discernir uma imagem importante de informações inadequadas. ("É fogo!..." "Não, seu idiota – claro que aquele círculo ali é a complexidade social..." "Espera aí, será que é a cabeça de um bebê?")

Por sorte, porém, hoje em dia há várias pistas dos propósitos não reprodutivos do sexo em seres humanos. A evidência nº 1 nós encontramos no capítulo anterior: a frequência da atividade sexual mesmo quando não há chance alguma de reprodução. Dados os custos e os riscos envolvidos no sexo, isso não faz muito sentido se o único propósito for a reprodução. Na verdade, por essa mesma razão, na maioria dos animais os hormônios desempenham um papel fundamental na coordenação da atividade sexual, assegurando que o sexo só ocorra quando a fertilização for possível. Por que incorrer nas despesas biológicas de características sexuais secundárias e na produção de gametas mais desenvolvidos, ou assumir os riscos inerentes ao galanteio, ao acasalamento e à disputa, se não houver chance de sucesso reprodutivo? Se você é um pássaro macho, por exemplo, cortejar a fêmea cantando uma elaborada melodia que poderia atrair a atenção de um predador talvez seja um risco que só vale a pena correr durante a temporada de acasalamento. Em consonância com o mesmo princípio, fora da época reprodutiva, quando as fêmeas estão inférteis e pouco receptivas, podem-se também reduzir os custos biológicos, diminuindo o tamanho das gônadas até que a primavera esteja de novo no ar. O acasalamento humano, óbvio, não é assim. E mesmo em comparação com outros primatas, nos quais o sexo também está desatrelado do controle hormonal, nossa atividade sexual sobressai como especialmente improdutiva.[14]

A evidência nº 2 do sexo não reprodutivo está em um tema correlato: com frequência os humanos se envolvem em emparelhamentos e atos sexuais que muitas vezes não apenas não resultam em gravidez – como, a bem da verdade, *são incapazes* de levar à gravidez. As mulheres não apenas fazem sexo com homens quando não estão ovulando, como também no pós-parto ou na pós-menopausa. E por vezes, é claro, não é com homens que elas fazem sexo, assim como proporções nada triviais de homens preferem, às vezes, muitas vezes ou sempre, fazer sexo com outros homens. Há ainda muitas atividades sexuais humanas, a exemplo de toques e carícias, beijos e sexo oral, que também não têm potencial reprodutivo.

A evidência nº 3 de um papel não reprodutivo do sexo em humanos é a ausência de um osso do pênis nos homens, argumenta o antropólogo Greg Laden, sendo os humanos os únicos primatas em que isso é assim.[15] Como consequência, a eficiência da ereção e do orgasmo é tremendamente reduzida nos homens em comparação com a maioria dos macacos:

> A sexualidade masculina envolve um conjunto muito mais elaborado, longo e complexo de elementos psicossexuais e psicossociais do que habitualmente se encontra em macacos, e que estão ligados à criação de laços sociais. Há, claro, todo tipo de exceção, mas em muitos aspectos a sexualidade humana masculina típica de adultos normais é mesmo um tanto complexa e matizada, e sem semelhança com a dos macacos em muitos aspectos. Sim, pessoal, em comparação com o *Pan troglodytes* [chimpanzé-comum], nosso parente mais próximo, o sexo masculino humano gira em torno de relacionamentos.

Sem dúvida, aceitamos isso com facilidade quando se trata da sexualidade das mulheres. De fato, Naomi Wolf levou a visão relacional da sexualidade feminina a um novo patamar no livro *Vagina: uma biografia*, afirmando que,

> quando ele fita a mulher, quando a elogia, ou mesmo quando dobra peças de roupa lavada, essas ações não são consideradas apenas uma preliminar altamente eficaz; são, na verdade, do ponto de vista do corpo feminino, uma parte essencial do bom sexo em si.[16]

Embora eu me dê conta de que acabo de observar que o sexo pode assumir formas idealmente não reprodutivas, incluir nele o ato de dobrar roupas parece levar a tese um pouco longe demais, tanto para mulheres como para homens. Com certeza, que eu saiba, ninguém defendeu a ideia da importância crucial de um punhado de pares de meias combinadas com esmero para a excitação masculina bem-sucedida, ou os efeitos estimulantes do milagre que é um lençol dobrado à perfeição. Assim, embora isso pudesse representar a mais fácil das soluções para o fardo doméstico injusto que as mulheres carregam, desconfio de que não seria fácil converter os homens de que, embora *possa parecer* que estão realizando tarefas domésticas, na verdade estão fazendo sexo. ("Meu bem, falando sério – essa foi a melhor trepada que eu já dei na vida. Será que você poderia também passar os panos de prato?") Mas a considerável sobreposição entre os sexos no que tange a seu interesse por relações sexuais casuais de uma noite apenas (assim como por sexo sem compromisso) deveria dissipar os contrastes estereotipados de que só para as mulheres o sexo está vinculado a relacionamentos. De fato, na pesquisa mencionada sobre as razões alegadas por estudantes para fazer sexo, o motivo mais citado tanto pelos homens como pelas mulheres foi o prazer, seguido de perto por amor e compromisso.[17] Andrew Smiler postula que,

> se deixarmos de acreditar que meninos e homens são aleijados emocionais e Casanovas irresponsáveis e inescrupulosos que só querem saber de sexo e começarmos a acreditar que são seres humanos plenos e completos com necessidades emocionais e relacionais, imagine o que pode acontecer.[18]

Curiosamente, mesmo o aparente contraexemplo da minoria de homens que pagam por sexo[19] – o que muitas vezes é citado como prova da capacidade dos homens para atividade sexual puramente física, e do seu desejo por ela – acaba se revelando, pelo menos em alguns casos, não ser o que parece. De acordo com a socióloga Teela Sanders, da Universidade de Leeds, "um número significativo" de homens que pagam por sexo visitam habitual ou exclusivamente a mesma prostituta ou garota de programa.[20] Isso parece surpreendente, dada a suposição natural de que comprar sexo é a manifestação do desejo que o homem desenvolveu por variedade sexual, desincumbido de obrigações relacionais, moralidades e negociações restritivas que o sexo em geral implica. Por que pagar por serviços sexuais da mesma mulher duas vezes, em uma bolsa de valores que, em termos emocionais, é tão descomplicada e descomprometida – ao menos em potencial – quanto lavar um carro ou comprar um cacho de bananas? No entanto, a partir de entrevistas com esses homens, Sanders conclui que "as relações sexuais comerciais podem refletir o romance tradicional, os rituais de galanteio, os modos e significados de comunicação, a familiaridade sexual, a satisfação mútua e as intimidades emocionais encontrados em relacionamentos 'comuns'".[21]

É claro que esses "clientes regulares" são apenas um subconjunto de homens (e sem dúvida nos perguntamos até que ponto as coisas parecem "comuns" vistas da perspectiva das mulheres que fornecem esses serviços sexuais de valor agregado). Mas o trabalho de Sanders indica que, mesmo nessa troca sexual potencialmente muitíssimo instrumental, para alguns homens a intimidade emocional, a confiança, a comunicação e a familiaridade são partes fundamentais do que é desejado e comprado. Temas e motivações igualmente surpreendentes também surgiram em um pequeno estudo baseado em entrevistas com homens brancos de classe média que pagavam por sexo, em que se constatou que uma "tentativa de estruturar a realidade objetiva de modo que fosse romântica/social se manteve para a maioria dos indivíduos ao longo do encontro". Curiosamente, os pesquisadores também relataram que, em muitos casos, a transação foi seguida, logo de cara ou no devido tempo, de "uma sensação de decepção e anticlímax". Como definiu um entrevistado, em uma impressionante inversão de papéis e estereótipos, na "manhã seguinte",

> após o ato, a pessoa sente na pele uma pontada de angústia, como se alguma coisa estivesse errada porque você acabou de passar por algo que não é de nenhuma maneira, de nenhuma forma ou em nenhum aspecto, pessoal [...], não há em absoluto nenhuma comunicação depois. Terminou, acabou. Para a garota com quem acabou de estar, você já não interessa nem um pouco. E é um grande anticlímax.[22]

Ou, como um homem de 31 anos explicou a Sanders:

> O sexo é, sem dúvida, um ato bastante íntimo, e é um pouco esquisito simplesmente entrar em um quarto com uma pessoa que você nunca viu antes, fazer sexo com ela e depois e ir embora. Por outro lado, ver alguém com regularidade é mais parecido com uma interação humana de verdade.[23]

Uma interação humana de verdade. Toda essa conversa sobre "estratégias de acasalamento" – o próprio termo evoca imagens infelizes de pessoas em uma sala de reuniões, discutindo em torno de uma mesa abarrotada de mapas crivados de bandeirinhas indicando os bares de solteiros das redondezas – obscurece o argumento de que somos "configurados, em termos físicos e psicossexuais, para o sexo não reprodutivo", de acordo com a definição de Laden.[24]

Tão logo deixamos de ver a sexualidade humana através da estreita moldura que reúne apenas potenciais reprodutivos,[25] não parece mais tão óbvio e inevitável que os homens se empenhem na busca do sucesso, enquanto as mulheres se desdobram para manter a aparência juvenil. Por exemplo, segundo o raciocínio do Testosterona Rex, somente a mulher tem sua capacidade fisicamente atraente ligada a sua importantíssima fertilidade (indicada sobretudo pela juventude, cujos correlatos físicos são considerados mais ou menos como sinônimos de beleza feminina). No entanto, de uma perspectiva puramente reprodutiva, há uma boa razão para as mulheres também serem atraídas por homens de boa aparência e com o frescor da juventude. Alguns psicólogos evolucionários sugerem que as mulheres desenvolveram uma "estratégia sexual de curto prazo" em que procuram encontros sexuais casuais com homens de boa cepa genética, com traços faciais e corporais masculinos que supostamente sirvam como anúncios publicitários ambulantes de seu estoque de genes superiores.[26] Ademais, como Hrdy apontou há algum tempo, "os homens mais velhos [...], mesmo que ainda potentes, talvez forneçam junto com seus espermatozoides uma quantidade adicional de mutações genéticas".[27] Em conformidade com isso, pesquisas recentes estabeleceram frequências mais altas de mutações *inéditas* (seja, as que surgem pela primeira vez nos gametas, ao contrário de mutações hereditárias) no esperma de homens mais velhos, e sua contribuição para doenças genéticas.[28] É provável, então, que quanto mais jovem for o homem, melhor será o estado de seus "bons genes". No entanto, apesar de tudo isso, os homens não usam sapatos plataforma desconfortáveis para parecer mais altos, raramente gastam rios de dinheiro para pagar por cirurgias plásticas de grande envergadura a fim de ficar com um corpo sarado ou para deixar o queixo mais saliente, tampouco fazem fila nas clínicas para ter a testa paralisada por injeções de botox. Essa ausência de entusiasmo masculino por aprimoramentos físicos caros e dolorosos aponta para a possibilidade de que as deficiências no potencial reprodutivo talvez sejam, e são, generosamente ignoradas quando se trata de atração sexual.

Claro, a atratividade física é um fator importante na tomada de decisão sexual e romântica, e não é apenas uma convenção social que diz que não estamos no auge da nossa beleza aos oitenta anos de idade. Todavia, uma vez libertos dos pressupostos da velha história da seleção sexual, torna-se mais razoável questionar se os homens sempre se importam mais com a atração física e as mulheres se concentram mais nos recursos. Como observa um pesquisador, os dados relativos à primeira questão "foram coletados, de modo geral, entre participantes urbanos, de classe média e, muitas vezes, de nível universitário", provenientes de "ambientes culturais e ecológicos evolutivamente recentes: são assalariados, estão envolvidos em mercados locais, nacionais e globais, expostos aos meios de comunicação de massa e residem em meio a populações mais ou menos grandes".[29] Estudos que analisaram as preferências por parceiros sexuais em sociedades de pequena escala, com economias mais parecidas com as do nosso passado ancestral – a exemplo do povo hadza, grupo étnico tanzaniano[30] de caçadores-coletores, e os shuaras, caçadores--agricultores do Equador[31] –, encontraram poucas evidências de que os sexos atribuem graus de importância diferentes à atratividade física de um parceiro. No último estudo, por exemplo, enquanto uma amostra de controle da Universidade da Califórnia em Los Angeles (UCLA) evidenciou as diferenças de sexo "típicas" quanto à importância da atratividade física, nenhuma disparidade desse tipo foi observada nos participantes shuaras.

E quanto aos óculos Bulgari de humanos supostamente bem--sucedidos: seriam recursos masculinos? Como vimos no capítulo 1, é um erro fazer a suposição geral de que os recursos e o status de uma mulher são irrelevantes para seu sucesso reprodutivo. Eles podem ser de suma importância em mamíferos, incluindo primatas. Como afirma Hrdy (em uma declaração que, com algum ajuste, quase seria possível imaginar em um diálogo entre mãe e filho, na sala de visitas de um romance de Jane Austen):

Claramente faz sentido evolutivo que os machos selecionem fêmeas não apenas com base na fecundidade, como também na probabilidade de produzir descendentes que sobrevivam. Quando os efeitos intergeracionais provavelmente são decisivos, os machos também devem levar em consideração o status da fêmea, seus laços de parentesco ou a qualidade do hábitat dela.[32]

É líquido e certo que os estudos interculturais constatam de modo confiável que as mulheres se preocupam mais com os recursos materiais de um potencial parceiro.[33] Mas, como Dupré observa,

> dado que, em primeiro lugar, as mulheres na maior parte das sociedades têm menos recursos e, em segundo lugar, que elas invariavelmente preveem a futura dependência dos recursos financeiros de seus companheiros, essa não é uma observação que, é óbvio, necessite de uma explicação biológica profunda.[34]

Sem dúvida, a maternidade precoce cria dependência dos outros. É um trabalho exaustivo, demorado e sôfrego. Mas, em uma evocação das fêmeas do gafanhoto-verde do capítulo 1, que usufruíam da flexibilidade de adaptar sua estratégia de acasalamento às suas circunstâncias "econômicas" específicas,[35] quanto maior a igualdade de gênero em um país, menor a disparidade de gênero quanto à importância dada aos recursos financeiros de um parceiro (bem como acerca da importância dada a outras preferências, como castidade e boa aparência).[36] Desnecessário dizer que ainda não existe precedente de país em que os sexos desfrutem de igualdade econômica. Mas, mesmo no decorrer de um período relativamente curto, entre 1939 e 2008, as preferências mudaram em compasso com a demolição dos papéis tradicionais do homem como chefe de família e provedor *versus* a mulher dona de casa – apontam os psicólogos Wendy Wood e Alice Eagly.[37] Para os homens, a importância de boas perspectivas financeiras, educação e inteligência em uma parceira aumentou, ao passo que diminuiu a importância das habilidades culinárias e domésticas. Tampouco o interesse autorrelatado dos homens nesses "valores de recursos" em mulheres é mera correção política, sendo refletido por mudanças em padrões conjugais nos Estados Unidos. Se no passado as mulheres mais abastadas e de nível mais alto de instrução formal eram *menos* propensas ao casamento, agora são as que mais tendem a casar-se. Como Wood e Eagly observam, isso significa que as mulheres agora desfrutam de "um padrão de nubilidade ou aptidão para o casamento similar ao dos homens".[38]

De fato, pode ser que em breve digamos adeus à história de amor reprodutiva inspirada na economia, na qual o Valor da Fertilidade feminina conhece o Valor dos Recursos masculino, casa-se com ele e maximiza o sucesso reprodutivo. Em algumas culturas pelo menos, em um grau muito maior, parece que o que de fato queremos são parceiros semelhantes a nós mesmos nesses atributos. Os ecologistas comportamentais Peter Buston e Stephen Emlen contrapuseram as duas perspectivas – "os potenciais se atraem" *versus* "os iguais se atraem". Pediram a cerca de mil estudantes universitários dos Estados Unidos que avaliassem a importância em um parceiro de longo prazo das categorias, supostamente relevantes em termos evolutivos, de riqueza e status, comprometimento com a família (em princípio, de especial importância para as mulheres), aparência física e fidelidade sexual (em tese, de particular importância para os homens).[39] Em seguida, os estudantes classificaram a si mesmos nesses mesmos atributos. A partir de uma perspectiva em que "os potenciais se atraem", pessoas com um alto "valor de parceiro" (ou seja, mulheres de alto nível de atratividade física e sexualmente castas, e homens de riqueza, status e comprometimento com a família consideráveis) esperavam de um parceiro um "potencial" reprodutivo mais complementar.

No entanto, da perspectiva de que "os iguais se atraem", as pessoas queriam que o parceiro fosse semelhante a elas mesmas: uma mulher que se considerava rica e fisicamente atraente desejava algo similar em um parceiro; um homem que se considerava fiel e que priorizava a família procurava as mesmas coisas. Ainda que tivessem examinado apenas dados que confirmassem a hipótese de que os potenciais se atraem, os pesquisadores teriam constatado isso e chegado às conclusões tradicionais – incontestavelmente a hipótese de atração entre iguais ganhou fácil, em termos de sua capacidade de explicar as preferências das pessoas. Por exemplo, a percepção que um homem tem sobre sua riqueza e status estava associada com muito mais força à importância que ele dava à riqueza e ao seu status de uma parceira potencial do que à atratividade física dela. Da mesma forma, a atratividade física percebida de uma mulher teve um efeito muito mais sólido sobre a importância que ela dava à aparência de um parceiro potencial do que a sua riqueza e seu status.[40]

Após um breve percurso por dados que sugerem que casais mais semelhantes tendem a ter casamentos de melhor qualidade, os pesquisadores comentam que os "resultados sugerem que a ênfase deveria ser deslocada, afastando-se do enfoque-padrão, que se concentra em indicadores de potencial reprodutivo, na direção do entendimento de como o acasalamento, comparando cada uma das peculiaridades, contribui para a estabilidade conjugal e possivelmente para o sucesso reprodutivo".[41]

Um estudo posterior, é preciso dizer, não conseguiu encontrar evidências de que iguais se atraíam em situações de encontros rápidos e às cegas, apesar de ter obtido esses indícios em testes por escrito – uma descoberta que destaca o valor um tanto duvidoso de simplesmente perguntar às pessoas o que julgam importante em um parceiro.[42] No entanto, também é possível que esse contexto, por necessidade, tenda a pressionar as pessoas a concentrar-se nas qualidades mais imediatamente discerníveis de um indivíduo. As análises dos dados mostraram que, tanto para homens como para mulheres, a atratividade física e a juventude dominam como prognósticos da atração e do apelo sexual de um namorado potencial.[43] Uma análise de casais efetivamente formados por meio de um site de namoro on-line na China, porém, constatou que a hipótese de que "iguais se atraem" de novo forneceu uma explicação muito melhor dos dados do que a de que "potenciais se atraem". Embora aqui e ali *existissem* também sinais de "potenciais" atraindo-se, às vezes isso acontecia da maneira "errada" – por exemplo, havia evidências de que, assim como os homens, "as mulheres também usam sua renda para conseguir homens mais atraentes" e que "as mulheres com [uma] melhor formação educacional também gostariam de encontrar um companheiro mais novo, exatamente como os homens desejam".[44]

Um foco implacável no "valor de acasalamento", concebido em termos estreitos, também contrasta com uma análise de diversos conjuntos de dados que descrevam quais características homens e mulheres julgam mais e menos importantes em um parceiro. Esses dados mostram que, nos últimos 75 anos, em vários países diferentes, os atributos mais importantes em um parceiro de longo prazo tanto para mulheres como para homens nada têm a ver com fertilidade juvenil em troca de recursos. Esses atributos mais desejados não estão relacionados ao valor reprodutivo de uma pessoa e não forçam seus comentadores a propor o que Dupré descreve como "fantasias evolutivas absurdas [...] na explicação da homossexualidade".[45] Essas características preferidas não implicam ofensivamente que o "valor de acasalamento" de sua esposa – mesmo que ela seja a mulher que você ama, a mãe de seus filhos e a única pessoa no mundo que entende o que você quer dizer quando diz que alguém tinha "uma barba igual à do McFie" ou o "cabelo da mesma cor daquele sujeito em Hove que me flagrou dando um pontapé no gato dele"[46] – seja menor quando ela tem cinquenta anos do que quando tinha vinte. São atributos que não podem ser comprados, injetados em você ou lipoaspirados a vácuo de você. E são também traços que pouco têm a ver com faixas de tributação de imposto de renda, carros de luxo europeus ou os melhores escritórios da empresa. Em vez disso, correspondem a fatores que reduzem as chances de você sentir vontade de arremessar um prato na cabeça do seu parceiro: confiabilidade, estabilidade emocional, personalidade agradável e amor.[47]

A referência de Downey a "uma revolução sexual longa e lenta" tenta descrever uma característica fundamental da sexualidade humana. Não foi de repente, com o advento da pílula anticoncepcional no século XX, que a sexualidade humana se desatrelou da reprodução – isso começou muito tempo antes. Uma compreensão mais ampla da sexualidade humana torna mais visível o absurdo da "tendência de argumentar que, em relação ao sexo, a 'natureza humana' é o que obtemos quando eliminamos cada traço humano". Para entender a sexualidade humana, não se pode apenas "extirpar tudo o que seja inconfudivelmente humano, como linguagem, complexidade social e consciência ou percepção de si",[48] sem mencionar as convicções políticas de uma pessoa, sua situação econômica, suas normas e identidades sociais. Esses aspectos são, de maneira inextricável, *parte* da sexualidade de cada pessoa.

Hera Cook, historiadora social da Universidade de Otago, fornece uma bela ilustração desse ponto em sua magnífica análise da revolução sexual.[49] Cook aponta que, na Inglaterra do século XVIII, as mulheres eram tidas como sexualmente intensas e impetuosas. Com base em mudanças econômicas e sociais, padrões de taxas de fertilidade, relatos pessoais e pesquisas sobre hábitos sexuais e manuais de sexualidade, Cook, porém, mapeia o caminho que levou à repressão sexual da era vitoriana. Foi um período de redução do poder econômico feminino, graças à mudança da produção doméstica para o trabalho assalariado, em uma época em que havia menor pressão da comunidade sobre os homens para que sustentassem financeiramente os filhos nascidos fora do casamento. E assim, na ausência de técnicas bem conhecidas e confiáveis de controle de natalidade, "as mulheres não podiam se dar ao luxo de custear o sexo. O risco tornava o sexo um prazer caro demais".[50] As mulheres vitorianas voltaram-se para a coibição sexual a fim de controlar a fertilidade, argumenta Cook, "uma conduta desesperada que só poderia se manter por imposição de uma cultura sexual e emocional repressiva, inicialmente por acordo entre os próprios indivíduos, e depois [...] nas sucessivas gerações".[51] Cook descreve a trajetória da sexualidade das mulheres vitorianas de meados ao final do século XIX como um "aumento da angústia e diminuição do prazer sexual".[52] Somente com a disponibilidade crescente de contraceptivos confiáveis e acessíveis no início do século XX é que houve um relaxamento gradual das atitudes sexuais e o reconhecimento cada vez maior da existência e da importância do desejo sexual feminino, culminando na introdução da pílula anticoncepcional e na revolução sexual. Pela primeira vez na história as mulheres puderam juntar-se aos homens na prática sexual sem o risco de consequências vitalícias.

A valiosa perspectiva de Cook fornece ainda um lembrete útil da completa novidade da possibilidade de autonomia reprodutiva e econômica feminina. Portanto, não deveríamos ver as relações sexuais contemporâneas como um ponto particular em uma longa revolução sexual que ainda está ocorrendo? Tomemos, por exemplo, o desconforto moral sentido pelos casais vitorianos que usavam o capuz cervical como um dispositivo contraceptivo. Uma vez que o uso do método sugeria o desejo premeditado por parte da mulher, muitos casais consideravam a inserção um "ato desavergonhado e devasso" e o desaprovavam como um feminino "convite para o coito", de acordo com um manual de controle de natalidade.[53] Ainda hoje há resquícios dessa atitude, em premissas contemporâneas de que a sexualidade feminina é passiva e receptiva, e não autora ativa de seu próprio desejo: a fêmea tímida e recatada da concepção do Testosterona Rex da seleção sexual. Entretanto, corroborando o argumento de que a sexualidade de uma pessoa é exatamente isto – sexualidade de uma *pessoa* –, um volume significativo de pesquisas (encabeçadas por Diana Sanchez, psicóloga da Universidade Rutgers, e seus colegas) sugere que uma noção internalizada da passividade sexual feminina pode afetar a experiência sexual corporal das mulheres. Por exemplo, mulheres heterossexuais com vínculos mentais mais fortes entre sexo e submissão têm maior dificuldade de excitar-se e chegar ao orgasmo, e mulheres que assumem um papel submisso durante o sexo ficam menos excitadas (correlação que não se deve simplesmente à falta de desejo que afeta tanto o comportamento como a excitação sexual). Sua insatisfação sexual, por sua vez, reduz o prazer de seus parceiros.[54]

Em contrapartida, as mulheres que endossavam crenças feministas relataram bem-estar sexual acentuado em várias frentes – e, ao que tudo indica, não só por causa dos efeitos dessas crenças sobre a propensão dos homens de dobrar a roupa lavada. É menos provável que as mulheres feministas endossem roteiros sexuais antiquados, e é mais plausível que façam sexo por prazer, e não por submissão ou sujeição, e gozem de maior satisfação sexual graças a uma consciência intensificada de seu próprio desejo.[55] Além disso, o feminismo das mulheres é bom também para a satisfação sexual dos seus parceiros do sexo masculino: uma feliz situação vantajosa para todos os envolvidos e em que todo mundo sai ganhando.[56] Caso o leitor não tenha percebido, foi o feminismo que fez isso. Estou *apenas dizendo*.

A esta altura deve ter se tornado óbvio que é inútil tentar decidir se o feminismo revela a *verdadeira* natureza, sexualmente assertiva, das mulheres, ou se é uma aberração social que obscurece sua *submissão* natural. Como Carol Tavris argumenta em seu livro clássico *The Mismeasure of Woman* [A medida inexata da mulher], "a ideia de que basta apenas remover o verniz da cultura, o véu da educação e do hábito, a fachada da fantasia, e o verdadeiro ser sexual virá à tona" é profundamente equivocada.

> Nossa sexualidade é o corpo, a cultura, a idade, a aprendizagem, o hábito, as fantasias, as preocupações, as paixões e os relacionamentos em que todos esses elementos se combinam. É por isso que a sexualidade pode mudar com a idade, o parceiro, a experiência, as emoções e a ideia de perspectiva.[57]

Esse discernimento aplica-se igualmente à sexualidade dos homens. Vale ressaltar que todos, inclusive os psicólogos evolucionários, reconhecem a sobreposição nas preferências e nos comportamentos sexuais masculinos e femininos, e que estes respondem e reagem prontamente às condições sociais e ambientais. Mas tão logo deixamos de tentar extrair a verdadeira natureza sexual dos homens em meio à complicada rede social, econômica e cultural em que cada menino e homem estão inseridos, as muitas centenas de filhos gerados nos vastos haréns de Ismail, o Sanguinário, brutalmente vigiados, começam a parecer menos uma manifestação da natureza sexual masculina, descomprometida e evolutivamente aprimorada, e mais um sintoma do fato de que o sr. Sanguinário era um babaca despótico. Em um artigo intitulado "O macaco que pensava ser um pavão", os psicólogos Steve Stewart-Williams e Andrew Thomas apresentam de forma encantadora o argumento: "O comportamento desses déspotas revela os desejos livres e desimpedidos dos homens em geral, ou apenas revela os desejos livres e desimpedidos dos tipos de homens que se tornam déspotas?".[58]

O macaco que confundiu a si mesmo com um pavão também não deveria esquecer que é humano.

PARTE II

Presente

CAPÍTULO 4

Por que uma mulher *não pode* ser mais parecida com um homem?

> A crença quase universal é que homens e mulheres, como grupos em oposição, apresentam diferenças sexuais características em seu comportamento e que essas diferenças são tão arraigadas e penetrantes que dão caráter distintivo a toda a personalidade.
>
> LEWIS TERMAN E CATHERINE MILES, *SEX AND PERSONALITY*[1]

> Homens e mulheres pertencem a diferentes gêneros e são verdadeiramente díspares.
>
> CLOTAIRE RAPAILLE E ANDRÉS ROEMER, *MOVE UP*[2]

Em sua resenha de *Why Can't be a Woman More Like a Man? The Evolution of Sex and Gender* [Por que uma mulher não pode ser mais parecida com um homem? A evolução do sexo e do gênero],[3] do conhecido biólogo Lewis Wolpert, a psiquiatra e jornalista Patricia Casey transmite um profundo alívio diante do questionamento que o livro apresenta acerca dos pontos de vista politicamente corretos dos teóricos do gênero. Depois de percorrer uma ladainha acerca de "diferenças de ocorrência natural intrinsecamente inseridas em nossos genes", ela conclui que a "resposta óbvia" para a famosa pergunta de Henry Higgins em *My Fair Lady*, "por que uma mulher não pode ser mais parecida com um homem?" é: "Porque não somos parecidos e nunca seremos".[4] Essa, aparentemente, é a única conclusão sensata a se chegar. Afinal, "o argumento de que a testosterona e o cromossomo Y não têm influência alguma sobre a forma como pensamos e sentimos desafia a credibilidade".[5]

O pressuposto de que esses dois agentes biológicos do sexo criam, por necessidade, não apenas um sistema reprodutor masculino, mas também uma psique inconfundivelmente masculina, está em perfeita harmonia com a antiga visão da seleção sexual, de acordo com a qual existe, via de regra, uma forte e previsível ligação entre ser um produtor prolífico de esperma barato e uma maneira masculina bem característica de comportar-se. No entanto, como mostra o capítulo anterior, mesmo em animais não humanos o sexo biológico não necessariamente determina a natureza sexual, em especial não em nós mesmos. As realidades biológicas da reprodução nunca são irrelevantes, mas até para o besouro-do-esterco e a ferreirinha-comum outros fatores podem ter efeitos radicais, inclusive sobre comportamentos diretamente relacionados ao acasalamento e ao sucesso reprodutivo. Esses exemplos apontam para a surpreendente conclusão de que o sexo biológico pode não ser a força constante, estável e polarizadora que muitas vezes pressupomos ser.

Na verdade, mesmo a compreensão científica da determinação do sexo (isto é, como acabamos sendo machos ou fêmeas) afastou-se dessa perspectiva. De acordo com a noção mais antiga, ainda predominante, "a presença de um cromossomo Y faz o embrião se desenvolver como um homem; na sua ausência, o desenvolvimento padrão segue a trajetória feminina", na forma como Wolpert resume o processo pelo qual o sexo é determinado. O "gene-chave"[6] nessa história é o SRY, localizado no cromossomo Y. Indivíduos com o cromossomo Y desenvolvem testículos; na ausência do cromossomo Y, os ovários se desenvolvem. Os testículos recém-formados, em seguida, produzem altos níveis de andrógenos, particularmente a testosterona, que direcionam o desenvolvimento de órgãos genitais masculinos internos e externos; caso contrário, desenvolvem-se as versões femininas.

Nessa compreensão de como ocorrem a masculinidade e a feminilidade, "o binarismo é rígido e absoluto: XX é do sexo feminino, e XY é do sexo masculino",[7] conforme observa Sarah Richardson, da Universidade de Harvard. Reforçar essa visão binária do sexo é o estado aparentemente óbvio do mundo. Mesmo os teóricos do gênero, que sempre se desprendem da realidade ao lidar com as vertiginosas possibilidades para a reconstrução da masculinidade e da feminilidade, concordam que, qualquer que seja a genitália que a pessoa tem quando veste sua roupa de baixo pela manhã, ela ainda estará lá quando essa pessoa se despir à noite. Cerca de 98-99% da população *ou* possui cromossomos XY e órgãos genitais masculinos (testículos, próstata, vesículas seminais e um pênis), *ou* possui cromossomos XX e genitais femininos (ovários, trompas de Falópio, vagina, grandes e pequenos lábios e clitóris).[8] A neurocientista Daphna Joel, da Universidade de Tel Aviv, refere-se aos três principais marcadores de masculinidade e feminilidade como sexo genético-gonadal-genital ou sexo 3G, de forma abreviada.[9]

Mas essa avaliação, na qual o sexo de uma pessoa depende da presença ou ausência do onipotente cromossomo Y, mostra-se por demais simples. Consideremos, por exemplo, aquelas poucas pessoas em uma centena cujos genes, cujas gônadas e cujos genitais não se alinham perfeitamente do lado masculino ou feminino: pessoas que você sem dúvida conhece, mas possivelmente não sabe que conhece. As convenções, políticas e leis sociais que exigem que todos sejam ou machos ou fêmeas obscurecem a realidade biológica de que uma visão binária do sexo, "ou/ou", funciona para a maioria das pessoas, mas não para todas.

Uma proporção pequena porém significativa da população é "intersexual": essas pessoas são "como uma mulher" em alguns aspectos do sexo 3G, mas "como um homem" em outros, ou estão em algum aspecto entre a forma masculina e feminina. Por exemplo, indivíduos com um complemento masculino XY de cromossomos, mas cujos receptores não respondem aos andrógenos essenciais para masculinizar os órgãos genitais, desenvolvem testículos masculinos, mas genitália externa feminina. Como aponta a Sociedade Intersexual da América do Norte, isso significa que, a despeito do cromossomo Y, essas mulheres "tiveram muito menos 'masculinização' do que a mulher média [...] [com cromossomos XX], porque suas células não respondem a andrógenos".[10] Ou consideremos a hiperplasia adrenal congênita (HAC), na qual uma quantidade invulgarmente grande de andrógenos é produzida *in utero*. Nas meninas, isso pode resultar em genitais externos um tanto masculinizados.[11]

Chamando a atenção para exemplos como esses na década de 1990, a bióloga Anne Fausto-Sterling, da Universidade Brown, correu o risco de chocar as pessoas ao observar que, na verdade, existe cerca de meia dúzia de sexos.[12] No auge da aclamação do gene SRY como o gene que determina o sexo no cromossomo Y, Fausto-Sterling apontou que indivíduos intersexuais são inadequados e impraticáveis para um modelo que não permite "a existência de estados intermediários".[13] Seguindo os argumentos negligenciados de duas geneticistas, Eva Eicher e Linda Washburn, Fausto-Sterling sugeriu que associações profundamente arraigadas na cultura estavam atuando de modo implícito nesse modelo científico: a saber, "feminino", "passivo" e "ausência". O desenvolvimento de testículos a partir de uma gônada "andrógina" é um processo ativo, dirigido por genes, mas, na ausência do potente gene SRY masculino, o tecido ovariano apenas... *acontece*, como o padrão?

A ciência contemporânea da determinação do sexo agora reconhece que o desenvolvimento feminino é um processo tão ativo e complexo quanto o masculino. Também ficou claro que *muitos* genes estão envolvidos na determinação do sexo: SRY no cromossomo Y; alguns no cromossomo X (incluindo aqueles envolvidos no desenvolvimento sexual masculino); e, em seguida, para nossa surpresa, dezenas de outros localizados em outros cromossomos.[14] Por essa razão, se encontrarmos a expressão "cromossomos sexuais" entre aspas, não será porque alguma acadêmica feminista desvairada se recusa a reconhecer a base biológica do sexo, e sim porque o sexo genético *não está* localizado em um binarismo inflexível – Y presente ou ausente –, mas espalhado no genoma. A determinação do sexo é, portanto, um processo complexo. Em vez do cenário antigo e mais simples, em que o gene SRY inclina os machos na direção de um caminho nítido de desenvolvimento, "a identidade da gônada surge de uma competição entre duas redes de atividade genética opostas".[15]

Claro, quando Patricia Casey pergunta retoricamente por que uma mulher não pode ser mais parecida com um homem, ela não está querendo saber por que uma mulher não é capaz de transformar seu clitóris em um pênis, ou seus ovários em testículos. Casey está expressando uma convicção comum de que o sexo – mais evidente na forma de testosterona e cromossomo Y – tem um efeito fundamental no cérebro e no comportamento. De acordo com psicóloga Lynn Liben, da Universidade Estadual da Pensilvânia,

> supõe-se que machos e fêmeas tenham "essências" diferentes, que, embora em larga medida invisíveis, se refletem em muitas predisposições e muitos comportamentos. Essas essências são dadas – no nível individual – por uma gama de processos genéticos e hormonais e – no nível das espécies – pela evolução. São vistas como parte da ordem natural, e é provável que se presuma que operem em diversos contextos e ao longo da vida, e muitas vezes são tidas como supostamente imutáveis (pelo menos na ausência de esforços hercúleos e extraordinariamente artificiais para mudá-las).[16]

Faz sentido, no entanto, esperar que o sexo crie essências no cérebro e no comportamento? Em diferentes espécies, o mesmo problema evolutivo da reprodução sexual foi resolvido de muitas formas diferentes – e isso significa que a presença ou ausência de um cromossomo Y[17] (e de outros componentes genéticos do sexo) não determina, por si só, uma maneira particular de comportar-se. Mas, também, *dentro* de algumas espécies – incluindo a nossa, ideia a que este capítulo dá substância, acrescentando mais alguns detalhes –, o sexo também não tem o monopólio de características como competitividade, promiscuidade, seletividade e cuidados parentais. O padrão particular, como vimos, depende da situação ecológica, material e social do animal. Isso sugere que, mesmo no âmbito de determinada espécie, o efeito das facetas genéticas e hormonais do sexo sobre o cérebro e o comportamento não deve inserir ou "instalar" cérebro adentro, de forma inflexível, perfis ou predisposições comportamentais particulares; nem mesmo os mais comuns em um sexo do que em outro. Em vez disso, eles são trazidos à tona, em maior ou menor grau, conforme ditam as circunstâncias.

Os papéis reprodutivos dos sexos (por exemplo, quem produz quais gametas e coloca que órgão onde) são distinguíveis de uma maneira que os papéis comportamentais não são. Provavelmente isso ocorre porque não há ambiente ou contexto em que ter uma versão intermediária do sistema reprodutivo, ou em que reunir diferentes partes dela de maneiras novas e criativas – como um pênis com útero, ou testículos com um conjunto de trompas de Falópio – teria sido benéfico para o sucesso reprodutivo. O mesmo não se aplica ao comportamento, contudo. Nada disso quer dizer que o sexo não nos influencie do pescoço para cima. Mas devemos esperar que os componentes genéticos e hormonais do sexo tenham o mesmo tipo de efeito no cérebro e no comportamento do sistema reprodutivo? Mesmo com a descrição, por um especialista, do processo de desenvolvimento como "um equilíbrio" em vez de um sistema binário,[18] talvez pudéssemos nos perguntar não apenas se, mas *por que* o sexo deveria produzir cérebros masculinos e femininos e naturezas masculinas e femininas.

Categorias sexuais são a forma mais básica e primária de dividirmos o mundo social. É a primeira coisa que queremos saber quando um recém-nascido vem ao mundo. Quase sempre é a informação que primeiro e mais rapidamente registramos quando conhecemos alguém. Declaramos esse dado em quase todos os formulários que preenchemos. Na maioria dos países, somos obrigados por lei a ser um ou outro. Marcamos e enfatizamos esse fato com pronomes, nomes, títulos, moda e penteados.[19]

É provável que não fizéssemos isso se a masculinidade e a feminilidade – o sexo 3G – não tivessem algumas características importantes. Se na semana passada a pessoa fosse do sexo feminino e tivesse ovários, vagina e assim por diante, mas nesta semana fosse do sexo masculino e tivesse testículos e pênis, aquelas caixinhas de seleção M e F provavelmente não seriam tão comuns. Se a maioria de nós fosse intersexual de alguma forma, a pergunta ubíqua "é menino ou menina?" não seria tão instigante. E se a forma de nossos genitais externos variasse de modo contínuo, com a maioria das pessoas em um ambíguo meio-termo, seria interessante, então, perguntar-nos se nosso sexo desempenharia um papel tão importante no modo como nos apresentamos ao mundo.

É claro, porém, que o sexo 3G não é assim. Os processos genéticos e hormonais do sexo, apesar de complexos e multifacetados, em geral criam categorias de sexo 3G distintas, consistentes e estáveis. Talvez seja compreensível que as pessoas suponham que o sexo tem sobre o cérebro a mesma espécie de efeito fundamental que exerce nos órgãos genitais. Na definição de Joel e um colega, damos como favas contadas que, "analogamente, o sexo também funciona de forma serial e uniforme, exercendo um efeito dominante e divergente, que em última instância leva à criação de dois sistemas distintos, um cérebro 'masculino' e um cérebro 'feminino'".[20] Não é incomum que as pessoas contrariem a afirmação de que não existe algo como "cérebro masculino" e "cérebro feminino", em referência a um artigo científico que informa uma diferença sexual no cérebro. Em outras palavras, assim que aprendemos que os cérebros diferem de acordo com o sexo, o raciocínio implícito é que o cérebro deve, portanto, também ter um sexo e, como os genitais, criar categorias femininas e masculinas.

Na verdade, a visão científica clássica propôs algo nesse sentido. Tal como acontece com os órgãos genitais, a testosterona era tida como um ator fundamental, o jorro pré-natal produzido pelos testículos recém-formados que masculinizaria e desfeminizaria o cérebro dos machos de maneira ampla e abrangente, enquanto em sua ausência o cérebro é feminizado. Dessa forma, "o sexo genético determina o sexo gonadal, e os hormônios gonadais determinam o sexo cerebral", como resumem de maneira impecável os pesquisadores Margaret McCarthy e Arthur Arnold.[21] Cientistas envolvidos em pesquisas com animais não humanos presumem que esses efeitos sexuais criam circuitos neurais masculinos e femininos discretos, restritos aos que se envolvem no acasalamento. Mas, é claro, para muitos psicólogos e escritores não especialistas que discutem a condição humana, o "comportamento de acasalamento" potencialmente inclui em seu escopo quase todos os aspectos da psicologia humana – de um sistema visual sintonizado com o rosto dos bebês a um senso de humor que revela de modo patente o potencial reprodutivo superior de um indivíduo.[22]

No entanto, novas evidências apresentam uma conjuntura muito mais complicada, como McCarthy e Arnold explicam. O sexo não é um ditador biológico que arremessa hormônios gonadais em carreira desabalada pelo cérebro, masculinizando de maneira uniforme cérebros masculinos e monotonamente feminizando cérebros femininos. A diferenciação sexual do cérebro acaba por ser um processo interativo e desordenado, em que múltiplos fatores – genéticos, hormonais, ambientais e epigenéticos (ou seja, mudanças estáveis na "ativação e desativação" dos genes) – atuam e interagem para afetar o modo como o sexo forma o cérebro como um todo. E só para complicar ainda mais as coisas, em partes diferentes do cérebro esses vários fatores interagem e se influenciam mutuamente de maneiras distintas.[23]

Por exemplo, como frisa Joel, no cérebro, fatores ambientais (entre eles, o estresse pré-natal e pós-natal, a exposição a fármacos, as condições de criação ou privação materna) interagem com o sexo de maneiras complicadas e não uniformes.[24] Vejamos apenas um estudo, em que ratos de laboratório que desfrutavam de uma vida pacífica e livre de estresse exibiam uma diferença sexual na densidade das espinhas dendríticas "da ponta de cima" (que transmitem sinais elétricos para o corpo celular do neurônio), em um minúsculo ponto do hipocampo. (As espinhas dendríticas das fêmeas são mais densas.) Compare essa mesma região cerebral em um grupo de ratos submetidos a estresse por apenas quinze minutos, e agora as espinhas dendríticas dos ratos machos são espessas e felpudas, como as das fêmeas de rato não estressadas. Inversamente, as espinhas dendríticas "da ponta de cima" das fêmeas de rato estressadas tornam-se *menos* densas, como as dos ratos machos não estressados. Em outras palavras, uma breve exposição ao estresse inverte a "diferença de sexo" para essa característica cerebral específica.[25]

E a situação se torna ainda mais complicada. Um fator ambiental específico pode ter um efeito profundo sobre diferenças sexuais de uma característica cerebral, mas a influência oposta, ou nenhuma, em outras. Por exemplo, o estresse breve produz um efeito diferente nos dendritos "da ponta de baixo" na mesma região do cérebro. Aqui, as espinhas dendríticas masculinas e femininas são idênticas, contanto que esses ratos tenham vivido uma vida isenta de estresse. Mas o que acontece se os ratos estiverem estressados? Não há efeito sobre as espinhas dendríticas "da ponta de baixo" nas fêmeas, mas sua densidade aumenta nos machos. Então, o que temos é uma situação em que espinhas dendríticas superiores e inferiores esparsas são o que tendemos a ver em machos não estressados e fêmeas estressadas; espinhas dendríticas espessas e felpudas superiores e inferiores são o que vemos em machos estressados, e em fêmeas não estressadas o que se espera encontrar são espinhas dendríticas superiores espessas e felpudas, e inferiores esparsas.[26]

Confuso? De certa forma, essa é a questão. Também podemos começar a matutar sobre qual é exatamente o padrão "masculino" de espinhas dendríticas. E qual é a versão "feminina"? A menos que tenhamos opiniões muito fortes sobre o verdadeiro estilo de vida de um rato de laboratório ser de completa serenidade ou se é o destino certo e adequado de cada rato sentir na pele pequenos episódios de alta tensão, a bem da verdade é que não existe uma boa resposta para a pergunta. (Por essa razão, Joel recomenda evitar o uso das expressões *forma masculina* e *forma feminina* em referência a características cerebrais.)

Esse estudo específico, conduzido pelo neurocientista Tracey Shors e por colegas, analisou um efeito ambiental simples em duas características cerebrais extremamente precisas de uma minúscula parte do cérebro. Agora, imaginemos centenas dessas interações entre sexo e ambiente, afetando muitas características cerebrais diferentes, enquanto ratos selvagens vivenciam a trama da sua vida, singular e rica. Com cada experiência, alguns mudam a forma de certos traços cerebrais, de outros não, dando origem a combinações únicas e inimitáveis. O que devemos esperar que surja, então, a partir dessa "multiplicidade de mecanismos"[27] não é um "cérebro masculino", ou um "cérebro feminino", mas um mosaico inconstante e mutável de características, "algumas um pouco mais comuns em fêmeas do que em machos, algumas mais comuns em machos do que em fêmeas, e algumas comuns em ambos os sexos", de acordo com a conclusão de Joel e seus colegas.[28]

Isso é exatamente o que, com colegas da Universidade de Tel Aviv, do Instituto Max Planck e da Universidade de Zurique, Joel encontrou pela primeira vez em humanos.[29] Eles analisaram imagens de mais de 1.400 cérebros humanos, extraídas de imensos conjuntos de dados de quatro fontes diferentes. Primeiro, identificaram cerca de dez das maiores diferenças sexuais em cada amostra. Mesmo esse exercício preliminar lançou dúvidas sobre a compreensão popular de diversas maneiras. Em primeiro lugar, ao contrário da noção de que cérebros de homens e mulheres são surpreendentemente diferentes, nenhuma dessas diferenças foi tão substancial. Mesmo no caso da maior das diferenças, a sobreposição entre os sexos significava que cerca de uma a cada cinco mulheres era mais "parecida com um homem" do que o homem médio. Além disso, cada conjunto de dados tinha uma lista diferente de "dez mais". Como os autores apontam, isso mostra que as diferenças sexuais no cérebro não se devem simplesmente ao sexo, mas dependem de fatores adicionais, sendo os candidatos mais óbvios a idade, o ambiente e a variação genética.

Em seguida, os pesquisadores identificaram uma zona "de extremidade masculina" e uma zona "de extremidade feminina" para cada característica do cérebro, com base nas pontuações dos 33% mais extremos entre homens e mulheres, respectivamente (há uma zona "intermediária" entre os dois.) Depois tentaram descobrir se o cérebro das pessoas ocupa de maneira consistente a extremidade masculina ou a extremidade feminina do *continuum* em cada uma dessas regiões, ou se os cérebros são uma mistura de características da extremidade masculina e da extremidade feminina.

Como os dados sobre os ratos já devem ter levado o leitor a esperar, os resultados indicaram decididamente uma mistura. Entre

23% e 53% dos indivíduos tinham um cérebro com características da extremidade tanto masculina como feminina (dependendo da amostra, do tipo de medida do cérebro e do método de análise de dados). A porcentagem de pessoas com características cerebrais exclusivas da extremidade masculina ou da extremidade feminina foi pequena, variando de 0% a 8%.[30]

Então, o que *é* um "cérebro feminino" ou um "cérebro masculino"?[31] Um cérebro feminino é aquele dos poucos indivíduos – alguns dos quais, aliás, homens – com características cerebrais consistentemente da extremidade feminina? E em caso afirmativo, qual é o tipo de cérebro que a maioria das mulheres tem?

Assim, o sexo de fato importa, mas de uma maneira complicada e imprevisível. Embora *existam* efeitos sexuais que criam diferenças no cérebro, o sexo *não tem*, no desenvolvimento do cérebro, o papel básico e determinante que tem para o sistema reprodutivo. Ao contrário dos genitais, "os cérebros humanos não podem ser categorizados em duas classes distintas: cérebro feminino/cérebro masculino", concluem Joel e seus colegas. Em vez disso, "consistem em originalíssimos 'mosaicos' de características".[32] Uma maneira de pensar nisso é a seguinte: um neurocientista com certeza seria capaz de adivinhar sem equívoco o sexo de uma pessoa a partir do cérebro dela, mas não conseguiria adivinhar como é a estrutura do cérebro dessa pessoa a partir do sexo.[33]

Há outra diferença importante entre as disparidades sexuais nos genitais e as diferenças sexuais no cérebro. As primeiras obviamente cumprem papéis fixos, constantes, atemporais e universais em machos e fêmeas. Nem mesmo o mais resoluto defensor da noção de que uma mulher é capaz de fazer qualquer coisa que um homem pode fazer negaria que pênis e testículos funcionam muito melhor para emitir esperma do que vagina e ovários. Mas, quando se trata do cérebro, "em muitos casos [...] as funções das diferenças sexuais neurais são misteriosas", ressaltam os neurocientistas

Geert de Vries e Nancy Forger,[34] particularmente à medida que se avança mais "para cima" no cérebro, afastando-se das partes envolvidas em funções bastante específicas do sexo, como a ejaculação. Resumindo décadas de pesquisas, De Vries e um colega observam em 2009 que

> centenas de diferenças de sexo foram encontradas no sistema nervoso central, mas apenas um punhado pode ser claramente vinculado às diferenças sexuais em termos de comportamento; os melhores exemplos são encontrados na medula espinhal [...], não sabemos as consequências funcionais da maior parte das outras.[35]

Isso talvez seja um choque para alguns, especialmente levando em conta a disposição de certos cientistas e escritores não especialistas para conjecturar ligações entre diferenças sexuais no cérebro humano e comportamentos complicados e multifacetados como a matemática, a capacidade de empatia ou o cuidado de crianças.[36] Essas especulações são, no entanto – para dizer de modo educado –, otimistas. Não existem ligações simples entre uma característica cerebral específica e uma maneira peculiar de comportar-se. Em vez disso, a forma como pensamos, sentimos e agimos é sempre o produto de complexas combinações de esforço neural, em que muitos fatores diferentes agem e interagem.

Para ser muito clara, a questão *não* é que o cérebro seja assexuado, ou que não devamos estudar efeitos sexuais no cérebro. (Apenas para constar, nunca defendi essa posição.)[37] Como vários neurocientistas já argumentaram, uma vez que as diferenças genéticas e hormonais entre os sexos podem influenciar o desenvolvimento e a função do cérebro em todos os níveis (e por todo o cérebro, não apenas em alguns poucos circuitos relacionados à reprodução), investigar e entender esses processos pode ser especialmente decisivo para compreender por que um sexo pode ser mais vulnerável do que outro a certas patologias do cérebro ou da mente. Isso, por sua vez, pode oferecer pistas úteis sobre potenciais causas e curas.[38] Antes, a questão é que, potencialmente, até mesmo diferenças de sexo bastante marcadas no cérebro podem ter pouca consequência para o comportamento.

Isso talvez pareça um contrassenso. Em uma palestra intitulada "When Does a Difference Make a Difference?" [Quando uma diferença faz diferença?], a neurocientista Gillian Einstein, da Universidade de Toronto, reflete sobre sua perplexidade ao encontrar essa situação em sua própria pesquisa.[39] Por um lado, como ela explica, há evidências claras de que estrogênios e progesteronas podem afetar de forma considerável o crescimento, a poda e a conectividade das células cerebrais. No entanto, seu trabalho meticuloso no laboratório identificou uma pequena correspondência entre os níveis de estrogênio ou progesterona (ao longo do ciclo menstrual) e o estado de espírito de mulheres saudáveis – negativo ou positivo. Ao contrário do mito popular e de mil piadas misóginas – recado para o sr. Donald Trump![40] –, os prognosticadores de humor e estado de ânimo importantes não são o período do mês, e sim o estresse, o apoio social e a saúde física.[41] Einstein teve "grande dificuldade com isso", como ela própria diz. Intuitivamente, é lógico que, "afetando os neurônios, afeta-se o cérebro e, afetando o cérebro, afetam-se os estados mentais". No entanto, não foi isso o que ela constatou. A conclusão de Einstein é que os efeitos do sexo (como mudanças hormonais) devem ser vistos no contexto maior de muitos outros processos neuroquímicos acontecendo no cérebro, e que "são necessários muitos neurônios para mobilizar um estado de espírito".[42]

A necessidade de olhar para o quadro mais completo e a perspectiva geral nos leva a uma possibilidade decisivamente importante. E se o propósito de algumas diferenças sexuais no cérebro fosse *contrabalançar e contrapor outras* diferenças? Os números 3 e 2 são diferentes dos números 4 e 1, mas ambas as combinações chegam à mesma soma. Do mesmo modo, como aponta a psicóloga Celia Moore, da Universidade de Massachusetts-Boston, diferentes cérebros podem alcançar os mesmos fins por diferentes meios neurais.[43] Aqui é onde as preconcepções de sabor evolutivo se tornam fundamentais. Por exemplo, em um texto no blog da revista *Psychology Today* intitulado "Novo estudo confirma que a mente dos homens vem de Marte e a das mulheres vem de Vênus", o psicobiólogo Dario Maestripieri, da Universidade de Chicago, escreve que, "de uma perspectiva evolutiva, grandes diferenças de personalidade entre os sexos fazem todo o sentido".[44] Desse ponto de partida conceitual, o que poderia fazer mais sentido do que supor que qualquer diferença cerebral (ou hormonal) específica de um sexo serve ao propósito de fazer com que os sexos se comportem de forma diferente? É fácil omitir o fato de que, na medida em que machos e fêmeas precisam ser capazes de potencialmente comportar-se de maneiras semelhantes para sobreviver na vida cotidiana, a evolução tem de encontrar um modo de conseguirem isso com os corpos um tanto diferentes que lhes foram concedidos.

Os humanos, vale a pena salientar, situam-se em uma posição bastante baixa na espectacular escala das diferenças corporais entre os sexos. A socióloga Lisa Wade, da Faculdade Occidental, ressalta: "Se fôssemos tão sexualmente dimórficos quanto o elefante-marinho, o homem médio se elevaria 1,82 metro acima da mulher média e pesaria 250 quilos".[45] Em contraste, excluindo os genitais, corpos de homens e mulheres se sobrepõem em tudo, dos hormônios à altura, embora *existam* diferenças fisiológicas médias. E, portanto, tendo em mente que "os sistemas neurais masculinos evoluíram para controlar o comportamento de forma mais ideal e otimizada em um corpo masculino, assim como os das mulheres", como De Vries e um colega sugerem, não podemos pressupor que as diferenças neurobiológicas relacionadas ao sexo sempre atuem para *criar* diferenças de comportamento. Às vezes, elas podem servir, a bem da verdade, para harmonizar as diferenças, eliminando-as.[46]

Um belo exemplo do princípio de De Vries, de "compensação, compensação, compensação",[47] vem da neurociência do canto dos pássaros, explicada recentemente por Fausto-Sterling em seu livro *Sex/Gender: Biology in a Social World* [Sexo/gênero: biologia em um mundo social].[48] As aves canoras representam uma das poucas histórias de sucesso na vinculação das diferenças sexuais no cérebro às diferenças sexuais de comportamento. No canário, por exemplo, a região do cérebro responsável pelo "controle do canto" é maior e mais densa em machos, e isso foi diretamente relacionado à habilidade superior de cantoria dos machos. Da mesma forma há também uma diferença relacionada ao sexo substancial nessa região do cérebro em outra espécie de ave canora, o pássaro-tecelão africano, na qual é uma vez e meia maior nos machos. Mas, inesperadamente, *nessa* espécie, machos e fêmeas cantam juntos, em uníssono. Como é possível que os dois sexos cantem a mesma música, apesar da grande diferença entre os sexos na região cerebral do controle do canto? A resposta: por causa de outra diferença. Nas fêmeas, os genes envolvidos nas áreas de produção de canto "se expressam" (produzem proteínas que alteram o cérebro) em uma velocidade muito maior que nos machos, o que compensa sua menor propriedade neural. Fausto-Sterling explica que, "de fato, a vantagem da ação do gene cancelou a vantagem do tamanho, resultando em habilidades iguais de produção de música".[49]

Ainda assim, embora essas advertências e esses princípios sejam muito bons e admiráveis, ratos e outros animais não têm estilos de vida perfeitamente igualitários em termos de gênero. Sim, a diferenciação sexual do cérebro está mostrando ser mais caótica, mais complexa e variável do que anteriormente se julgava. É, inclusive, bem menos *sexy* do que se pensava, no sentido de que o sexo, em vez de atuar como um condutor de desenvolvimento único, claro e previsível, é um dos muitos fatores em interação. No entanto, de alguma forma tudo isso ainda enseja certos tipos de comportamento que são mais comuns nos machos e outros tipos de comportamento mais comuns nas fêmeas.[50]

Faz sentido, e esse é um bom argumento. Mas o que é facilmente omitido como um anteparo intermediário estabilizador, que permite o surgimento de diferenças sexuais no comportamento, é o ambiente.[51] Décadas atrás, Moore descobriu que os elevados níveis de testosterona na urina de ratos machos recém-nascidos desencadeiam uma maior intensidade de lambedura anugenital pelas mães, em comparação com a quantidade de lambidas recebida por filhotes fêmeas. Acontece que, no fim ficou claro, Moore constatou que essas lambidas extras estimulam o desenvolvimento de diferenças sexuais nas regiões cerebrais que subjazem ao comportamento básico de acasalamento.[52] Mais recentemente, essa lambedura materna mais esmerada nos filhotes machos também vem sendo associada a efeitos epigenéticos no cérebro e diferenças sexuais no comportamento juvenil de brincadeiras, potencialmente um precursor de papéis sexuais posteriores.[53] Em outras palavras, o comportamento das mães é uma parte integral de como o cérebro e o comportamento dos ratos machos se desenvolvem de forma diferente do das fêmeas.

Isso parece extraordinário. Seriam os *cuidados maternos* parte imprescindível da estratégia da evolução para criar algo tão fundamental quanto o comportamento sexual masculino? Algo tão elementar não deveria fazer parte do portfólio dos genes? Mas, conforme os biólogos do desenvolvimento têm apontado há décadas, a prole herda não apenas os genes, mas também todo um "sistema de desenvolvimento": um legado ecológico de lugar, ambiente físico e estruturas; e um legado social de pais, parentes, pares e outros que também propiciam insumos importantes e confiáveis à medida que o animal cresce e aprende.[54] Um rato nasce de uma mãe que lamberá sua região anugenital. Um primata nasce em um ambiente com acesso imediato a frutas. Em outras palavras, o material genético não é a única fonte de blocos modulares e componentes básicos do desenvolvimento confiáveis, estáveis e duradouros. Então, por que não explorar isso? Assim como os engenheiros da indústria automobilística não se dão ao trabalho de projetar destiladores de petróleo cru em miniatura dentro do motor dos carros, já que postos de gasolina estão plenamente à disposição dos motoristas, "a seleção não pode favorecer um traço característico que compense a perda de um insumo evolucionário que esteja, de fato, disponível de forma confiável", como explica Paul Griffiths, filósofo da ciência da Universidade de Sidney. Por exemplo, os primatas perderam a capacidade de sintetizar a vitamina C; por que se preocupar em manter essa capacidade se a vitamina C está prontamente disponível em árvores frutíferas? Da mesma forma, se uma mamãe-rato que lambe com entusiasmo o ânus e o traseiro da prole é algo que um filhote macho herda de forma confiável junto com seu DNA, então a seleção natural fará uso disso.[55]

Nós, humanos, obviamente não dispomos da lambedura anugenital como meio para propiciar um sistema diferente de desenvolvimento para machos e fêmeas. Mas a lista do que *de fato* temos – o que também é conhecido como socialização de gênero – parece ser infinita. Assim que uma pesquisadora de gênero decide, determinada, ter completado seu minucioso catálogo, a Bic lança uma caneta especial e fina "para ela", e a Oster cria um liquidificador "Homem de Ferro" para atender às necessidades bastante específicas e distintas dos homens no quesito mistura e trituração de alimentos.[56] Nos recém-nascidos, pequenas diferenças sexuais médias de tamanho, saúde e capacidade de autorregulação podem influenciar as interações entre cuidador e bebê, mesmo antes de entrarem em cena a todo vapor as convicções dos pais relacionadas a gênero, sugere Fausto-Sterling.[57] Mas é a genitália – e a socialização de gênero que se inicia – que proporciona a rota indireta mais óbvia do sistema de desenvolvimento pelo qual o sexo biológico afeta os cérebros humanos. De Vries e Forger sugerem que uma maneira de compreender esses tipos de caminhos indiretos é que, em última instância, o sexo recruta uma gama de recursos para finalidades relativas à reprodução. Em outras palavras, o sexo delega parte de seu trabalho de desenvolvimento a empreiteiros externos. E – como qualquer um que tenha reformado sua casa bem sabe – quanto maior, mais longo e mais complicado é o projeto, mais espaço há para que o resultado final se afaste da visão inicial. E assim, sugerem De Vries e Forger, quando se trata de seres humanos, "com interações sociais amplas e um longo tempo de desenvolvimento, isso significa que há um bocado de oportunidades para substituir ou, ainda, ampliar e intensificar o 'programa' inicial".[58]

Essa é sem dúvida uma perspectiva respeitável da socialização de gênero. Sim, continuamos pressionando quase exclusivamente as meninas a brincar com bonecas; sim, temos um duplo padrão sexual, e assim por diante – e esses fatores sociais fazem diferença. No entanto, de acordo com tal concepção, essas normas sociais existem porque refletem o "programa" original que o sexo nos concede (e a ele respondem): o "inato" recruta o "adquirido".[59] Mas *há* um "programa" ou resultado específico "para o qual" homens e mulheres supostamente deveriam "desenvolver-se"?[60]

Alguns neurocientistas especulam que um benefício das influências ambientais (a exemplo do comportamento materno) que participam na diferenciação sexual do cérebro é que assim o processo pode ser ajustado de forma útil para qualquer que seja a situação ambiental vigente no momento.[61] E em nossa própria espécie, essa capacidade é mais que útil: é essencial. A diversidade de ambientes – e, portanto, de condições e papéis – aos quais precisamos ter o potencial de adaptar-nos sobrepuja em muito a de qualquer outra criatura. Examinemos até mesmo a variedade de maneiras como nos alimentamos: "Parece certo que a mesma dádiva genética básica produz busca de víveres no Ártico, horticultura nos trópicos e pastoreio no deserto, uma constelação que representa uma variedade de comportamentos de subsistência maior do que a de todo o resto da ordem primata combinada", apontam dois cientistas evolucionários.[62] Talvez a melhor ilustração dessa diferença crucial entre nós e outras espécies seja o *reality show Troca de esposas*, que já vem sendo exibido há muitos anos. Nesse já antigo programa televisivo, os espectadores assistem ao caos que se desencadeia quando duas esposas, em geral de classe social, origem, nível de instrução, personalidade e estilo de vida drasticamente diferentes, trocam de casa, de regras domésticas, de vida, de marido e de filhos durante duas semanas e assumem as atribuições do lar alheio "para descobrir como é viver a vida de outra mulher".[63] Acho que posso afirmar, com baixo risco de ser acusada de viés antropocêntrico, que não há outra espécie no reino animal para a qual esse conceito funcionaria durante sete temporadas. Outros animais são fascinantes, com certeza. Muitos são extremamente flexíveis e adaptáveis. Mas apenas não há muitas maneiras de *ser* uma fêmea de babuíno.

O inigualável interesse dos seres humanos como objeto de análise para a programação de *reality shows* reflete o fato de, como definiu o biólogo evolucionário Mark Pagel, sermos "uma única espécie com alcance global e modos de vida tão variados como coleções de diferentes espécies biológicas".[64] Os registros antropológicos, históricos e psicológicos em um único episódio da série *Downton Abbey* mostram com clareza que a forma como mulheres e homens se comportam "varia tremendamente dependendo de situações, culturas e períodos históricos",[65] no dizer dos psicólogos Wood e Eagly. Já vimos em outro trecho deste livro que, mesmo quando se trata de algo tão básico como dar existência à próxima geração, nós, humanos, desfrutamos de um rol de possibilidades para fazer o trabalho. Um homem pode ser um imperador chinês com um vasto harém repleto de concubinas com as quais pode copular ou um funcionário público britânico monogâmico e feliz da vida. Uma mulher pode ser uma noiva por encomenda ou pode procurar ativamente múltiplos amantes em um arranjo sancionado pelas normas sociais[66] (nem mesmo as preferências sexuais, apesar de serem bastante importantes no que diz respeito à possibilidade de sucesso reprodutivo, são orientadas de maneira confiável ou exclusiva para o outro sexo em diferentes povos, épocas e contextos). Simplesmente não é possível designar qualquer modo de vida único como representativo da "sexualidade masculina" ou da "sexualidade feminina". O mesmo vale também para os cuidados parentais: embora um maior cuidado materno pareça ser universal no decurso do tempo e em diferentes lugares, tanto mães como pais podem ser negligentes e abusivos, ou amorosos e atentos, ao passo que as normas culturais abarcam desde amas de leite a amamentação sob demanda, de internatos e espancamento a "pais helicópteros" indulgentes e superprotetores. Como Wood e Eagly documentam, embora seja universal que as sociedades humanas tenham uma divisão do trabalho por sexo, a forma como esses papéis são compartilhados, e o que envolvem, varia muito ao longo do tempo, do local e da circunstância, dependendo das exigências do "ambiente cultural, socioeconômico e ecológico".[67] Esses resultados muito amplos e em aberto seriam alcançados com mais facilidade por um caminho de desenvolvimento que vai do sexo à socialização, e desta ao cérebro (e os hormônios, como veremos em um capítulo adiante), em vez de uma rota direta e inflexível do sexo ao cérebro.[68]

Verdade seja dita, a distribuição de papéis sexuais nas sociedades humanas nem sempre é arbitrária: alguns papéis são universalmente desempenhados de forma mais comum por um ou outro sexo. Esses papéis, sugerem Wood e Eagly, acompanham diferenças físicas entre os sexos: em particular, a força física superior dos homens em comparação à habilidade única e inimitável das mulheres de criar e – até a invenção das fórmulas infantis – alimentar bebês. Isso faz com que atividades como embate corporal e cortar lenha sejam mais adequadas para o físico masculino e que, historicamente, os trabalhos que exigiam longos intervalos de tempo sem a interrupção de bebês famintos tendessem a ser destinados aos homens. Mas mesmo essas divisões consistentes de função sexual não são absolutas. Às vezes, como Wood e Eagly descrevem, a ecologia e as circunstâncias alinham-se de maneira a ocasionar papéis em total contrariedade aos estereótipos. Por exemplo, em algumas sociedades de caçadores-coletores, os pais mostram cuidados intensivos com os bebês, enquanto em outras as mulheres caçam grandes animais selvagens ou saem à caça com cachorros e redes,[69] ou participam de combate militar, incluindo, em raríssimas ocasiões, unidades bélicas formadas apenas por mulheres.[70]

Uma explicação talvez seja o fato de que esses casos representam exemplos de tempos desesperados, exigindo medidas desesperadas. No entanto, Wood e Eagly concluem que a "evidência de que homens e mulheres às vezes se envolvem em atividades atípicas de gênero sugere uma psicologia flexível, que não é diferenciada de forma intensa e distinta pelo sexo".[71] Isso nos leva a uma controvérsia em evolução: até que ponto mulheres e homens são diferentes – ou similares? Uma manchete do site *Live Science* – "Personalidades masculinas e femininas: mundos de distância ou não tão diferentes?" – traduz fielmente a gama de pontos de vista possíveis. E, claro, a razão pela qual discutimos mais sobre isso do que, digamos, sobre se os cães são de Saturno e os gatos são de Netuno é que parece fundamental para a questão de como deveríamos nos sentir acerca do *status quo*.

O que é relativamente incontroverso (embora o memorando ainda não tenha chegado a inúmeros comentaristas populares) é que, em sua maioria, as diferenças de sexo nos componentes básicos de comportamento – cognição, comunicação, traços sociais e de personalidade e bem-estar psicológico – são comparativamente pequenas. Janet Hyde, psicóloga da Universidade de Wisconsin, em Madison, chamou a atenção para esse importante ponto em um artigo, agora clássico, em que propôs a "hipótese das semelhanças de gênero",[72] com base em uma síntese de 46 meta-análises de diferenças sexuais nos componentes fundamentais. Uma meta-análise é uma compilação estatística de estudos publicados e inéditos que examinam uma questão de pesquisa específica e, reunindo dados, produz uma estimativa mais confiável acerca do que está acontecendo. A partir disso, os pesquisadores calculam uma estatística conhecida como o "tamanho do efeito", que não só diz se há uma diferença entre dois grupos, mas *quanto* há de diferença, se houver. Quanto maior o tamanho do efeito, maior a diferença. Uma diferença de sexo, afinal, poderia significar qualquer coisa entre "quase todas as mulheres obtiveram melhores resultados do que todos os homens" (a situação em que há um efeito de cerca de 3) e "há uma chance de 56% de que uma mulher escolhida ao acaso tenha pontuação mais alta do que um homem selecionado aleatoriamente". Essa diferença bem menos impressionante, refletindo uma sobreposição muito maior nas pontuações de mulheres e homens, refletiria um tamanho do efeito de cerca de 0,2.

O que Hyde descobriu é que mais de três quartos das diferenças de sexo que emergiram dessas meta-análises eram muito pequenas (0,1 ou menos) ou pequenas (0,35 ou menos), o que significa que em cerca de 40% das vezes, *pelo menos*, ao escolher uma mulher e um homem ao acaso, a pontuação da mulher seria mais "masculina" do que a do homem, ou vice-versa.[73] (Se não houvesse *nenhuma* diferença média de sexo, isso aconteceria em 50% do tempo.) Essas diferenças incluíam habilidades como a resolução de problemas matemáticos, a compreensão de leitura e características como a competitividade de negociadores e o estilo de liderança interpessoal. Um recente estudo suplementar de acompanhamento do trabalho seminal de Hyde sintetizou, ao longo de dez anos, 106 meta-análises de diferenças sexuais, confirmando de forma não menos enfática a hipótese das semelhanças de gênero.[74]

Uma guinada mais recente tem sido o exame não apenas da diferença de sexo em uma única variável, mas do padrão ao longo de conjuntos de variáveis. Em um estudo recente, Bobbi Carothers e Harry Reis, um psicólogo da Universidade de Rochester, constataram que as pessoas com frequência pontuavam em uma direção consistente de estereótipos no caso de algumas variáveis, mas na direção oposta em variáveis correlatas. Em outras palavras, elas não podem ser organizadas ou classificadas ordenadamente em categorias "masculinas" e "femininas", mas, em vez disso, são distribuídas em um *continuum*.[75] Na definição dos pesquisadores, "embora existam diferenças médias entre homens e mulheres, essas diferenças não corroboram a ideia de que 'os homens são assim, as mulheres são assado'". Em vez disso,

> essas diferenças de sexo são mais bem compreendidas como diferenças individuais que variam em magnitude de um atributo para outro, e não como um conjunto de diferenças comuns decorrentes do sexo de uma pessoa.[76]

Outro aspecto desse debate em evolução é que os antigos argumentos de que as desigualdades sexuais são explicadas pela inferioridade intelectual das mulheres se transformaram em alegações de que, pelo contrário, essas desigualdades se devem a diferenças sexuais em matéria de valores e interesses. Não é que uma mulher *não possa* se comportar como um homem; simplesmente não faz parte de sua natureza desejar isso. No entanto, contrariamente à perspectiva do Testosterona Rex, também são pequenas as diferenças de sexo em termos tanto de valores masculinos (status social, prestígio, controle e domínio de pessoas e recursos, e sucesso pessoal) como do valor "feminino" de cuidar dos entes queridos.[77] As prioridades também não são imutáveis. O Centro de Pesquisas Pew, nos Estados Unidos, por exemplo, há pouco tempo publicou resultados de um estudo que conclui que as mulheres jovens ultrapassaram os homens na importância que atribuem ao sucesso em uma carreira profissional bem remunerada, e, para ambos os sexos, é igual a propensão a considerar critérios como ser um bom pai/mãe e ter um casamento auspicioso como mais importantes que o sucesso financeiro no trabalho.[78]

Talvez, porém, o leitor possa estar pensando que o fato de a mulher ter ambição profissional igual à dos homens é algo muito bom e formidável, porém, apenas os homens são suficientemente implacáveis e tendem a ter a crueldade necessária para avançar e prosperar. Uma história já repetida à exaustão é a de que, se a dinâmica evolutiva determina que o sujeito sórdido e malvado é quem domina, leva a melhor e, portanto, fica com a garota, os homens tendem a ser inerentemente mais agressivos do que as mulheres. Na verdade, pairam sobre esses pressupostos alguns graves pontos de interrogação.[79] No entanto, mesmo deixando-os de lado, o argumento não funciona de fato. A maior das diferenças de sexo relacionada à agressão está, de forma previsível, na variedade física (qualquer pessoa teria cerca de duas em três chances de adivinhar sem erro se alguém é homem ou mulher com base em estar abaixo ou acima da média no quesito agressividade física).[80] Mas há dois fatos relativos à ocupação que, com algumas exceções, estão quase sempre fadados a ser verdadeiros. Em primeiro lugar, os homens predominam nos níveis hierárquicos mais altos ou mais prestigiosos. Em segundo lugar, não chegaram lá em virtude de sua maior propensão a esmurrar o nariz das pessoas. Isso não é o mesmo que dizer que todos deveriam ser bonzinhos no trabalho. Mas os achados meta-analíticos para diferenças sexuais na agressão verbal incluem-se em um intervalo que vai de muito pequeno a moderado. (E, em alguns lugares, como a aldeia Gapun, em Papua-Nova Guiné, a diferença sexual típica é invertida, com mulheres notórias por suas tiradas pitorescamente agressivas dirigidas a quem desagrada a elas.)[81] Já no caso da agressão indireta – cujo objetivo é "excluir socialmente ou prejudicar o status social de uma vítima"[82] sem sujar de sangue a roupa da pessoa –, quando muito a balança pende para uma maior agressão feminina.[83] Em suma, as diferenças sexuais no que tange à agressão não nos levam muito longe na explicação do *status quo* ocupacional.

É verdade que as diferenças de sexo nos interesses relacionados à ocupação são maiores. (Examinei de perto a evidência que supostamente mostra a base disso, "arraigada em nossa programação mental", no meu livro anterior, *Homens não são de Marte, mulheres não são de Vênus*.) De acordo com os resultados compilados de um catálogo bastante usado, mais de 80% dos homens relatam maior interesse em "coisas" do que a mulher média, que sente maior fascínio por "pessoas",[84] e isso parece refletir-se nas profissões e ocupações nas quais as mulheres fizeram menos incursões nas últimas três décadas.[85] No entanto, vale a pena mencionar a observação da psicóloga Virginia Valian de que simplesmente rotular uma dimensão de "coisas" ou "pessoas" não a transforma nisso. Por exemplo, as três subescalas do catálogo que compõem a dimensão "coisa" exigem que a "coisa" seja interpretada de forma tão ampla – incluindo "a economia global, a teoria das cordas, as representações mentais ou o tênis" – que o termo se torna "vazio".[86] Valian sugere também que as preconcepções acerca de qual sexo *faz* atividades com *coisas* influenciaram a criação dos itens. Por que, por exemplo, atividades como "desmontar e tentar remontar um vestido" ou "tentar recriar um prato saboreado em um restaurante" não aparecem em tais escalas?[87] Mas também, como observa Valian, os sexos são divididos de maneira artificial quando categorizados *ou* como "pessoas de coisas", *ou* "pessoas de pessoas". Na verdade, ter interesse por coisas não impede um indivíduo de interessar-se por pessoas e vice-versa. Muitos homens e mulheres estão, é claro, interessados em ambas as categorias e seriam péssimos em seu trabalho se não estivessem. Por exemplo, eu não gostaria de ter meu sangue tirado por uma enfermeira, por mais simpática que ela fosse, que estivesse completamente desinteressada da mecânica da seringa. E também não gostaria de entregar a reforma da minha casa a um construtor que não tivesse interesse algum em entender ou gerenciar a delicada psicologia de um pedreiro qualificado.[88]

Uma objeção a alegações de que o sexo de uma pessoa tende a não ser um guia muito bom para saber se ela será "masculina" ou "feminina" com relação a um traço peculiar específico é que essas diferenças, ainda que em geral módicas, se somam de modo a constituir algo bastante substancial. O neurobiólogo Larry Cahill, como vimos na Introdução, sugere que o argumento de que os sexos são semelhantes porque, em sua maioria, as diferenças são pequenas seria o mesmo que "concluir, após um meticuloso exame do vidro, dos pneus, dos pistões, dos freios e assim por diante, que há poucas diferenças significativas entre um Volvo e um Corvette".[89]

No entanto, há um problema inerente a essa linha de raciocínio. Durante muitas décadas, pesquisadores supuseram que a masculinidade e a feminilidade são polos opostos de uma única dimensão: uma pessoa de alta masculinidade é, portanto, necessariamente de baixa feminilidade, e vice-versa. De fato, essa conjectura foi incorporada ao próprio projeto da primeira tentativa sistemática de medir uma e outra: um vigoroso questionário de 456 itens e título cuidadosamente obscuro, o Estudo de Análise de Interesse e Atitudes (AIAS, na sigla em inglês).[90] A pesquisa produziu uma pontuação única que situava cada indivíduo em um ponto particular de uma única linha masculinidade-feminilidade. Então, se, por exemplo, achasse que a palavra *tender* [afetuoso, brando, terno, delicado] combinava mais naturalmente com a palavra *amor* ou *amável*, a pessoa perderia um ponto (naturalmente!) por ser feminina. Em contrapartida, uma vez que a palavra *tender* também descreve o pernil do porco defumado e processado, se a mente da pessoa saltasse de modo nada sentimental para *carne*, então talvez ela tivesse problemas para conseguir um segundo encontro, mas pelo menos ganharia um ponto por ser masculina.

Somente na década de 1970 essa suposição caiu por terra, com o desenvolvimento de duas novas escalas.[91] Ainda em uso hoje, elas avaliam de forma separada os traços "masculinos" de "instrumentalidade" (qualidades como autoconfiança, independência e competitividade) e traços "femininos" de "expressividade" (características como ser emotivo, gentil, afetuoso e atencioso com os outros). Isso revelou que é possível ser, ao mesmo tempo, instrumental *e* expressivo, ou nenhum deles. Nos termos da metáfora do carro de Cahill, uma pessoa pode ter a segurança, a confiabilidade e o espaço no porta-malas de um Volvo suficiente para guardar as compras da semana inteira, *e* a potência, o status e a intensa emoção do Corvette. Ou – e aqui saliento para todos os proprietários de Volvos e Corvettes que os comentários que se seguem são feitos unicamente para fins pedagógicos – alguém pode ter a lentidão de um Volvo e a despesa de um Corvette. Mas mesmo esse modelo bidimensional de gênero agora é sabidamente simples demais. As correlações *entre* os traços masculinos e *entre* os traços femininos são quase sempre fracas ou inexistentes. Ter um traço masculino não implica que a pessoa tenha outro, e o mesmo vale para traços femininos.[92]

Em outras palavras, as diferenças entre homens e mulheres podem não "se somar" de forma consistente para criar dois tipos de natureza humana; antes, assim como as diferenças sexuais no cérebro, criam "mosaicos" de traços de personalidade, atitudes, interesses e comportamentos, alguns mais comuns em homens do que em mulheres, outros mais comuns em mulheres do que em homens.

Joel e seus colegas testaram essa ideia, baseando-se em três grandes conjuntos de dados e usando o mesmo enfoque que utilizaram para o cérebro. Mesmo examinando apenas 25 comportamentos com diferenças relacionadas ao sexo pelo menos moderadas (incluindo atributos como comunicação com a mãe, preocupação com o peso e a delinquência, bem como atividades fortemente estereotipadas por sexo, como jogar golfe e usar cosméticos), entre 55% e 70% das pessoas (dependendo da amostra) apresentaram um mosaico de características de gênero, em comparação com menos de 1% que apresentou apenas traços "masculinos" ou somente "femininos".

Isso faz com que a noção de natureza feminina e natureza masculina seja tão ininteligível como a de cérebro feminino e cérebro masculino. Qual das muitas combinações de características que os homens exibem deve ser considerada própria à natureza masculina? Trata-se de um perfil de masculinidade pura que parece ser inexistente na realidade? O que significa dizer que, "uma vez meninos, sempre meninos" ou perguntar por que uma mulher não pode ser mais parecida com um homem? *Qual* menino? Qual mulher, e qual homem?

Essas descobertas e esses padrões são embaraçosos para os que querem argumentar que os sexos "naturalmente" se segregam em diferentes ocupações e papéis por causa de diferentes naturezas, ou por causa de uma ligeira vantagem de um sexo sobre o outro, em média, em relação a determinado traço. O desempenho no trabalho, remunerado ou não, depende de um conjunto de habilidades, traços, interesses e valores diferentes. As pessoas simplesmente não desenvolvem uma carreira fazendo bem alguma coisa como identificar expressões faciais de emoção, ser simpático ou esmurrar a mesa durante uma reunião. Além disso, para a maioria dos trabalhos, não existe uma combinação de características, habilidades e motivações única e ideal, e sim uma gama que jamais poderia atender com perfeição a todas as necessidades. É por isso que nem todo mundo no seu nível, no seu papel, na sua ocupação é exatamente como você. Então, quem quiser, digamos, apresentar o argumento de que as mulheres são mais adequadas em termos psicológicos para cuidar de crianças pequenas está se comprometendo com a alegação de que os mosaicos de gênero das mulheres, imensamente variáveis, se combinam e são compatíveis com frequência bem maior com os muitos mosaicos possíveis relativos a cuidar de crianças pequenas do que os mosaicos de gênero dos homens, também variáveis. Não digo que esse tipo de argumento *não possa* ser apresentado com êxito. Eu pediria, porém, para entender como foi possível chegar a ele.

"Não há dúvida de que a biologia, via evolução e genética, fez dos homens e das mulheres seres significativamente diferentes."[93] É o que conclui o livro de Wolpert, respondendo à pergunta proposta pelos títulos que o livro recebeu nos Estados Unidos e no Reino Unido, *Why Can't a Woman Be More Like a Man?* [Por que uma mulher não pode ser mais parecida com um homem?] e *Why Can't Be a Man Be More Like a Woman?* [Por que um homem não pode ser mais parecido com uma mulher?]. Contudo, como Valian observa astutamente na revista *Nature*, "ambos os títulos sugerem a réplica mordaz: ambos podem ser".[94] E, como também vimos agora, embora existam diferenças médias de sexo, as próprias expressões "mais parecido com uma mulher" e "mais parecida com um homem" fazem pouco sentido no âmbito do cérebro e do comportamento.

Não se trata de mera semântica ou excesso de minuciosidade acadêmica. Quando crianças pequenas e adultos são convidados a explicar afirmações como "os meninos têm algo chamado de fibrinogênio no sangue", ou "os meninos são realmente bons em complicar tudo", os tipos de explicação que apresentam são diferentes das que criam para declarações como "este menino tem fibrinogênio no sangue dele" ou "este menino é realmente bom em complicar tudo". Com maior frequência, as declarações *genéricas* desencadeiam explicações baseadas em suposições de que ter fibrinogênio no sangue ou ser bom em fazer mimimi, ou seja lá o que for, é *fundamental* – parte da verdadeira natureza de ser um homem ou uma mulher. "Acho que é um hormônio que os meninos têm porque ele é copiado do DNA masculino", foi a explicação de um aluno de graduação para o fibrinogênio no sangue. "Os meninos são em geral mais fortes do que as meninas, e o mimimi dá a impressão de ser uma coisa que exige mais força." Em contrapartida, declarações não genéricas ocasionaram um número relativamente maior de explicações "não essencializadas", que viram essas características como um evento único, até mesmo um problema, ou resultantes de causas externas como prática ou treinamento. "Um estilo de dança que o menino praticou bastante e no qual ele é bom."[95]

Quando os mosaicos das diferenças médias, em geral pequenas, são descuidadamente espremidos em generalizações unidimensionais – os homens são *assim*, as mulheres são mais *assado* –, a inferência natural é que estamos falando sobre características universais que são *"centrais, profundas, estáveis, inerentes*: em uma palavra, *essenciais"*.[96] Quando dizemos, pensamos ou escrevemos declarações como "homens são mais competitivos, buscam dominar mais e se expõem a riscos com mais frequência, enquanto mulheres são mais carinhosas e protetoras",[97] é tentador que nossa mente se volte para a todo-poderosa T e para o onipotente Y da revisão de Casey – para o *sexo* – como causa determinante e eficaz que nos coloca em um de dois caminhos divergentes. Mas os mosaicos sobrepostos, mutáveis, multidimensionais e idiossincráticos formados por padrões de diferenças sexuais apontam em vez disso para a ação combinada e contínua de muitas pequenas influências causais.[98] O sexo *não* cria natureza masculina e natureza feminina, e, para completar a demonstração do argumento, o capítulo seguinte se debruça sobre a competitividade e a atração pelo risco.

CAPÍTULO 5

Moscas-mortas paraquedistas*

---

* No original, a autora usa a expressão "*skydiving wallflowers*". De acordo com o dicionário Oxford, o primeiro sentido que se encontra de *wallflower* descreve uma planta nativa do sul da Europa, do tipo trepadeira; o segundo sentido é uma gíria utilizada para descrever aqueles que, em um baile ou uma festa, "tomavam chá de cadeira". Com o passar do tempo, o termo passou a ser utilizado para pessoas tímidas, que nunca são o centro das atenções. São indivíduos "invisíveis", que, além de não serem notados por outros, estão sempre à margem, apenas observando passivamente os acontecimentos. Em português, a expressão "mosca-morta" se refere a pessoa sem ação, apática, incapaz de agir ou fazer mal a alguém. No turfe, descreve o indivíduo que não arrisca nenhuma aposta. [N.T.]

Faz bastante tempo que meu filho mais velho sente uma atração irresistível pelo perigo. Com seis meses de vida, saiu rolando pela sala de estar toda, a fim de inspecionar mais de perto a furadeira que seu pai – supondo, de forma perdoável, que cinco metros fossem uma distância segura para deixar uma ferramenta elétrica longe do alcance de um bebê que ainda não era capaz de engatinhar – tinha colocado no chão. Durante uma visita memorável à casa de um amiguinho, em cinco minutos meu filho localizou a gaveta de facas de cozinha afiadas que seu pequeno anfitrião Harry jamais conseguira descobrir em seus dois anos de vida e começou a fuçar seu conteúdo. Aos cinco anos, toda vez que eu o levava a um parquinho coberto – esses coloridos monumentos à erradicação dos riscos da infância –, meu filho dava um jeito de se colocar em perigo. Uma vez, quando ele tinha dez anos, eu o deixei envolvido na tarefa de preparar uma massa de bolo, normalmente inofensiva, e quando voltei, cinco minutos depois, o flagrei prestes a enfiar na mistura um estrondoso secador de cabelo ligado. Como meu filho calmamente me explicou, ele tinha se esquecido de derreter a manteiga antes de adicioná-la à tigela e, portanto, estava tentando fazê-lo de forma retroativa.

Em momentos como esses, vez por outra eu me perguntava por que meu destino foi ter um filho tão indiferente ao risco e se, em última análise, isso se revelaria no fim das contas uma bênção ou uma maldição. Nos dias otimistas eu o imagino colhendo enormes benefícios: a invenção de uma máquina do tempo, digamos, depois de décadas de perigosos experimentos. Em momentos mais sombrios, contudo, prevejo destinos mais desoladores, que incluem gavetas mortuárias. Ainda que os defensores da perspectiva do Testosterona Rex não compartilhem esse fascínio por meu primogênito e seu futuro, eles têm, como vimos na Introdução, um forte interesse pela ideia de que assumir riscos é um traço inerentemente masculino. Considerariam cada uma das perigosas imprudências de meu filho como bem-sucedidas manifestações de pressões evolutivas: um consolo lamentável, posso assegurar, para quem apara mechas chamuscadas da franja dele na esperança de que os outros convidados no churrasco não façam perguntas demais. Os economistas Moshe Hoffman e Erez Yoeli deslindaram recentemente a conhecida fieira de premissas no *Rady Business Journal*:

> Quando os machos assumem um risco extra fazendo incursões em busca de víveres, expulsando rivais e lutando por território, são recompensados com dezenas, até mesmo centenas de parceiras de cópula e muitos, muitos bebês. Uma aposta valiosa! Nem tanto para as fêmeas.[1]

Dezenas? *Centenas*? Claro – se você é um veado-vermelho ou o líder de um antigo império mongol. Enquanto os argumentos de Hoffman e Yoeli se referem sobretudo à parte da "disputa" na teoria da seleção sexual de Darwin (seleção intrasexual), outros pesquisadores sugerem que a exposição a riscos também aumenta a atração do macho como parceiro de cópula; a parte "charmosa" da subteoria de Darwin (ou seleção intersexual). Como explicam os psicólogos Michael Baker Jr. e Jon Maner:

> Entre os homens, os perigosos comportamentos de risco têm potencial para revelar as características potenciais dos companheiros,

como a dominação social, a confiança, a ambição, a habilidade e a acuidade mental, todas altamente desejadas pelas mulheres que procuram um parceiro romântico.[2]

Para as mulheres, porém, não há benefícios em assumir riscos. Isso porque – os autores parecem tentar abordar a questão com luvas de pelica – "homens tendem a desejar mulheres com características que sinalizem alta capacidade reprodutiva (por exemplo, juventude) do que as com características que possam sinalizar assunção de riscos".[3] Em outras palavras, se os cabelos forem lustrosos, a pele for macia e a proporção quadril-cintura for agradável, uma sensação de baixa autoestima, apatia, incompetência e estupidez serão bagatelas triviais, insignificâncias mais facilmente ignoradas da perspectiva masculina.

Tendo por base uma velha e boa versão da seleção sexual para sustentar um imperativo evolutivo da atração masculina pelo risco, o passo seguinte óbvio é argumentar que esse é um fator de grande envergadura que contribui para as persistentes desigualdades sexuais, ajudando a explicar por que fama, fortuna e o escritório melhor e mais bem localizado da empresa são adquiridos de forma desproporcional por homens. Hoffman e Yoeli, por exemplo, asseveram que

> ações têm retornos médios mais elevados do que debêntures ou títulos de renda fixa, e empregos competitivos podem ser bastante lucrativos. Essas recompensas fazem das diferenças de gênero nas preferências de risco uma das causas mais importantes da diferença de gênero no mercado de trabalho.[4]

A referência a empregos competitivos aponta para uma explicação correlata para desigualdades ocupacionais também muito em voga no âmbito da comunidade econômica: a concorrência. A concorrência também envolve correr riscos, uma vez que os resultados são incertos e os possíveis ganhos devem ser ponderados em contraste com os custos de participação e derrota.[5] Portanto,

> ao longo da última década, os economistas se tornaram cada vez mais interessados em investigar se as diferenças de gênero na competitividade podem ajudar a explicar por que persistem diferenças no mercado de trabalho. Se mulheres são mais relutantes em competir, talvez elas sejam menos propensas a buscar promoções ou entrar em campos competitivos e dominados por homens.[6]

Isso deixa alguns mistérios por explicar – a exemplo do interesse considerável das jovens britânicas em competir por uma vaga nos cursos de medicina e odontologia, altamente competitivos, agora um tanto dominados por mulheres.[7] Mas, mesmo descartando essas questões, desemaranhar fio a fio o enfoque popular da exposição a riscos como um traço masculino essencial revela que quase todos os pressupostos em que ele se baseia são equivocados.

Embora esse discernimento provavelmente não consiga encher de emoção sua próxima ida ao supermercado, há um elemento de incerteza em tudo o que fazemos. Correr riscos, na compreensão cotidiana, é uma ação que tem o potencial de nos autorizar a atingir um objetivo ou benefício desejado, mas também traz consigo a possibilidade de fracasso, de que algo saia errado. Como consequência, podemos sofrer a perda de algo que tínhamos, ou que poderíamos ter tido com certeza (a poupança para pagar a faculdade dos filhos, uma reputação ilibada, a rentabilidade estável de títulos do tesouro direto, um braço esquerdo), ou podemos, apesar dos esforços dispendiosos, não conseguir obter algo tão almejado por nós (um namorado ou namorada, um fundo de pensão polpudo, uma prestigiosa promoção). Há muito se supõe que a propensão a correr riscos é um traço estável de personalidade – isto é, um indivíduo específico tenderá, com consistência, a procurar, ou evitar, riscos em todos os setores da vida. De fato, durante muitos anos psicólogos usaram medidas de atração pelo risco que somavam a disposição de uma pessoa de assumir riscos em diversos domínios diferentes (como saúde, investimentos e carreira) para produzir uma única pontuação de risco.[8] Muitos economistas, entretanto, estudam a atração pelo risco apresentando aos participantes séries de jogos de loteria cuidadosamente planejados, nos quais as pessoas escolhem entre, por exemplo, a certeza de ganhar cinco dólares ou uma probabilidade de 80% de ganhar dez dólares. O pressuposto parece ser o de que os economistas podem inferir o perfil de atração pelo risco de alguém, homem ou mulher, a partir de suas escolhas.[9]

A antiga convicção de que toda pessoa pode estar localizada nitidamente em um ponto de um único *continuum* entre "aquele que é propenso a correr riscos" e "aquele que se esquiva de riscos" se ajusta de modo perfeito à expectativa de que "a atração por riscos competitivos seja um aspecto evoluído da psicologia masculina, resultado da seleção sexual".[10] De acordo com essa concepção, homens estão agrupados sobretudo no lado de quem corre riscos, e mulheres, do lado precavido.

No entanto, durante décadas houve indícios de que a disposição para correr riscos não é um traço de personalidade unidimensional: pelo contrário, há "apostadores que compram seguros" e "moscas-mortas paraquedistas", de acordo com a definição de um grupo de pesquisadores.[11] Um estudo com mais de quinhentos executivos, por exemplo, analisou suas preferências com relação a uma variedade de escolhas de risco, como investimentos empresariais e pessoais, dilemas complexos de escolha financeira, o valor de sua própria riqueza em ativos de risco, bem como riscos não financeiros. Claramente, se a propensão ao risco fosse um traço de personalidade estável, então alguém que tendesse a assumir riscos em uma área de tomada de decisão também tenderia a informar a disposição de correr riscos nos outros domínios. No entanto, isso simplesmente não se deu assim. Conhecer o fator de risco da estratégia de riqueza pessoal de um executivo, por exemplo, nada diz acerca de como ele se comportaria em um contexto de investimentos empresariais.[12]

Para investigar mais de perto esse surpreendente padrão, Elke Weber e colegas da Universidade Columbia entrevistaram várias centenas de estudantes de graduação nos Estados Unidos, perguntando sobre a probabilidade de assumirem riscos em seis domínios diferentes: apostas, finanças, saúde, lazer/diversão, vida social e ética. Mais uma vez, a propensão de uma pessoa a correr riscos não seguiu qualquer tipo de padrão consistente comum a todos os diferentes domínios – ou seja, a mesma pessoa que ficaria feliz da vida torrando o salário de uma semana em apostas no turfe não apresentava maior propensão para saltar de uma ponte amarrada a um cabo de borracha – investir em ações especulativas, pedir um aumento ao chefe, ter relações sexuais sem proteção ou fazer um "gato" de ponto adicional de TV a cabo – do que alguém que jogaria notas de dólar ralo abaixo apostando em cavalos.[13] Os pesquisadores chegaram à mesma conclusão alguns anos depois, em um estudo que recrutou pessoas com base em sua afinidade para um tipo específico de risco: como paraquedistas, fumantes, apostadores de cassino e membros de clubes de negociação de ações. Mais uma vez, a exposição a riscos em um domínio não se estendia a outros. Assim, os apostadores, por exemplo, previsivelmente destacaram-se como os que mais se arriscavam quando se tratava de perguntas sobre apostas. Sua propensão para correr riscos, porém, não era maior do que a de outros grupos, incluindo até mesmo membros de uma academia de musculação avessos a colocar em riscos sua saúde, quando se tratava de questões sobre riscos de lazer ou de investimento.[14]

Para ver o problema que isso cria para a ideia de que correr riscos é um traço masculino essencial, pergunte a si mesmo qual dos grupos é feito de homens "de verdade" ou revela uma psicologia masculina devidamente evoluída: os paraquedistas ou os investidores e negociadores de ações? Que esperamos que o Testosterona Rex crie um indivíduo totalmente disposto a correr de bom grado todo tipo de risco, alguém temerariamente versátil e abrangente, é algo implícito à observação de Hoffman e Yoeli de que, "com toda probabilidade, homens são mais propensos [do que mulheres] a morrer em um acidente de carro, acelerando a Ferrari que compraram com os lucros da bolsa de valores". Mas, como acabamos de ver, o motorista imprudente da Ferrari pode muito bem preferir títulos de renda fixa a ações (esse energúmeno hipotético provavelmente herdou sua riqueza). Os temerários puros, absolutos e não adulterados sem dúvida existem, mas esses indivíduos são exceções estatísticas à regra geral de que as pessoas são fascinantemente idiossincráticas e multifacetadas quando se trata de riscos.

Então, o que torna alguém mais ávido por assumir riscos em um domínio, porém relutante em outro? Na verdade é a percepção menos negativa que os temerários têm sobre os riscos, e sua percepção mais positiva acerca dos benefícios, constataram Weber e seus colegas.[15] O estudo dos paraquedistas, apostadores, fumantes e investidores do mercado financeiro chegou a uma conclusão semelhante. Nesse estudo, os indivíduos que se arriscaram não gostavam mais do risco *per se* em comparação com os membros da academia de musculação avessos ao risco. Em vez disso, perceberam maiores benefícios em seu bolsão específico de ousadia e atração pelo risco, e isso explicava por que assumiam riscos que outros evitavam e por que se arriscavam de um jeito em vez de outro. Da mesma forma, *ao contrário* do que diz a sabedoria comum, os empreendedores não têm uma atitude mais indulgente e mais propensa ao risco do que os demais, com relação à possibilidade de perder grandes somas de dinheiro; têm antes maior confiança de que tudo dará certo e acabará bem.[16]

Na verdade, as pessoas são em geral levemente avessas ao risco.[17] Isso pode parecer, a princípio, uma afronta à crença universal. No entanto, Ralph Keyes, autor de *Chancing It* [Arriscando], chegou exatamente a essa conclusão, com base em extensas entrevistas sobre risco com pessoas de diversas profissões, classes sociais e tipos de vida. Um de seus entrevistados foi o equilibrista Philippe Petit, famoso pela façanha extraordinária de caminhar sobre um cabo de aço amarrado a mais de quatrocentos metros de altura, no vão entre as Torres Gêmeas, em Nova York. No entanto, Petit fez uma enfática descrição sobre si como sendo "absolutamente o contrário de um doidivanas temerário", declarando de modo inflexível que "de nenhuma maneira, aspecto ou forma se considerava uma pessoa que corria riscos".[18] Eu me lembrei desse comentário em um extravagante show de magia a que assisti recentemente com meus filhos. No melodramático número final, um artista da fuga foi algemado, depois trancado de ponta-cabeça dentro de um tanque de vidro de água fria, armado com apenas um único grampo de cabelo com o qual levaria a efeito sua escapada. Enquanto, sentados no conforto dos nossos assentos, observávamos com complacência os procedimentos, o mestre de cerimônias enfatizava o perigo extremo da situação. No entanto, claramente o teatro teria sido tomado por uma impetuosa torrente de pais colocando as mãos sobre os olhos das crianças caso houvesse a menor possibilidade de uma tarde de diversão no teatro incluir testemunhar a morte por afogamento de um homem no palco. Como um exemplo menos espetacular do princípio de que o risco está nos olhos de quem vê, meu pai, minha irmã e eu podemos suscitar horror e pavor no rosto dos convidados do jantar com nossas atitudes despreocupadas em relação à salubridade e segurança no armazenamento e preparo de alimentos. Perguntas como "qual é a tábua de cortar carne?", feitas por um convidado disposto a ajudar, são sempre respondidas com olhares impassíveis e incompreensivos de quem não faz ideia do que a pessoa está falando. Mas nenhum de nós da família julga estar brincando com o perigo quando decidimos fatiar legumes em uma tábua de picar lambuzada de frango cru. Apenas temos uma profunda (e até agora totalmente justificada) confiança de que os micróbios pestilentos não são páreo para a constituição notoriamente robusta dos Fine.

O ponto decisivo aqui é que "o risco em determinada situação é inerentemente subjetivo, variando de um indivíduo para outro".[19] Apenas não é possível avaliar as características "objetivas" de uma situação arriscada e depois inferir o apetite de uma pessoa pelo risco a partir da decisão que ela toma. Mais uma vez, isso corresponde à conclusão de Keyes. "Por repetidas vezes", ele escreve, "descobri que, em um exame mais detido, aqueles que parecem estar correndo grandes riscos na verdade arriscam pouco; isto é, pouca coisa de valor". Em uma pergunta retórica que visivelmente enfatiza a subjetividade das perdas e dos ganhos potenciais em jogo, ele indaga: "Se arrisca uma vida que não valoriza, você corre um risco?".[20]

A importância da subjetividade na percepção de riscos e benefícios para a pitoresca diversidade humana na atração pelo risco mostra-se da mesma forma crucial à compreensão das diferenças de sexo. Weber e colegas constataram que, ao contrário do que muitos podem pressupor, mulheres e homens demonstram atitudes semelhantes quanto a correr riscos. Para os mesmos riscos e benefícios subjetivamente percebidos, homens e mulheres estão propensos a desafiar o destino de igual forma. Quando divergem na propensão a se arriscar, é porque percebem de forma diferente os riscos e benefícios.[21] Assim, homens são inerentemente constituídos para perceber os riscos de forma mais positiva, o que os torna mais inclinados a assumi-los? Um olhar mais atento sobre o padrão de diferenças de sexo efetivo na atração pelo risco revela nuances importantes, ante as quais essa explicação é impraticável.

Um bom ponto de partida é a ampla meta-análise que cotejou estudos de diferenças entre homens e mulheres na atração pelo risco em uma gama de domínios (como escolhas hipotéticas, consumo de álcool, consumo de drogas, atividade sexual e hábitos ao volante) e em cinco diferentes faixas etárias, do meio da infância à idade adulta.[22] Essa análise levou, de fato, à conclusão de que homens são mais temerários e correm mais riscos que mulheres, em média. Cerca de metade das diferenças era, porém, muito modesta, e em 20% dos casos elas indicavam até mesmo a direção "errada" (ou seja, houve maior risco por parte *das mulheres*). A meta-análise também revelou padrões variáveis de diferença, dependendo da faixa etária e do tipo de risco. Por exemplo, estudos com jovens de 18 a 21 anos constataram que homens estavam um pouco mais propensos, em média, a relatar consumo de álcool e drogas e atividades sexuais de risco. Mas para adultos mais velhos essa diferença de sexo foi quase exatamente o inverso. Também não houve um padrão óbvio no efeito da idade sobre as diferenças de sexo. Isso é surpreendente: se a exposição a riscos evoluiu para aumentar o sucesso reprodutivo, deveríamos esperar uma divergência especialmente clara dos sexos após a puberdade. A visão tradicional da atração pelo risco como traço masculino, portanto, exige uma revisão, os pesquisadores concluíram, diante da evidência de que "assumir riscos [...] não parece se manifestar de forma simples ou constante ao longo de idades ou contextos".[23]

O fato de que apenas alguns domínios favorecem a atração masculina pelo risco leva à importante questão de que, dado um mundo imperfeito em que as pessoas podem morrer – e morrem – caindo da cama ou acidentalmente engolindo palitos de dente, os pesquisadores têm que tomar decisões sobre os tipos de risco que decidem investigar. Em nosso imaginário, a atração pelo risco tem um vínculo íntimo com a masculinidade (com certeza não é mera coincidência que, no jargão dos negócios, ter uma visão ousada signifique ter *colhões*), e é fácil deixar de notar o que *não* tende a aparecer nos questionários. E o surpreendentemente perigoso esporte de líderes de torcida, ou a travessia de um campo montando um cavalo, ou o bingo?

Como aponta a economista Julie Nelson, da Universidade de Massachusetts, embora assumir riscos faça parte da rotina das mulheres, muitas vezes eles parecem passar despercebidos aos radares das pesquisas.[24] Por exemplo, com as taxas de divórcio beirando os 50%, ser o cônjuge que abandona o emprego ou reduz a jornada de trabalho quando nasce um filho é um risco econômico significativo. Sair para um encontro pode acabar em agressão sexual. Desistir de um casamento é financeira, social e emocionalmente arriscado. Nos Estados Unidos, uma grávida corre cerca de vinte vezes mais risco de morrer do que um paraquedista.[25] E simplesmente enfiar os pés em um par de saltos altos pela manhã aumenta o risco de dor crônica, dano irreversível no tendão de Aquiles, osteoartrite no joelho, fasciite plantar, dor no nervo ciático[26] e (que o leitor me perdoe por apenas mais um termo técnico) a dolorosa e constrangedora moléstia estatelar-se-com-a-cara-no--chão-zite.[27] Nada disso quer dizer que as avaliações existentes das diferenças de sexo na atração pelo risco não sejam informativas, interessantes e válidas.

No entanto, elas refletem também pressupostos marcados de forma implícita por gênero acerca do que é correr riscos. A relatada disparidade de gênero na atração pelo risco quase certamente se restringiria se os questionários dos pesquisadores incluíssem mais itens como "Qual é a chance de você fazer um suflê maravilhoso, porém difícil, para um jantar importante, correr o risco de sofrer hostilidades misóginas ao escrever um comentário com opinião feminista ou preparar-se para uma carreira lucrativa com uma alta probabilidade de discriminação sexista e assédio sexual?".

De fato, já existem exceções documentadas à noção da atração pelo risco como traço masculino. Diversos estudos constataram que mulheres são pelo menos tão dispostas quanto homens a assumir riscos sociais (por exemplo, admitir que seus gostos são diferentes dos de seus amigos ou discordar do pai em uma questão importante).[28] Também verificou-se que as mulheres são mais propensas que os homens a informar que correriam riscos em situações em que havia pouca chance de benefício por um pequeno custo fixo (como tentar vender um roteiro já escrito para um estúdio de Hollywood ou ligar para uma estação de rádio que realiza uma promoção na qual o 12º ouvinte a telefonar recebe um prêmio em dinheiro).[29] Então, por que as percepções de riscos e benefícios parecem diferir entre os sexos em alguns campos, mas não em outros? Uma resposta óbvia é que algumas atividades – como sexo sem proteção ou consumo excessivo de álcool – podem de fato *ser* objetivamente mais arriscadas para as mulheres. Pesquisadores de risco também descobriram que tanto o conhecimento como a familiaridade em um domínio particular reduzem as percepções de risco.[30] De forma plausível, os homens tendem a ser relativamente mais familiarizados com algumas das atividades de risco que tendem a figurar em pesquisas (como apostas esportivas, investimentos financeiros e motociclismo).

O ponto é que um "amálgama ingovernável" de fatores subjaz às escolhas, como define Cass Sunstein, jurista da Universidade Harvard: "Aspirações, gostos, estados físicos, respostas a papéis e normas existentes, valores, julgamentos, emoções, impulsos e movimentos, convicções, caprichos".[31] Assim, somos sensíveis não apenas aos benefícios e custos materiais quando fazemos escolhas, argumenta Sunstein, como também aos efeitos menos tangíveis que uma escolha específica poderia ter sobre o conceito que temos de nós mesmos e de nossa reputação. Em um mundo marcado por gêneros, esses impactos são inevitavelmente diferentes para mulheres e homens (lembre-se, por exemplo, da diferença no prazer sexual antecipado e do custo para a reputação de um encontro sexual casual, revelados pela pesquisa de Terri Conley e colegas, descrita no capítulo 2). Uma demonstração marcante vem das pesquisas que investigam a percepção que as pessoas têm dos riscos relativos a perigos tecnológicos, de estilo de vida e ambientais (como energia nuclear, tabagismo e destruição da cama de ozônio). Esses estudos em geral constatam que mulheres percebem riscos maiores – para si mesmas, para a família e para a sociedade – nesses perigos.[32] Por exemplo, James Flynn e colegas entrevistaram mais de 1.500 famílias dos Estados Unidos e descobriram que as mulheres, em média, percebiam riscos maiores em todos os níveis.[33] A explicação do Testosterona Rex para isso seria que, criadoras da preciosa prole, as mulheres, com a evolução, se tornaram mais cautelosas em relação a ameaças à saúde física. No entanto, Flynn e seus colegas depois subdividiram a amostra por etnia e por sexo, e descobriram que um subgrupo sobressaía em meio a todo o resto. A sociedade parecia um lugar significativamente mais seguro para homens brancos do que para todos os outros grupos, inclusive de homens não brancos. O que em uma primeira inspeção parecia uma diferença de sexo era na verdade uma diferença entre homens brancos e todos os demais.

Flynn e seus colegas então estabeleceram que era um subconjunto específico de homens brancos particularmente desdenhoso de riscos: aqueles que, em resposta à sugestão "pense em seus privilégios" – atualmente na moda, feita por movimentos de justiça social –, levariam um tempo considerável a mais do que outros para dar cabo da tarefa. Esses homens tinham boa instrução formal, eram ricos e conservadores em termos políticos, além de confiarem mais nas instituições e autoridades e serem contrários a uma visão de mundo que apregoa "o poder para o povo". Uma série de estudos reproduziu esse assim chamado "efeito homem branco" com outras vastas amostras dos Estados Unidos,[34] e a pesquisa aponta que "não se trata tanto de um efeito homem branco, mas de um efeito homem branco hierárquico e individualista".[35] Embora eu pudesse repetir ao leitor as declarações com as quais esses homens tendem a concordar ("Já fomos longe demais na promoção de direitos iguais neste país...", "Muitos problemas na nossa sociedade hoje provêm da decadência da família tradicional") e aquelas das quais tendem a discordar ("Às vezes o governo precisa fazer leis que impeçam as pessoas de se machucar...", "É responsabilidade da sociedade certificar-se de que as necessidades básicas de todos sejam atendidas..."), talvez seja mais fácil e mais rápido apenas imaginar Glenn Beck.*

Curiosamente, um estudo recente conduzido na Suécia, mais igualitária em termos sociais e mais afeita à igualdade de gênero, não conseguiu encontrar o "efeito homem branco". Essa pesquisa nacional com quase 1.500 famílias descobriu que, tudo o mais sendo igual – e em contraste agudo com os dados norte-americanos –, homens e mulheres suecos tinham percepções bastante semelhantes de riscos de estilo de vida, ambientais, tecnológicos, à saúde e sociais.[36] A pesquisa constatou, em vez disso, apenas um "efeito branco", em que os riscos eram maiores na percepção das pessoas de origem estrangeira, sujeitas à privação de direitos civis e à discriminação social, em comparação com a forma como os suecos nativos os percebiam.

Ao tentar entender como a posição e a identidade social podem afetar a percepção de risco de modo tão marcado, é útil saber que as pessoas invariavelmente costumam usar seus sentimentos como

---

* Expoente do pensamento conservador e tradicional norte-americano, Glenn Edward Lee Beck é uma personalidade midiática, apresentador de televisão, radialista, autor de livros e comentarista político. [N.T.]

um guia para as perdas e ganhos na relação risco-benefício. Quanto mais positiva a nossa sensação sobre algo – um queijo francês não pasteurizado, vacinas ou abortos –, mais tendemos a minimizar os riscos e a enfatizar os benefícios. Por outro lado e de forma inversa, se sentimos antipatia em relação a uma atividade ou risco, "tendemos a considerar o oposto – alto risco e benefício pequeno".[37] A cosmovisão política do mundo é uma potente fonte de fortes emoções sobre o perigo de exposições a riscos, e é possível que as pessoas percebam o risco para proteger suas identidades, papéis e status sociais:

> Talvez homens brancos vejam menos riscos no mundo porque criam, gerenciam e controlam boa parte desses riscos, e deles se beneficiam. Talvez mulheres e homens não brancos vejam o mundo como um lugar mais perigoso porque, em muitos aspectos, são mais vulneráveis, se beneficiam menos de muitas de suas tecnologias e instituições e têm menos poder e controle.[38]

Esse aspecto foi demonstrado com clareza por alguns dados estatísticos divertidos, inspirados na reflexão perspicaz de Nelson, de que tendemos a *pensar em risco, pensar como homem*. Dan Kahan, professor da Escola de Direito de Yale, mostrou que, quando indagados sobre os riscos à saúde humana, à segurança ou à prosperidade decorrentes de alíquotas tributárias elevadas para empresas, foi a vez de as mulheres e de uma minoria de homens se mostrarem confiantes e otimistas, o que, ele observa, ilustra à perfeição o ponto de Nelson:

> Isso confirma que os homens são mais tolerantes a riscos do que as mulheres *somente* se alguma premissa não examinada sobre o que conta como "risco" excluir da avaliação coisas que apavoram os homens brancos (ou pelo menos os hierárquicos e individualistas).[39]

O "efeito homem branco" nos Estados Unidos, comparado com percepções de risco semelhantes de homens e mulheres suecos nativos, sugere que, pelo menos às vezes, as diferentes posições, identidades e experiências sociais de homens e mulheres no mundo, e não duradouras dessemelhanças biológicas, é que podem estar por trás das diferenças sexuais na percepção de risco. Trata-se de um aspecto essencial, uma vez que, conforme vimos, são essas percepções subjetivas que formam a base das diferenças de sexo na atração pelo riscos. A ideia de que as mulheres evoluíram para ser predispostas em termos biológicos a perceber maiores riscos para a saúde é intuitivamente plausível, mas parece estar errada. Como ressaltam os pesquisadores que identificaram pela primeira vez o "efeito homem branco": "Fatores biológicos se aplicam tanto a homens e mulheres não brancos como a pessoas brancas".[40]

Não menos importante, as identidades sociais vêm em um pacote que inclui normas sociais. Essas normas, como Sunstein enfatizou, desempenham um papel crucial na nossa tomada de decisões. As psicólogas Catherine Rawn e Kathleen Vohs compilaram uma argumentação convincente de que, por vezes, as pessoas passam por cima de suas preferências a fim de *evitar* comportamentos arriscados mas socialmente esperados (bebedeira, drogas, sexo ou violência), para serem bem-vistas e se manterem "em sintonia" com os outros.[41] O gênero, é claro, é uma rica fonte de normas que se aplicam de modo diferente a indivíduos do sexo masculino e feminino, com alguns comportamentos mais esperados para um sexo e outros censurados com mais veemência.[42] Por exemplo, a expectativa de que mulheres "sejam boazinhas" é bem mais forte do que em relação a homens. Quando violam essa norma no ambiente de trabalho (por meio de comportamentos imperiosos ou negociando e reivindicando remuneração mais polpuda e melhores condições de trabalho, por exemplo), as mulheres enfrentam reações hostis de outras pessoas, que se tornam menos dispostas a trabalhar com elas e passam a gostar menos delas.[43] Isso significa que as alegações de que homens "são mais propensos a negociar de forma agressiva seu salário inicial"[44] precisam ser esmiuçadas. Se for verdade, é de fato porque as mulheres são intrinsecamente avessas ao risco ou se importam menos com o dinheiro? Ou é porque na negociação agressiva, em interesse próprio, há uma violação das normas femininas envolvidas e, por isso, as mulheres intuem com extrema precisão um equilíbrio menos favorável de benefícios e riscos?

No primeiro ponto, a pesquisa descobriu (em uma atividade de laboratório) que é possível eliminar a diferença de sexo na negociação salarial se se adotar um comportamento mais em conformidade com as normas femininas de cortesia: "pedir" em vez de negociar. Como observam os autores, "o termo *negociação* não é neutro em relação a gênero".[45] E no que diz respeito ao segundo ponto, a violação dessas normas produz os mesmos benefícios? Um estudo constatou que, embora as mais excelentes alunas de um curso de MBA estivessem tão propensas quanto seus homólogos masculinos a negociar seu salário inicial pós-curso, a recompensa financeira para elas era menor.[46] Não é difícil imaginar que essas mulheres estarão menos propensas a negociar no futuro, mas por causa da expectativa de uma recompensa menor, não de uma relutância evolutiva em correr riscos. Michelle Ryan, psicóloga da Universidade de Exeter, pesquisou mais de oitocentos gerentes em uma grande empresa de consultoria e descobriu que as mulheres, em média, estavam menos dispostas que os homens a fazer sacrifícios e a se arriscar para avançar na carreira. Um exame mais aprofundado revelou que isso ocorria porque elas tendiam a perceber menos os benefícios de ambas as atitudes; não porque fossem menos ambiciosas, e sim porque tinham menos expectativas de sucesso, menos modelos de conduta e exemplos de vida a seguir, menos apoio e menos confiança em que a empresa onde trabalhavam se orientasse pela meritocracia.[47]

Em muitos domínios, as normas de gênero tendem a favorecer a atração pelo risco *por parte dos homens*, o que é uma norma de masculinidade[48] e é vista como um traço característico mais importante para os homens do que para as mulheres.[49] Isso significa que, além de ganhos materiais, assumir riscos quase sempre pode trazer benefícios maiores ou custos menores para a reputação: as mulheres em papéis de liderança contrários aos estereótipos são julgadas com maior rigor e aspereza do que os homens quando decisões arriscadas não dão certo.[50] Ressaltando a importância do "amálgama ingovernável" de Sunstein, tanto homens como mulheres parecem responder prontamente às informações culturais sobre como seu comportamento de risco será visto por outras pessoas. Em um estudo, por exemplo, mostrou-se a homens solteiros um artigo de jornal segundo o qual mulheres consideravam que assumir riscos era um traço pouco atraente em parceiros; depois disso, esses homens passaram a fazer menos escolhas arriscadas em atividades de laboratório quando supervisionadas por uma cientista (em comparação com homens que tinham lido um artigo consistente com os estereótipos).[51] Ou vejamos um estudo recente com mulheres e homens chineses jovens, que jogaram um jogo em que assumiam riscos em ambiente privado ou enquanto eram observados por uma pessoa atraente do sexo oposto.

Na China, argumentam os autores, o ideal de feminilidade obstrui fortemente a atração pelo risco, valorizando, ao contrário, mulheres "tímidas, reservadas, obedientes, não assertivas, humildes, atenciosas, respeitosas e, sobretudo, castas".[52] Em contraste com esse ideal feminino, as mulheres chinesas, quando não estavam sendo observadas, eram tão temerárias e afeitas a riscos quanto os homens. Mas, em consonância com as normas de gênero, os homens aumentavam a sua exposição a riscos quando supunham estar sendo observados por uma mulher atraente, ao passo que as mulheres diminuíram sua ousadia e atração pelo risco.

Alguns, é claro, poderiam argumentar que uma assimetria nas normas de gênero quanto à atração pelo risco é, no entanto, inescapável, graças às vantagens evolutivas da exposição a riscos para os homens, condição de que as parceiras do sexo feminino se beneficiam. Como vimos na primeira parte do livro, esse argumento implica negligenciar a vantagem reprodutiva dos *homens* de selecionar uma parceira capaz de segurar as pontas e manter-se firme nas apostas reprodutivas. Mas também há um problema mais diretamente devastador: as mulheres *não* são atraídas por homens temerariamente afeitos ao risco. Jogatina, riscos éticos e para a saúde são vistos como traços pouco atraentes em parceiros potenciais, e até mesmo os riscos financeiros são vistos como precários e incertos.[53]

Correr riscos sociais, ao contrário, é fascinante e sedutor em um parceiro potencial (como estar disposto a defender uma posição impopular em um evento social). Mas, como o leitor há de lembrar, as mulheres são tão propensas quanto os homens a correr riscos sociais. E, embora a exposição a riscos físicos também seja vista de forma positiva, sobretudo em pessoas que estão sendo consideradas para um relacionamento de curto prazo, isso é válido apenas se o nível de risco for percebido como baixo. As pessoas não desejam "nem os temerários nem os frouxos"[54] e, surpreendentemente, "quanto menos arriscada [uma atividade] é considerada, mais atraente ela é".[55] Isso está muito distante do pressuposto da glorificação feminina da intrepidez masculina. Porém, o mais importante é que esse padrão de preferências não é menos verdadeiro para os homens do que para as mulheres: homens heterossexuais em geral não sentem menos atração do que as mulheres por temerários que assumem riscos físicos e sociais.[56]

Esse é um problema para a teoria do Testosterona Rex. Algumas equipes de pesquisa reconheceram de bom grado essa pequena devastação de uma hipótese antiga, aceitando que a proposta de que homens evoluíram para exibir comportamentos de risco a fim de atrair mulheres "não é responsável pelas semelhanças observadas entre homens e mulheres" e "oferece pouca explicação [...] para a preferência dos homens por quem assume riscos".[57] Resumindo essa "imagem da similaridade geral entre os sexos", Andreas Wilke e colegas do Instituto Max Planck para o Desenvolvimento Humano sugeriram que:

> Homens e mulheres aprendem a valorizar os mesmos traços por razões não adaptativas (por exemplo, uma norma cultural), ou o mesmo tipo de atração pelo risco poderia (pelo menos em sociedades com investimento masculino comparável ao nível feminino) ser para ambos os sexos um estímulo confiável para a qualidade.[58]

Em outras palavras, afinal de contas, talvez não haja nada de tão especial assim no fato de homens assumirem riscos.

As mulheres – no fim fica claro – também não são tão avessas a assumir o risco de encarar o confronto e rivalizar com outros em um contexto competitivo, como muitas vezes se supõe. A doutrina do Testosterona Rex sobre a concorrência, inspirada por aqueles hipotéticos cem bebês em um ano nascidos de uma centena de mulheres diferentes, leva a uma profecia simples: "Homens são mais competitivos".

> Em relação às mulheres, o sucesso reprodutivo masculino é mais afetado por sua capacidade de obter parceiras de cópula. Machos podem competir diretamente por parceiras ou podem competir por recursos, território ou status, e tudo isso serve para aumentar suas oportunidades de acasalamento [...]. Em consequência,

a preferência pela competição deve ser mais pronunciada nos homens do que nas mulheres.[59]

Porém, os poucos estudos psicológicos que analisam a frequência do comportamento competitivo no mundo real – dois estudos de diários de estudantes do Reino Unido, ambos de Elizabeth Cashdan – não encontraram nada do tipo.[60] Verificou-se que mulheres e homens revelavam índices similares de competição, e os dois sexos também demonstravam ser notavelmente semelhantes em termos da frequência com que competiam com outros em domínios específicos. Eram igualmente competitivos em relação a estudo, trabalho (para os estudantes, talvez o melhor caminho para obter recursos no futuro) e status (que figurou em posição bastante baixa em ambas as pesquisas). A única arena em que homens mostraram maior propensão a competir do que mulheres foram os esportes, enquanto as mulheres estavam mais inclinadas a competir na aparência – nenhum desses casos, no entanto, parece decisivo para a compreensão da desigualdade sexual ocupacional.

Tampouco os estudos dos economistas, controlados com maior rigor, descobriram de modo invariável que homens são mais competitivos. Nessa disciplina, a estratégia padrão é dar aos participantes alguma espécie de tarefa insípida (artigos básicos com um tempero masculino, como somar números de três dígitos ou jogar bolas dentro de baldes). Depois de tentar a sorte na execução da tarefa, cada participante teve a opção de receber um modesto pagamento por êxito *ou* uma soma unitária muito mais generosa, contanto que superasse um adversário selecionado aleatoriamente. Ver ou não diferenças relacionadas ao sexo, no fim fica claro, depende de *que tipo de tarefa* se está pedindo para as pessoas resolverem por meio de uma competição, e também *para quais* homens e mulheres se pede que rivalizem com outros. Quando os pesquisadores usam contextos competitivos mais neutros ou "femininos" – como dança, habilidade verbal, conhecimento sobre moda ou um trabalho estereotipicamente feminino (como "assistente administrativo", em oposição a "comentarista esportivo"), quase sempre constatam que mulheres são tão propensas quanto homens a demonstrar competitividade, ou são até mais competitivas.[61]

O lastro cultural dos participantes também tem um impacto significativo sobre as diferenças ligadas ao sexo serem ou não visíveis; curiosamente, ter nascido em uma localidade com menor desenvolvimento econômico parece estar associado a uma maior competição feminina.[62] Assim, meninas colombianas, chinesas da etnia han, armênias e mulheres de Pequim são tão competitivas quanto seus equivalentes masculinos, mesmo nos tipos de tarefa em que, nas culturas ocidentais desenvolvidas, maior competitividade masculina é encontrada mais tipicamente.[63] O mais impressionante de tudo: enquanto os homens da sociedade patriarcal massai, na Tanzânia, para tentar ganhar dinheiro, estavam mais dispostos que as mulheres a competir uns contra os outros arremessando bolas de tênis dentro de um balde, uma situação exatamente oposta foi vista na sociedade matrilinear do povo khasi, na Índia.[64] Ademais, entre as crianças dessas sociedades, apenas no povo massai os meninos se tornaram mais competitivos do que as meninas após a puberdade.[65]

Fica claro que a biologia não determina que homens devam ser mais competitivos que mulheres, o que torna ainda mais preocupante que, entre crianças austríacas de três a quatro anos de idade, os meninos já estejam mais dispostos que as meninas a competir em provas de corrida (embora as meninas possam ser tão velozes quanto os meninos). Nessa idade, as meninas estão igualmente ávidas para competir em tarefas manuais, mais "femininas" (nas quais são um pouco superiores); mas, no intervalo de alguns anos, mesmo nisso os meninos são mais competitivos.[66] Quais mensagens as crianças estão recebendo em países ocidentais desenvolvidos que separam a inclinação de meninas e meninos para competir desde uma idade tão precoce, quando comparados a crianças de algumas outras sociedades?

Escrevendo no *Financial Times* sobre nossas atitudes supostamente admiradas em relação aos que assumem riscos financeiros de grande envergadura, o colunista John Kay traça paralelos diretos com o nosso passado da Idade da Pedra, contrapondo "caçadores prudentes", que perscrutavam com ansiedade os arredores em busca de animais perigosos e "ficavam em casa quando era perigoso demais", e caçadores mais corajosos, que "escolhiam ignorar essas opções e não colocá-las em prática" e, portanto, "corriam mais riscos e capturavam mais presas".[67] Para que não restasse dúvida alguma na mente dos leitores sobre qual era o sexo que merecia admiração por causa de sua audácia, Kay faz uma pergunta retórica: "As jovens da tribo ficavam mais impressionadas quando os cautelosos descreviam seus dias monótonos ou quando os corajosos contavam como heroicamente haviam escapado do perigo?". Por algum motivo, Kay prefere não pedir aos leitores que ponderem sobre como as mulheres teriam apreciado a conversa de caçadores cuja garganta tinha sido estraçalhada por animais selvagens.

Estamos agora muito distantes das premissas contidas nessa conhecida vinheta. Correr riscos não é um traço de personalidade estável que nos permita supor que a pessoa propícia a assumir voluntariamente os riscos físicos da caça (ou da prática de *rafting* ou paraquedismo) seria uma destemida presidente de empresa ou um intrépido investidor do mercado financeiro. Tampouco é verdade que correr riscos seja algo que apenas os homens fazem, ou algo que desperte a atração apenas de mulheres, se se trata de avaliar um parceiro em potencial. Nesse meio-tempo, evidências cada vez maiores de que as mulheres *competem* na mesma proporção dos homens, quando a natureza da tarefa parece autorizá-las a isso, e de que meninas e mulheres de populações mais distantes do que as das típicas amostras ocidentais não são menos ávidas que os homens para competir põem por terra os pressupostos de que essa é uma diferença de sexo "essencial".

O que isso significa para as premissas da atração masculina por riscos, "impulsionada por testosterona"? Considerando-se a antiga compreensão de que correr riscos é um traço masculino, as diferenças de sexo relacionadas à testosterona são uma explicação intuitiva, óbvia e comum. Mas, como tentei demonstrar no capítulo anterior – e o capítulo seguinte ratifica –, a forma e o padrão das diferenças de sexo contestam as explicações de uma causa única e poderosa que divida os sexos.

Enquanto eu editava este capítulo, uma pesquisa com mais de 3.500 cirurgiões australianos revelou uma cultura em que *bullying*, discriminação e assédio sexual são abundantes, sobretudo contra mulheres (embora os homens também não passem incólumes). Para dar ao leitor um gostinho de como é a vida profissional de uma mulher nesse campo, estagiárias e cirurgiãs iniciantes "relataram ter se sentido obrigadas a prestar favores sexuais a seus supervisores de modo a manter seu emprego", sofreram hostilidade flagrantemente ilegal em relação à ideia de combinar carreira e maternidade, enfrentaram "clubes do Bolinha" e sentiram na pele o sexismo entrincheirado em todos os níveis e "a cultura de medo e represálias, com assediadores e intimidadores notórios ocupando altas posições hierárquicas, vistos como intocáveis".[68] Voltei a este capítulo no mesmo dia em que veio a público, no estado de Victoria, na Austrália, onde vivo, um relatório da Comissão de Direitos Humanos e Igualdade de Oportunidades de Victoria, em que se revelava que a discriminação sexual e o assédio também predominavam de maneira escandalosa e surpreendente na polícia estadual, que, ao arrepio da lei, não conseguia proporcionar um ambiente de trabalho igualitário e seguro.[69]

Entendo que as tentativas de identificar fatores psicológicos subjacentes às desigualdades sexuais no ambiente de trabalho são bem-intencionadas. E, é claro, não devemos nos esquivar de denunciar as (supostas) causas desagradáveis e inaceitáveis dessas desigualdades em termos políticos. Mas, quando levamos em consideração mulheres que entram em ocupações altamente competitivas e arriscadas, como a carreira de cirurgiã e a de policial – e nelas persistem, apesar dos pesares e da pilha de dificuldades que se amontoam contra elas em decorrência do assédio irrestrito e da desenfreada discriminação ligada ao sexo –, eventuais sugestões acadêmicas de que o número de mulheres é relativamente baixo, em especial nos escalões mais altos, porque elas são menos preparadas para competir no ambiente de trabalho começam a parecer quase ofensivas.

O Testosterona Rex responsabiliza de forma implícita as mulheres por seu salário e seu status mais baixos, desviando a atenção do "amálgama ingovernável" das influências relacionadas ao gênero – as normas, convicções, recompensas, desigualdades, experiências e, não esqueçamos, punições por parte daqueles que procuram proteger seu território de forasteiros de status inferior –, que fazem pender de maneira desigual a balança custo-benefício.

CAPÍTULO 6

A essência hormonal do T-Rex?

> Os cérebros adultos são como objetos celestes ou continentes, mais dinâmicos e plásticos do que a maioria dos cientistas costumava imaginar.
>
> ELIZABETH ADKINS-REGAN, *HORMONES AND ANIMAL SOCIAL BEHAVIOR*[1]

Hoje em dia, vez por outra sou apresentada às pessoas como uma acadêmica que escreveu um livro sobre a inexistência de grandes diferenças entre o cérebro das mulheres e o dos homens. É decepcionante, mas a ampla gama de reações a essa breve biografia ainda não incluiu: "Você deve ser Cordelia Fine! Poderia autografar este exemplar do seu livro que carrego comigo para cima e para baixo?". Em vez disso, as pessoas costumam me fuzilar com um olhar espantado e depois me perguntam se eu também negaria que existem outras diferenças fisiológicas básicas entre os sexos. Toda vez que isso acontece, sinto-me tentada a fitar meu interlocutor com um olhar firme e calmo e, em um tom de voz animadíssimo, declarar "claro que sim! Testículos são apenas uma construção social", e ver como a conversa flui a partir disso.

Desnecessário dizer que isso seria uma travessura especialmente maldosa, dado o suposto papel dos testículos como manancial biológico da essência hormonal da masculinidade – esse tsunami de esteroides que destrói todas as esperanças de igualdade sexual. Como apontou Kingsley Browne, professor de direito da Universidade Estadual de Wayne,

> apesar da afirmação frequente de que as disparidades que favorecem os homens (mas não aquelas que favorecem as mulheres) são resultados de forças sociais discriminatórias e preconceituosas, a verdade parece ser um tanto mais básica. Se os vários abismos de disparidade, no mercado de trabalho e fora dele, pudessem ser destilados até chegar a uma única palavra, essa palavra não seria *discriminação*, e sim *testosterona*.[2]

De forma muito semelhante, economistas que sugerem que as diferenças inerentes ao sexo na atração pelo risco desempenham um papel importante nas desigualdades econômicas e ocupacionais por vezes acusam a testosterona de ser a culpada biológica.[3] E de acordo com o neurocientista Joe Herbert, autor de *Testosterone: Sex, Power, and the Will to Win* [Testosterona: sexo, poder e a vontade de ganhar], "o testículo é a fonte de boa parte do que chamamos de masculinidade",[4] aparentemente porque a testosterona que ele produz "prepara os homens para o rigor e a competitividade dos eventos da reprodução". Assim sendo, ele escreve:

> A testosterona tem que fazer um bocado de coisas: influenciar o físico, agir no cérebro e inflamar a sexualidade. Mas esse hormônio também faz com que os homens gostem de correr riscos, recorrendo prontamente à competitividade e à agressão a fim de obter aquilo de que necessitam, buscando dominar outros homens, indignando-se com a invasão de seu território e rechaçando-a.[5]

É um portfólio e tanto.

O endocrinologista comportamental e autor de textos sobre ciência Richard Francis cunhou o termo "Testosterona Rex" para zombar da concepção equivocada da testosterona como um "superator" – o "executor plenipotenciário das demandas da seleção" que simplesmente "resolve tudo".[6] Está claro que, se o problema a ser resolvido é como criar dois tipos de indivíduo, então a testosterona, na condição de superator plenipotenciário, oferece uma solução pura e óbvia. Ainda que os pontos de vista científicos sobre o papel da T no comportamento social sejam variados, em geral apontam como elemento-chave um vínculo com a competição.[7] Obviamente, isso se refere à competição para adquirir ou defender status social, recursos materiais e oportunidades sexuais. No entanto, talvez devesse incluir também uma faceta de cuidados parentais – a proteção desse preciosíssimo recurso, a prole, argumenta Sari van Anders, neuroendocrinologista social da Universidade de Michigan. Um baixo nível de T, ao contrário, está ligado à criação dos filhos.[8] Então, de acordo com uma visão do T-Rex, indivíduos de T alta agrupam-se na ponta competitiva do *continuum* com outros temerários, agressivos e sexualmente inflamados, ao passo que personagens de baixa T se amontoam no polo oposto, mais enfadonho e desinteressante, embora mais seguro e carinhoso.

Examinemos, por exemplo, um peixe ciclídeo conhecido como *Haplochromis burtoni*, originário dos lagos da África Oriental.[9] Nessa espécie, apenas um pequeno número de machos assegura um território de reprodução, e esses machos não são nem um pouco discretos quanto a seu status social privilegiado. Ao contrário de seus colegas não territorialistas, de um bege monótono, os machos territorialistas exibem manchas vermelhas e alaranjadas vistosas e chamativas, além de intimidantes listras pretas sobre os olhos. O dia típico de um desses machos envolve uma movimentada exibição de masculinidade antiquada: rechaça os intrusos, correndo o risco de predação para atrair uma fêmea para seu território; depois, após inseminar a fêmea ejaculando em sua boca, o macho sai imediatamente em busca de uma nova parceira. Acrescente a isso o fato de os machos territorialistas alardearem testículos bem maiores e terem níveis de circulação de testosterona mais elevados do que os submissos machos não territorialistas – e uma visão da situação marcada pelo T-Rex parece quase irresistível. Esses peixes de T alta são verdadeiros reis, provavelmente graças aos efeitos de toda a testosterona em seu corpo, cérebro e comportamento. Com uma grande dose de licença poética, poderíamos inclusive imaginar sua reação, caso um grupo de peixes ciclídeos feministas começasse a agitar-se, defendendo uma maior igualdade territorial entre os sexos. Não é discriminação – diriam aos peixes feministas, em um tom de lamento impenetrável o bastante para esconder seu desdém condescendente –, e sim a testosterona.

Entretanto, mesmo nos peixes ciclídeos a testosterona não é o elemento onipotente que a princípio parece ser. Se fosse, então castrar um peixe territorialista seria um método garantido de ocasionar a sua derrocada social. No entanto, não é. Quando um peixe territorialista castrado é colocado dentro de um tanque com um macho não territorialista intacto, de tamanho similar, o macho castrado continua a dominar (ainda que de forma menos agressiva). Apesar dos níveis estagnados de T, o *status quo* persiste.[10] Para abater um macho territorialista, não são necessárias operações cirúrgicas radicais. Em vez disso, basta colocá-lo em um tanque com um macho territorialista maior. Em questão de poucos dias, o macho menor perderá suas cores chamativas e vistosas, o tamanho dos neurônios na região do cérebro envolvida na atividade gonadal diminuirá e, de forma análoga, seus testículos também diminuirão. O exato oposto acontece quando um macho antes não territorialista e submisso é manobrado experimentalmente para o invejado status territorial (sendo deslocado para uma nova comunidade apenas de fêmeas e machos menores): os neurônios que direcionam o crescimento gonadal se expandem, e seus testículos – a fonte primária de produção de testosterona – aumentam.[11] Em outras palavras, o cenário apresentado pelo T-Rex situa a cadeia de eventos precisamente no caminho errado. Francis e seus colegas, que realizaram esses estudos, concluíram: "Os eventos sociais regulam os eventos gonadais".[12] Ou, em outras palavras, caso o significado disso tenha passado despercebido, os testículos dos ciclídeos são uma construção social.

De fato, mesmo sem examinar qualquer dado de endocrinologia comportamental, já deveriam ter vindo à tona suspeitas sobre a história do T-Rex. Basta recordar as mudanças conceituais e empíricas na teoria e na pesquisa de seleção sexual que encontramos na primeira parte deste livro. Elas deixaram às traças os antigos pressupostos de que a competição por parceiros, status e recursos são atividades exclusivamente masculinas na luta pelo sucesso reprodutivo.[13] Como exemplo de uma espécie diferente de peixe, Sarah Blaffer Hrdy descreveu há muito tempo como as fêmeas do salmão-prateado entram em feroz competição por ninhos para enterrar seus ovos. Esses confrontos têm consequências reprodutivas tão graves que em um terço das vezes o ninho da fêmea derrotada será tomado e seus ovos, destruídos.[14] Então, por que algumas fêmeas também não precisariam de um hormônio que *as* preparasse para os "rigorosos e competitivos eventos da reprodução"? Elizabeth Adkins-Regan, neuroendocrinologista da Universidade de Cornell, observa:

> Muitas fêmeas são bastante agressivas, às vezes mais do que os machos; a agressão entre fêmeas é um importante processo diádico que conduz os padrões espaciais e os sistemas sociais de muitos animais, e nos mamíferos as consequências da aptidão para a posição em uma hierarquia de dominância são mais bem estabelecidas para fêmeas do que para machos.[15]

Então, já deveríamos estar céticos quanto à noção de que, como regra geral, a T serve para polarizar o comportamento competitivo dos sexos. No mínimo, a situação precisa ser abordada espécie a espécie. E quando nos voltamos para nós mesmos, à luz do que aprendemos nos últimos capítulos, imediatamente encontramos um problema. A teoria do T-Rex funcionaria bem se os homens fossem *assim*, e as mulheres fossem *assado*. Quando fazemos declarações genéricas do tipo "os homens são competitivos, as mulheres são carinhosas", as diferenças de T parecem uma explicação óbvia. Mas a história do T-Rex é capaz de explicar a verdadeira forma tomada pelas diferenças de sexo? Por exemplo, o T-Rex faz "meninos serem meninos" quando, conforme vimos no capítulo 4, não existe um perfil masculino essencial que una ao mesmo tempo um menino ou homem à maioria dos outros homens e o separe de maneira nítida das mulheres? Como a história do T-Rex lida com o fato de o comportamento marcado por gênero não criar, como já se pensou, uma dimensão única que vá da masculinidade à feminilidade, ou mesmo duas dimensões? Somente quando se opera a partir desse entendimento de gênero mais simples, obsoleto e uni ou bidimensional é que faz sentido supor que a T mais elevada seria capaz de aumentar a masculinidade de um indivíduo e/ou diminuir sua feminilidade. Mas essa ideia simplesmente não funciona quando masculinidade e feminilidade são multidimensionais, e quando se sabe que a maioria das pessoas possui "uma complicada gama de características masculinas e femininas", na definição de Joel.[16] Que atributos específicos da masculinidade deveríamos esperar que um homem de alto nível de T demonstre, ou que faltem a uma mulher com baixa T? E, em particular, de que modo a T faz com que os homens se tornem competitivos e afeitos a riscos quando, como vimos no capítulo anterior, em alguns domínios, contextos e populações, a atração pelo risco por parte das mulheres e a competitividade feminina são iguais (ou até mesmo superiores) às dos homens? Ou, para repetir a estranha pergunta que aquele capítulo propôs, dado que a exposição a riscos é específica a diferentes domínios – o temerário que assume riscos físicos pode muito bem ser avesso a riscos sociais ou financeiros –, que tipo de arrojamento devemos esperar de nosso sujeito de testosterona alta?

Felizmente, não precisamos responder a perguntas difíceis como essas. Isso porque, na evolução da compreensão científica das relações entre hormônios e comportamento social, a noção de testosterona como a poderosa essência hormonal do Testosterona Rex não sobreviveu.

A especulação sobre as relações entre testosterona e comportamento tem uma longa história. Em seu clássico ensaio *The Trouble with Testosterone* [O problema da testosterona], o célebre neurobiologista e escritor Robert Sapolsky se aventura a dizer que, "cerca de uma dúzia de milênios atrás, uma alma ousada conseguiu arrancar os testículos de um touro mal-encarado e, assim, inventou a endocrinologia comportamental" (isto é, o estudo das relações entre hormônios e comportamento). Esse experimento desavisadamente

> resultou em uma influente descoberta – alguma coisa que sai dos testículos ajuda a fazer com que os machos se tornem chatos de galocha agressivos, uns pés no saco. Essa alguma coisa é a testosterona.[17]

No entanto, foi somente em meados do século XIX que ocorreram os primeiros experimentos formais sobre as relações entre comportamento e testosterona, pelas atarefadas mãos de um fisiologista alemão chamado Arnold Berthold.[18] As investigações de Berthold começaram com a observação de que, quando um galo é castrado, isso não só faz com que sua crista inconfundivelmente masculina encolha, como ele também "abaixa a crista", desiste de seu estilo de vida altivo e arrogante, típico de galo de briga, deixa de copular, e até seu cocorocó definha. A mente curiosa de Berthold, que não se deixou refrear por nenhum tipo de melindre ou escrúpulo, partiu então para o passo seguinte. Ele decidiu ver o que acontecia quando reimplantava os testículos ou, em outras experiências (talvez realizadas nos dias em que ele estava com um humor especialmente macabro), quando os testículos eram transplantados para dentro do estômago do galo. A extraordinária descoberta de Berthold foi que ambas as intervenções restauraram a macheza e arrogância do animal, que voltou, digamos assim, a cantar de galo. Uma vez que os testículos reposicionados não estavam mais conectados ao sistema nervoso, Berthold conseguiu inferir a ação de algo secretado na corrente sanguínea – um hormônio. Como sabemos agora, a testosterona e outros andrógenos (a classe de hormônio esteroide a que pertence a T) são secretados na corrente sanguínea pelas gônadas (tanto os testículos como os ovários produzem andrógenos e estrogênios) e pelas glândulas adrenais.

Os clássicos experimentos de "remover e substituir", que agora existem às centenas, estabeleceram que a testosterona tem efeitos importantes tanto no corpo (como na crista e na barbela, se você for um galo) como no comportamento de acasalamento. Apontam para as mesmas conclusões as experiências naturais em que os animais passam por mudanças no decorrer das fases da vida, por exemplo, da juventude à idade adulta (ou, em algumas espécies, de um tamanho pequeno para uma estatura mais imponente), ou então durante o período de reprodução ou fora dele. Em nossa própria espécie, é claro, as gônadas começam a produzir tanto andrógenos como estrogênios com vigor renovado (após o alvoroço pré-natal) na puberdade, ajudando a propiciar o desenvolvimento de características sexuais secundárias. Algumas espécies de peixes conseguem até mesmo realizar o notável truque hormonal de mudar de sexo quando surge a oportunidade (por ocasião da morte ou retirada do macho dominante do grupo).

Isso nos leva à importante questão de *para que* servem hormônios como a T. Na primeira parte deste livro fomos apresentados à ideia de que muitos animais só arcam com os custos biológicos das características sexuais secundárias, levam o tempo que for necessário, empreendem esforços e arriscam-se para cortejar e galantear quando são boas as chances de acasalamento e fertilização. Os hormônios podem ajudar a coordenar isso, sincronizando as mudanças necessárias no corpo e no comportamento. Mas a T também pode ajudar a coordenar o comportamento dos indivíduos em uma escala de tempo mais curta. Em um mundo complicado e cruelmente imprevisível, apenas ser bem-sucedido ao chegar a uma determinada etapa da vida não significa que uma única maneira de estar no mundo será suficiente. Hormônios "ajudam a ajustar o comportamento a circunstâncias e contextos físicos, sociais e de desenvolvimento", explica Adkins-Regan.[19]

Uma forma por meio da qual a T é capaz de fazer isso acaba sendo negligenciada: o efeito que ela provoca no corpo. A T o altera de maneiras espetaculares, dependendo da espécie, e essas características masculinizadas podem então suscitar nos outros respostas específicas. Encontramos um exemplo disso no capítulo 4: a mamãe-rato, atraída pelos níveis mais elevados de testosterona na urina dos filhotes machos, lambe com mais intensidade a região anugenital de sua prole masculina. Vimos que essa estimulação extra, em última análise, contribui para diferenças sexuais no cérebro e no comportamento de acasalamento.[20] Um exemplo menos sutil, que ignora por completo o cérebro, é a "espada" do peixe-espada macho, que cresce quando a T aumenta durante a maturação sexual. As fêmeas são atraídas pela espada, e assim a resposta do macho ao interesse sexual da fêmea é, portanto, em certo sentido "causado" pela T, mas de maneira bastante indireta.²¹ Quanto a nós, há um argumento a ser defendido, de que a ampla e abrangente socialização de gênero que penetra quase todos os aspectos da cultura humana é apenas mais um exemplo dos efeitos indiretos de hormônios sexuais – a partir de seus efeitos no corpo, que nos identificam como homem ou mulher – sobre o comportamento.

Mas a testosterona também afeta diretamente o cérebro.²² Em efeitos mais duradouros que ocorrem em momentos críticos na vida – por exemplo, no período pré-natal (em interação com diversos outros fatores, como vimos no capítulo 4), na puberdade, ou quando a primavera está no ar –, a T ajuda a reestruturar as rotas neurais. A T também pode influenciar os caminhos neurais existentes de forma mais transitória (na escala de minutos a semanas, a depender do mecanismo), incrementando ou reduzindo a "excitabilidade" elétrica das células cerebrais.²³ O modo complexo como ela faz isso mostra simplesmente quanta coisa é ignorada em expressões como "É a testosterona". Na versão mais rápida desses efeitos de curto prazo, a T se liga à membrana da célula nervosa e, alterando percursos químicos, muda a prontidão com que um neurônio dispara.²⁴ No entanto, a rota mais conhecida pela qual a T afeta o cérebro passa pelos receptores hormonais. Ela se liga a um receptor de andrógenos e é então "escoltada" para o interior do núcleo da célula nervosa. Lá, seu passo seguinte é "fazer cócegas no genoma".²⁵

Então, em combinação com os chamados "cofatores", uma determinada região do gene sensível ao hormônio é "ativada", alterando a produção de proteínas e peptídeos (ou a "expressão" gênica). Por vezes, contudo, com a ajuda de um catalisador biológico chamado aromatase, a T se converte de um andrógeno "masculino" em um estrogênio "feminino", e em seguida se vincula a um receptor de estrogênio. (Sim, até mesmo os "hormônios sexuais" afrontam o binarismo de gênero.) Como alternativa, o estrogênio pode não se originar nem da testosterona nem sequer das gônadas, já que no fim fica claro que o cérebro é capaz de sintetizar seus próprios estrogênios a partir do zero.[26] Em última instância, essa dança entre hormônios esteroides e receptores pode levar a uma série de "produtos genéticos que impactam o comportamento", como diz Adkins-Regan, desde enzimas envolvidas na produção de esteroides, receptores de esteroides e neurotransmissores até proteínas que ajudam a construir e restaurar neurônios:

> Por meio de seus receptores intracelulares, os esteroides alteram a atividade neural agora e no futuro, alteram sua própria produção e recepção e a de outros esteroides, e regulam alguns dos outros sistemas de sinalização neural importantes para o comportamento social.[27]

Em suma, a T certamente faz coisas – coisas importantes. Mas agora chegamos à segunda razão para o leitor ter suportado o denso parágrafo anterior. Embora mal comece a roçar a superfície das dificílimas complexidades envolvidas, já fica claro que o montante de testosterona que circula na corrente sanguínea é apenas uma parte de um sistema altamente complexo – aquela que é mais fácil medir.[28] Os muitos outros fatores no sistema – os cofatores, a conversão em estrogênio, a quantidade de aromatase disponível para que isso aconteça, o volume de estrogênio produzido pelo próprio cérebro, o número e a natureza dos receptores de androgênio e estrogênio, onde estão localizados, sua sensibilidade – indicam que o nível absoluto de testosterona no sangue ou na saliva é com toda probabilidade um guia extremamente vago e rudimentar para conhecer os efeitos da testosterona no cérebro.

Essa complexidade talvez tenha tornado a leitura das páginas anteriores um osso duro de roer, mas ela tem algumas consequências úteis ao contexto geral. Em primeiro lugar, significa que existe uma margem para que a evolução tenha moldado esse sistema de múltiplas camadas de acordo com as necessidades de cada espécie. A T é ubíqua entre as espécies que se reproduzem por via sexual, mas, por envolver outros fatores, é possível que "o grau de associação entre hormônios e comportamento varie".[29] E, de fato, a evolução parece ter feito exatamente isso. O neuroendocrinologista hipotético que se aferrasse à esperança inspirada em Bateman – de que a T afeta os animais de maneiras semelhantes ao longo de todo o espectro do reino animal que se reproduz por meio sexual – estaria fadado a repetidas decepções.[30] Isso, por sua vez, significa que o fato de a testosterona ter um efeito particular sobre o comportamento de, por exemplo, elefantes-marinhos ou touros não garante as mesmas consequências em seres humanos.

A complexidade também ajuda a tornar menos desconcertante o problema a seguir. Como os seres humanos conseguem realizar a façanha de transformar algo bastante grande (as diferenças médias nos níveis de testosterona em circulação em cada sexo) em algo em geral bastante pequeno (diferenças sexuais médias no comportamento)? Nenhuma diferença de sexo no comportamento básico chega perto da divergência entre os sexos na testosterona circulante, para a qual a sobreposição entre os níveis masculino e feminino é apenas cerca de 10% a 15%.[31] Potencialmente, esse enigma é resolvido pelo importante princípio que encontramos no capítulo 4: os efeitos do sexo no cérebro nem sempre servem para criar comportamentos diferentes. Às vezes, em vez disso, um efeito sexual neutraliza ou compensa outro, viabilizando a *similaridade* de comportamento, apesar da dessemelhança biológica.[32] Combine esse princípio com a considerável margem de manobra na jornada entre a T na corrente sanguínea e sua ação no cérebro, e fica claro que existem maneiras potenciais para que a "testosteroneidade" relativa dos machos seja reduzida. Um pesquisador, por exemplo, sugere que a exposição masculina ao repentino aumento da testosterona *in utero* de alguma forma *dessensibiliza* o cérebro para os efeitos da testosterona em etapas posteriores da vida.[33] Esse seria um modo inteligente, talvez possibilitado por diferenças sexuais na sensibilidade neural,[34] de permitir que os homens tolerem os níveis elevados de testosterona de que seus corpos precisam para desenvolver e manter características sexuais secundárias masculinas, sem um efeito excessivamente grande no comportamento.[35]

Isso nos leva a outro ponto importante. A T é muitas vezes considerada um hormônio."masculino", e é provável que o pressuposto seja que apenas os homens a tenham em quantidade suficiente para que tenha relevância psicológica. Quando, afinal, foi a última vez que você ouviu alguém dizer, em tom desesperado, "é a testosterona" para descrever ou justificar o comportamento de uma *mulher*? A menos que a transgressão dela tenha sido deixar crescer a barba, é provável que nunca. Essa percepção popular de que T = *homem* é refletida na (e reforçada pela) atenção muito maior que as pesquisas dão aos homens em detrimento das mulheres.[36] Porém, como Van Anders pergunta com ironia: "O que a ocorrência natural da testosterona faz nas *mulheres* então?"[37] De acordo com o que Van Anders ressalta, o que pensamos como T alta ou baixa T não precisa ter como referência níveis absolutos. É igualmente útil e válido referir-se a um nível de T que seja alto "para homens" ou "para mulheres", ou que seja alto em relação ao que se via nesse indivíduo um minuto, uma hora, um mês ou três anos atrás. Avaliemos, por exemplo, a descoberta recente de que um em cada seis atletas de elite do sexo masculino tem níveis de testosterona abaixo do intervalo de referência normal. Dado que as amostras foram extraídas desses homens algumas horas depois de terem participado de importantes competições atléticas nacionais ou internacionais, nem de longe poderíamos querer prever que atletas com níveis modestos de T (em alguns casos abaixo da média para atletas mulheres de elite) tenham baixas inclinações competitivas.[38]

Outra divergência que leva a um afastamento do enfoque do t-Rex vem de um princípio bem estabelecido na endocrinologia comportamental: os hormônios não *causam* comportamento, apenas tornam mais provável uma determinada resposta. Conforme a explicação de Adkins-Regan,

> os hormônios são um de vários fatores que entram na decisão do sistema nervoso. Podem alterar os limiares e abarcar outros fatores que participam na decisão (por exemplo, limiares para responder a estímulos de outro animal), mas normalmente não são o único agente desencadeador.[39]

Ou seja, em vez de um rei que proclama suas ordens, a t é apenas outra voz em um processo de tomada de decisões em grupo. Isso, pensando bem, é muito sensato. Mesmo para animais cujas situações sociais podem parecer trivialmente simples em comparação com as tramas novelescas da existência humana, ainda existem sutilezas de contexto a serem consideradas. O animal cuja estratégia de encarar o mundo fosse calcada apenas em respostas a hormônios logo se veria encrencado. A forma como um animal *de fato* reage a um estímulo específico, como um potencial parceiro de cópula ou um intruso, não é determinada por seu estado hormonal, mas depende do contexto social: qual é o status relativo de todos os envolvidos, quem mais está por perto, onde ocorre o encontro?[40]

Na verdade, já vimos um claro exemplo disso no estudo da castração de ciclídeos: o status social dominante do peixe territorialista castrado sobrepujou os níveis mais altos de t de seu concorrente. Outra demonstração do mesmo princípio vem de um estudo sobre macacos talapoins. Aqui, a comunidade cativa estudada incluía machos intactos e castrados, e estes últimos recebiam doses periódicas e gigantescas de testosterona, cujo intuito era verificar os efeitos sobre a dominação social (medida pela agressão em relação aos outros do grupo). Embora essa dosagem de T tenha de fato aumentado o comportamento agressivo dos machos castrados, isso era invariavelmente direcionado para os machos de posição social inferior. Em outras palavras, o status social relativo dos macacos era um filtro primário e poderoso para aferir se a T tinha algum efeito no comportamento agressivo. Como resultado, apesar do tratamento que aumentou os níveis de T acima do normal, "nenhum animal subiu de posição após a terapia hormonal".[41] Na verdade, não houve relação óbvia entre T e posição social, com fêmeas em geral e machos castrados quase sempre acima dos machos intactos. A T não cria inevitavelmente um Rex.

Um contraste ainda mais impressionante com a concepção do T-Rex vem da evidência de que a T não só não é suficiente para desencadear um comportamento vinculado a hormônios, mas, em algumas espécies, pode nem ser necessária. Vejamos o caso do comportamento sexual. Em muitas espécies, a coordenação hormonal entre fertilidade e acasalamento é tão forte que o sexo nem sequer é possível sem uma produção hormonal adequada nos testículos e nos ovários.[42] Muitos roedores machos, por exemplo, não são capazes de produzir uma ereção adequada sem gônadas produtoras de testosterona intactas, ao passo que nas fêmeas os hormônios ovarianos controlam várias alterações corporais que tornam o sexo fisicamente possível (como a sedutora postura de "lordose", com as costas um pouco arqueadas, que torna a vagina da fêmea do rato, inacessível em outra situação, disponível para penetração). Mas, na maioria dos primatas, não existem condições hormonais desse tipo. Por sua vez, os hormônios estão ligados à motivação sexual, e não à capacidade de copular. De acordo com Kim Wallen, neuroendocrinologista comportamental da Universidade Emory:

Essa separação entre habilidade de acasalar e motivação sexual permite que a experiência e o contexto sociais influenciem poderosamente a expressão do comportamento sexual em primatas não humanos, tanto no desenvolvimento como na idade adulta.[43]

Em uma elegante demonstração disso, Wallen examinou como um tratamento de supressão de testosterona afetou o comportamento sexual de macacos rhesus machos alojados com fêmeas. Em consonância com o vínculo entre T e competição, o tratamento teve um efeito mais severo sobre o comportamento sexual de macacos agrupados com vários outros machos e que, portanto, tinham provavelmente de competir por oportunidades de acasalamento, em comparação com macacos machos que gozavam de status solitário e exclusivo. (Dado curioso e um lembrete útil de que não são apenas os machos que competem, algo similar é visto em macacos rhesus fêmeas, mais propensas a copular fora da fase fértil de seu ciclo se não houver competição feminina por perto.)[44] Mas mesmo na situação de competição com múltiplos machos, a supressão da T nem sempre diminuiu o comportamento sexual. Tanto a experiência sexual anterior como a posição social mais alta serviram como proteção contra o efeito da supressão da testosterona. Assim, embora a atividade sexual tenha cessado no intervalo de uma semana nos machos de posição social mais baixa, o comportamento sexual de um macho de posição elevada e sexualmente experiente "não foi afetado de forma perceptível pela supressão testicular".[45] Isso a despeito de sua testosterona estar em níveis de castração durante oito semanas. O status e a experiência passada sobrepujaram a escassez hormonal.

Como uma derradeira indignidade para a concepção do T-Rex, não apenas a T não é uma causa suficiente ou necessária de um comportamento relacionado a hormônios, como às vezes ela nem sequer é de fato uma causa. Lembre-se do propósito dos hormônios: "ajustar o comportamento a circunstâncias e contextos".⁴⁶ Para esse fim, a T acaba desempenhando "um papel chave" no que diz respeito a ajudar os animais a ajustar seu comportamento social a qualquer cenário social em que se encontrem.⁴⁷ Embora estejamos acostumados a pensar em certos tipos de comportamento como "instigados pela testosterona", em muitos casos faria mais sentido pensar, em vez disso, em ações e situações como "instigadoras de testosterona". O contexto social modula os níveis de T (para cima ou para baixo), o que influencia o comportamento (presumivelmente por meio de mudanças na percepção, motivação e cognição), que influencia o resultado social, que influencia os níveis de T... e assim por diante.⁴⁸

Mais uma vez, os ciclídeos proporcionam uma proveitosa ilustração. À primeira vista, como o leitor se lembra, parecia óbvio que os peixes dominantes eram dominantes *porque* tinham altos níveis de andrógenos. Mas um experimento minucioso revelou que, na verdade, os peixes dominantes tinham níveis altos de andrógenos porque as estrelas do destino se alinharam para torná-los dominantes. Quando os peixes ciclídeos machos são colocados juntos pela primeira vez, seus níveis de andrógenos nada dizem sobre quem vai acabar ocupando uma posição elevada ou baixa em termos de status social. Embora da perspectiva do T-Rex devêssemos supor que os peixes com mais andrógenos seriam "naturalmente" mais bem-sucedidos na ascensão da escala social, não é o caso: as relações entre hormônio e dominância funcionam de outro modo.⁴⁹ Tão logo os peixes têm tempo para interagir e iniciar a competição, as correlações emergem, e peixes bem-sucedidos produzem mais andrógenos. Rui Oliveira, neuroendocrinologista comportamental da Universidade de Lisboa e principal autor do estudo, explica:

> A informação social é traduzida em mudanças nos níveis de hormônios esteroides que, por sua vez, modulam a rede neural do

comportamento, de modo que o resultado comportamental é ajustado de acordo com o ambiente social percebido.[50]

A bem da verdade, os efeitos do mundo social já foram vistos inclusive no nível genético, no qual as interações sociais alteram a expressão dos receptores de androgênio e estrogênio no cérebro.[51] A testosterona, em outras palavras, é rebaixada de Rex a mero atravessador que medeia a influência do mundo social no cérebro. Mude o mundo, e você pode mudar a T – e o cérebro.

E, o que é importante, mesmo em animais não humanos é a percepção subjetiva, e não a realidade física, que conta. Voltemos aos ciclídeos, mais especificamente a um macho infeliz proveniente do estudo de Oliveira. Nessa pesquisa, todos os machos socialmente dominantes, exceto um, tiveram êxito no estabelecimento de territórios e começaram a gerar andrógenos a toque de caixa e com maior abundância. Mas esse único peixe, apesar de vencer cerca 70% das brigas, não foi capaz de estabelecer um território. De maneira intrigante, a produção de andrógenos desse peixe vencedor foi um ponto fora da curva, um valor atípico no gráfico, tão baixo quanto o do grupo de peixes derrotados. Como Oliveira observa, "isso sugere que é a percepção do indivíduo acerca de seu status, e não uma medida objetiva de seu comportamento de dominância, que aciona a produção [de andrógenos]".[52]

Ou consideremos um estudo de saguis machos, uma espécie monogâmica de primatas em que os pais se envolvem ativamente na criação da prole. Os pesquisadores mediram a resposta da T aos odores ovulatórios de fêmeas desconhecidas e descobriram que ela depende do status familiar do macho. Os machos solteiros apresentaram elevações de testosterona (assim como aumento do tamanho do pênis) em resposta ao cheiro sexualmente tentador. Mas para os machos "familiares" (os acasalados e com prole), esse mesmo estímulo pareceu surtir pouco efeito – talvez porque representasse uma distração e não uma oportunidade –, e seus níveis de T permaneceram impassíveis.[53]

Em suma, o retrato pintado até aqui está a léguas de distância da pura e simples perspectiva do T-Rex, em que a testosterona impulsiona a competição masculina em proporção direta à quantidade estável do hormônio que se agita na corrente sanguínea. Já vimos que a concorrência é uma característica importante da vida das mulheres também. E se o nível de T no sangue é apenas uma variável em um sistema complexo – em que os sexos têm potencial para usar diferentes meios para alcançar fins semelhantes –, não podemos supor que a T seja importante apenas nos homens. Ela também é um dos muitos fatores que afetam a tomada de decisões de um animal. O contexto e a experiência social podem suplantar sua influência no comportamento, ou substituí-la e assumir seu lugar na sua ausência. E, por fim, longe de ser uma medida biológica pura do sexo hormonal, a T *responde* a contextos e situações, o que significa que, seja qual for a influência da T no cérebro e no comportamento, ela não pode ser atribuída apenas à "testosterona", um fator puramente biológico. O nível – ou reatividade da T – está entrelaçado de forma inextricavel com a história do indivíduo e sua experiência subjetiva atual.

E quanto a nós?

Em confomidade com outros animais, a T também parece nos ajudar a adaptar o nosso comportamento a "circunstâncias e contextos". Assim, quando se trata de circunstâncias relativamente duradouras – aspectos básicos como relacionamentos de longo prazo e cuidados parentais –, os níveis de T parecem estar de acordo com o princípio segundo o qual T alta se atrela a concorrência, e T baixa se liga à criação dos filhos. Por exemplo, tanto mulheres como homens com interesse em conquistar novos parceiros sexuais tendem a apresentar uma maior quantidade de T no sangue do que os seus análogos que estão casados e satisfeitos (ou os que são solteiros e satisfeitos); e os pais de filhos pequenos têm menor quantidade de T do que os não pais.[54] E, embora seja difícil desemaranhar causa e efeito nesse tipo de domínio – é desnecessário dizer que os cientistas não são capazes de atribuir aleatoriamente às pessoas a característica "dez anos de casamento" ou "tenho um bebê" –, isso não parece se dever apenas ao fato de pessoas com níveis maiores ou menores de T serem atraídas por diferentes estilos de vida. Por exemplo, as constatações de um estudo com veteranos da Força Aérea, que eram levados com regularidade ao laboratório para passar por testes de níveis hormonais e informar seu estado civil, "ilustram a natureza dinâmica dos níveis de testosterona, elevados nos anos próximos ao divórcio e declinantes ao longo dos anos imediatamente anteriores e posteriores ao casamento".[55] Os autores especulam que isso ocorre porque

> a cerimônia de casamento é o ponto culminante de um período mais gradual de namoro e noivado, no qual um homem aceita o apoio e o consórcio de sua parceira, retirando-se da competição com outros homens por parceiras sexuais.
> Um dos resultados é que [...] sua testosterona diminui. Em contrapartida, o divórcio iminente é um período de competição entre cônjuges pelos bens materiais e por autoestima. Além disso, é um momento em que o marido divorciado pode retornar à arena competitiva em busca de parceiras sexuais.[56]

E um elo de causalidade entre cuidados com a prole e mudança no nível de T foi visto claramente em um estudo longitudinal de grande escala com pais, conduzido nas Filipinas por Lee Gettler, antropólogo biológico da Universidade de Notre Dame. O estudo constatou que a paternidade reduziu os níveis de testosterona nos homens, e mais ainda nos pais que passavam mais tempo cuidando presencialmente de seus filhos pequenos.[57] Isso não ocorria apenas porque os homens com níveis mais baixos de testosterona eram mais propensos a ser pais mais afetivos e cuidadosos; antes, os cuidados íntimos por si sós reduziam a testosterona.

Também vale mencionar, porém, que *não* somos como outros animais: nossas construções sociais de gênero trazem para a mistura uma dimensão exclusivamente humana. Como já vimos, normas de gênero e padrões de comportamento sexual e parentalidade assumem formas bastante diferentes ao longo do tempo e do espaço. Essas circunstâncias culturais sem dúvida estão intrincadas com a biologia hormonal feminina e masculina. Ilustrando com exatidão essa situação, um estudo comparou dois grupos culturais vizinhos na Tanzânia – os caçadores-coletores hadza e os pastores datoga –, cada qual com expectativas muito diferentes com relação aos pais. A investigação encontrou níveis mais baixos de testosterona entre os pais da população hadza, na qual os cuidados paternos eram a norma cultural, em comparação com aqueles do grupo datoga, entre os quais predominava a tradição de cuidados paternos mínimos.[58]

A propósito, níveis mais baixos de T não condenam maridos e pais devotados a uma vida submissa ou sexualmente insípida e desprovida de faíscas. Ao contrário da crença popular, nos humanos há poucas evidências convincentes de uma ligação significativa entre o nível de T no sangue e o status social, e a maior parte dos estudos não conseguiu encontrar relações entre T e desejo sexual em homens saudáveis com níveis de T no intervalo normal.[59] Talvez seja assim porque a competição e o status são mais intermitentes e dependentes da situação para nós do que para alguns outros animais. (E, como mostra Van Anders, o desejo sexual também pode se originar de sentimentos de amor e intimidade.)[60] Por exemplo, os humanos não tiram todos ao mesmo tempo duas semanas de férias anuais, nem lutam ferozmente pelas melhores casas onde criar os filhos e depois, em frenesi, copulam. Pareceria fazer mais sentido, então, que a T obsequiosamente aumentasse ou diminuísse de forma temporária, conforme o contexto exija ou quando surge a oportunidade.

Aqui, mais uma vez, porém, as construções sociais de gênero moldarão tanto as situações com as quais as pessoas se defrontam como seu significado subjetivo. Estamos acostumados a pensar na testosterona como uma *causa* de gênero, mas e se a direção desse conhecido caminho também precisar ser invertida? Recentemente, algumas pesquisas engenhosas de Van Anders e seus colegas começaram a apresentar evidências.

Veja-se o estudo em que esses pesquisadores adquiriram um daqueles bebezinhos de mentira, bonecos programáveis que choram, dormem, soluçam e engasgam, e que as escolas de ensino médio usam para ilustrar o fato fundamental de que recorrer a métodos contraceptivos, por mais inconvenientes que na ocasião possam parecer, é bem menos penoso do que fazer o trabalho de pai/mãe.[61] Um grupo de homens recebeu aleatoriamente a incumbência de cumprir um papel que descreveremos de forma imaginativa como "homem tradicional que deixa que a mulher se encarregue dos cuidados com o bebê". Eles foram instruídos a apenas sentar e ouvir o bebê chorar. Outro grupo de homens, mais uma vez de forma aleatória, compôs a condição experimental a que nos referiremos como "homem tradicional que deixa que a mulher se encarregue dos cuidados com o bebê e, portanto, é deploravelmente inexperiente no que concerne a essa exigente habilidade adquirida, mas, vez por outra, se vê sozinho com o recém-nascido". Esses homens foram instruídos a interagir com o bebê, que estava programado para chorar de forma persistente, a despeito dos esforços dos homens. Chamaremos o último grupo de "pais progressistas": o bebê falso foi programado para chorar, mas também para ser consolável quando tentativa e erro levassem ao tipo certo de alívio e reconforto.

Nesse último grupo, os níveis de testosterona caíam quando as tentativas afetuosas dos homens de acalmar o bebê surtiam o efeito desejado. Mas nos outros dois grupos, diante do desafio de um bebezinho muito infeliz, em particular quando os homens apenas permaneciam sentados e ouviam o choro, a testosterona aumentava. Em outras palavras, o mesmo estímulo – um bebê chorando – ostensivamente afeta a T de forma diferente, dependendo da capacidade da pessoa para lidar com a situação.[62] Agora levemos em consideração o fato de que, fora do laboratório, a confiança e a experiência que uma pessoa traz consigo para enfrentar o desafio de um bebê chorando provavelmente serão moldadas por expectativas e experiências (acerca de como cuidar de crianças) marcadas por gênero. Lança-se uma nova luz sobre as alegações de que homens não têm "os hormônios certos" para cuidar de bebês.

Um segundo estudo do mesmo laboratório transferiu o contexto simulado de uma casa para o trabalho. Desta vez, Van Anders e seus colegas treinaram atores e atrizes para representar um monólogo em um ambiente de trabalho em que, em uma encenação de poder, demitiam um funcionário, medindo-se os níveis de T antes e depois da cena.[63] De forma geral, ostentar poder não afetou de maneira significativa os níveis de testosterona dos homens. No entanto, isso aumentou consideravelmente o nível de T nas mulheres. A interessante implicação que os pesquisadores extraíram desses resultados é que as construções sociais de gênero, que tornam as demonstrações de poder mais prováveis e aceitáveis para os homens, contribuem para a disparidade nos níveis de T circulante em homens e mulheres. "O comportamento de gênero característico modula a testosterona", concluem os pesquisadores, apontando "uma razão adicional para as diferenças no nível hormonal: o papel, ainda pouco estudado, da criação".[64] (É isso mesmo, homens. Deixem as mulheres assumirem seus empregos de alto escalão e, quando menos esperarem, em um piscar de olhos, elas vão tomar também seus hormônios.)

Nesse estudo, o contexto social era inequívoco: um incontestável monólogo de poder. Mas quase sempre as situações são mais subjetivas, e levar isso em consideração pode ser útil para dar sentido à mixórdia de resultados dos estudos de relações entre testosterona e comportamento competitivo no campo esportivo e no laboratório. Nesses contextos, via de regra os participantes não têm certeza do quanto é acirrada a concorrência que são obrigados a enfrentar, ou qual será o resultado no fim das contas. A princípio, após algumas poucas descobertas nulas com mulheres, prematuramente se supôs que apenas homens apresentam reatividade de testosterona em situações competitivas.[65] Contudo, à medida que mais dados foram se acumulando, o que veio à tona foi, como sintetizou uma recente revisão crítica,

> um padrão inconsistente em ambos os sexos, com níveis de T aumentando em vencedores e diminuindo em perdedores [...] aumentando tanto em vencedores como em perdedores, ou não mostrando mudanças significativas em resposta ao evento competitivo.[66]

Uma conclusão cética seria a de que a testosterona não está fazendo grande coisa aqui.[67] Mas talvez – sugerem os autores da análise – essas inconsistências sejam criadas pelas diferentes lentes pelas quais as pessoas percebem uma situação competitiva. No dizer dos endocrinologistas Gonçalo e Rui Oliveira:

> Exatamente o mesmo evento pode trazer à tona respostas distintas, dependendo da forma como é avaliado por indivíduos diferentes ou pelo mesmo indivíduo em variados momentos no decorrer do tempo (por exemplo, em diferentes contextos sociais).[68]

Dentre os fatores que, segundo a sugestão dos pesquisadores, podem influenciar como e quando a T responde a situações competitivas, estão incluídas a avaliação que a pessoa faz das habilidades de seu oponente, as razões que ela elabora para explicar por que ganhou ou perdeu, sua familiaridade com o "onde" e "quem" da situação competitiva e suas motivações subjacentes.[69] É aqui que ele pode entrar em cena. Podemos, por exemplo, esperar que ele influencie a reatividade da T por meio dos estereótipos que ajudam a criar expectativas ou a moldar explicações para o sucesso ou fracasso, das desigualdades existentes que criam padrões distintos para o desempenho, e de experiências e redes sociais desiguais. Afinal, como vimos no capítulo anterior, um domínio diferente (masculino *versus* mais neutro ou feminino), um contexto cultural diferente (por exemplo, patriarcal *versus* matrilinear), ou mesmo um enquadramento diferente do mesmo contexto competitivo (comentarista esportivo *versus* assistente administrativo) podem eliminar as diferenças sexuais na disposição para competir.

Na verdade, a pesquisa com homens já mostrou os efeitos das construções culturais e sociais de gênero na biologia hormonal. Tomemos como exemplo os efeitos duradouros do bem-sucedido Fast Track, programa desenvolvido nos Estados Unidos para identificar crianças de risco e intervir na prevenção da delinquência.* Tendo como público-alvo meninos com alto risco de demonstrar comportamento antissocial posterior, o programa foi

---

* Esse programa de intervenção preventiva é baseado na teoria de sistemas familiares, com o intuito de auxiliar no desenvolvimento infantil e melhorar o ajuste familiar e as habilidades interpessoais de crianças, pais e professores. A intenção ao incluir os pais é melhorar a comunicação e a relação familiar, desenvolvendo estratégias de apoio positivo, limite consistente e não punitivo e práticas de monitoramento. [N.T.]

"criado com o intuito de desenvolver competências sociais e habilidades de autorregulação que possibilitem às crianças responder com mais calma e de forma menos agressiva à provocação".[70] Alguns participantes foram submetidos a intervenção intensiva de uma década de duração; um grupo controlado não passou por isso. Tempos depois, quando os participantes tinham vinte e poucos anos, o neuroendocrinologista social da Universidade de Nipissing Justin Carré e colegas convidaram cerca de setenta homens do estudo para ir ao laboratório e testar a agressividade de sua reação a uma provocação (supostamente, outro participante vingativo estava roubando pontos deles em um jogo). Os membros do grupo da intervenção demonstraram menor propensão a retaliar contra o que supunham ser um comportamento hostil por parte de um parceiro, o que mostra os efeitos duradouros da intervenção. Todavia, o mais interessante para nossos propósitos é que eles também mostraram menos reatividade de testosterona à provocação, e isso parecia, em parte, estar subjacente à sua maior inclinação para oferecer a outra face em um contexto competitivo. Carré e colegas concluem:

> Juntos, esses resultados sugerem que a intervenção Fast Track cria mudanças persistentes nos processos psicológicos que fundamentam a forma como os indivíduos codificam, interpretam e processam ameaças e provocações sociais. Esses processos mentais, por sua vez, influenciam o padrão de respostas de testosterona à provocação, que por seu turno influencia o comportamento agressivo.[71]

Um experimento clássico conduzido pelo psicólogo Dov Cohen e seus colegas da Universidade de Illinois[72] chega a uma conclusão semelhante. Desta vez, foram comparados estudantes brancos não hispânicos do sexo masculino provenientes das regiões norte e sul dos Estados Unidos. Em uma série de eventos experimentais, grupos de homens passaram por uma falsa afronta a seu status social, quando, caminhando, um ator trombava no ombro deles. Depois da topada, o ator agravava ainda mais a situação murmurando uma palavra ofensiva. Para os estudantes do norte, o evento teve pouca importância. Mas os estudantes do sul, criados em meio a resquícios de uma cultura fortemente fundamentada na honra do homem e na importância do respeito que lhes é dado, tenderam a sair do encontro preocupados com o efeito em sua reputação. Foi também em um grupo de sulistas ofendidos que o comportamento agressivo e dominador aumentou depois do evento. E, de novo, apenas homens sulistas desrespeitados mostraram aumento de testosterona em reação a esse pequeno ultraje a seu status. A seção de discussão do estudo assegura que as manipulações experimentais não "produziram nenhum comportamento verdadeiramente violento".[73] Mas suponhamos que o infeliz ator *tivesse* sido esmurrado por um sulista ofendido. Faria sentido culpar a testosterona? Ou dizer que *uma vez meninos, sempre meninos*?

Em *Testosterone*, Herbert conclui que "o cérebro humano teve que inventar múltiplas formas de regular, canalizar e otimizar os poderosos efeitos da testosterona no comportamento masculino por meio de leis, religiões e costumes".[74] Mas não existe um nível "real", "original" ou "pretendido" de testosterona ou reatividade com o qual a civilização interfere. Wade comenta:

> Os hormônios, portanto, não fazem parte de um programa biológico que nos leve a expressar, demonstrar ou executar os desejos de nossos antepassados. Eles são uma parte dinâmica da nossa biologia, projetada para dar-nos a capacidade de responder ao ambiente físico, social e cultural.[75]

Os estudos apresentados neste capítulo ilustram com nitidez a observação de Agustín Fuentes (ecoando muitos cientistas feministas)[76] de que "quando pensamos em humanos é um erro imaginar que nossa biologia existe sem nossa experiência cultural e que nossas individualidades culturais não estão constantemente emaranhadas com a nossa biologia".[77] A cultura parece levar vantagem.

Ao longo dos últimos oito anos, participei de muitas discussões sobre como ampliar a igualdade sexual no ambiente de trabalho. Aqui, gostaria de declarar com todas as letras, para que fique registrado, que a castração nunca foi mencionada como uma possível solução (nem mesmo nas reuniões feministas ultrassecretas nas quais tramamos o nosso golpe de Estado global). Nas empresas que procuram aumentar a representação das mulheres nos cargos mais prestigiosos e nos níveis mais altos da hierarquia, o RH eliminaria imediatamente a castração com base em razões éticas e legais óbvias. No entanto, a castração também poderia ser descartada por motivos científicos. Não há nada na literatura científica que sugira que a castração – mesmo em conjunção com adesivos de testosterona para mulheres – proporcionaria um poderoso atalho biológico para a igualdade. Não funciona para peixes ou macacos, então por que funcionaria para nós? Os próprios fatores – status, experiência, significado – que se enredam com a testosterona, moderando-a, substituindo-a e sobrepujando-a, são especialidades humanas *par excellence* – e nenhum rei emerge dessas complexas inter-relações.

O que de fato *funcionaria*, sugere a pesquisa, são intervenções prolongadas e de grande envergadura no status, na experiência e no que uma situação específica *significa* para os indivíduos envolvidos. Isso, vale ressaltar, representa um desafio muito mais difícil do que aplicar reforçadores ou bloqueadores de hormônios.[78] A "larga tapeçaria"[79] de gênero é de urdidura firme e repleta de redundância: mesmo que se afrouxe um fio, ainda assim as demais fibras entretecidas manterão tudo coeso e no lugar. Um peixe ciclídeo tem tamanho e coloração chamativos para marcar o status. Temos estereótipos que atingem encontros, roupas, linguagens, salários, títulos, prêmios, meios de comunicação, legislação, normas, estigmas, piadas, arte, religião... a lista de fenômenos que compõem nossas ricas culturas marcadas por gênero vai longe.

É uma imensa construção social para se reconstruir. O grande erro é confundir a persistência do *status quo* com os ditames da testosterona.

CAPÍTULO 7

O mito das Irmãs Lehman

Há uma razão muito simples para que investidores do mercado financeiro e operadores do pregão da Bolsa sejam em sua maioria homens (mais ou menos) jovens. A natureza da compra e venda de ações incorpora todas as características para as quais homens jovens são adaptados biologicamente [...]. A configuração toda parece ter sido projetada para eles. Todas as ações da testosterona são ecoadas pelas qualidades de um investidor bem-sucedido. Parece extraordinário que o mundo artificial da negociação do mercado financeiro deva se ajustar às características inatas dos jovens do sexo masculino.

JOE HERBERT, *TESTOSTERONE*[1]

Se o banco de investimentos Lehman Brothers [Irmãos Lehman] se chamasse Lehman Sisters [Irmãs Lehman] e fosse dirigido por mulheres em vez de homens, a crise de crédito de 2008 teria acontecido?[2] Essa pergunta, feita por um editor de economia e negócios do jornal *The Guardian*, desencadeou um "frenético engajamento da imprensa mundial com a questão de gênero nas finanças internacionais".[3] Alguns comentaristas, fiando-se em pesquisas que vinculam níveis de testosterona a atração pelo risco, saíram em defesa da necessidade urgente de uma maior "diversidade de hormônios":[4] mais mulheres (e homens mais velhos) proporcionariam menos testosterona. Manchetes e depoimentos de entrevistados invocaram sem parar o T-Rex, demandando a presença de mais "mestras do universo",[5] que trariam para o mundo dos negócios – "dominado pela testosterona"[6] – um necessário conservadorismo financeiro.

A esta altura, o argumento soará tediosamente conhecido. Os homens, graças às pressões evolutivas de outrora, correm riscos a fim de adquirir os recursos e o status que levaram ao sucesso reprodutivo em nosso passado ancestral. Mas se avançarmos no tempo e colocarmos esses "cérebros masculinos" da Idade da Pedra no contexto das finanças globais do século XXI, a "ressaca evolutiva" causa o caos, como Nicholas Kristof sintetizou a questão no *New York Times*.[7] Insira as hipotecas de alto risco e derivativos de crédito e, com o benefício da análise retrospectiva, torna-se claro quanto era perigoso ter toda essa testosterona no comando, sem uma única mulher à vista (pelo menos uma mulher que estivesse totalmente vestida, claro).

Pode parecer um maravilhoso tributo às mulheres sugerir que o sistema financeiro mundial talvez não tivese caído de joelhos se ao menos houvesse mais representantes do sexo feminino por perto. Sem dúvida devemos parar para apreciar o contraste com um artigo publicado no *New York Times* cerca de um século antes, que relatava um movimento entre corretoras de valores para proibir as mulheres de frequentar seus escritórios.[8] De acordo com a explicação fornecida por uma carta, aparentemente típica, enviada por uma agência de corretagem da Broadway a seus clientes do sexo feminino, a razão era que os clientes mais valiosos "consideram indigno para as mulheres frequentar os escritórios". Na verdade, uma mulher é "um incômodo em qualquer lugar fora de sua própria casa", apontou um corretor. As mulheres, dizia a carta, eram não só desprovidas do "instinto comercial" – os homens supostamente irrompiam útero afora já trajando um terno risca de giz e com um entendimento inato de finanças –, como também eram incapazes de adquirir esse instinto. Muito tempo passou e muita água rolou entre esse episódio e a capa da revista *Time* de maio de 2010, protagonizada pelas reguladoras financeiras – Elizabeth Warren, Sheila Bair e Mary Schapiro – "encarregadas de limpar a bagunça"[9] feita por *você sabe quem*.

Há, no entanto, um empecilho em pertencer ao sexo biologicamente adequado para fazer o papel de imobilizador dos picas das galáxias* das finanças. Um temperamento avesso a riscos pode ser bom para a economia mundial, mas ruim para as finanças pessoais de um indivíduo. Ninguém precisa ser um analista de distribuição de riqueza para estar ciente de que se liquidássemos os ativos de uma pessoa, transformando-os em uma montanha de notas de dólar e, em seguida, com satisfação maligna, mergulhássemos nela, essa seria uma experiência muito mais confortável para os homens, em média, do que para as mulheres. As listas anuais dos mais ricos confirmam de maneira infalível que são quase sempre exclusivamente os homens que correm o maior risco de morrerem afogados durante esse tipo de exercício. No decorrer da história, essa desigualdade foi bastante fácil de explicar. Além de aconselhar uma cliente do sexo feminino a casar bem, até mesmo o mais talentoso consultor financeiro teria imensa dificuldade para ajudar a tornar rica uma pessoa excluída do acesso ao ensino superior, proibida por lei de possuir bens e valores mobiliários e limitada apenas às ocupações de salários mais baixos. No entanto, essas barreiras externas foram desconstruídas

---

* Em inglês, "*big swinging dick*". Segundo Cordelia Fine, a expressão machista e altamente vulgar usada para se referir a especuladores que atuavam em Wall Street na década de 1980 foi cunhada por Michael Lewis, que narra em livro sua experiência em um poderoso banco de investimentos (*Liar's Poker: Rising through the Wreckage on Wall Street*. Nova York: Norton, 1989). Optamos por traduzir como "pica das galáxias", levando também em consideração certa mania masculina de fazer comparações entre seus órgãos sexuais. [N.T.]

há algum tempo, e muitos pesquisadores começaram a examinar fatores internos – como a testosterona pré-natal e circulante – para explicar aquilo que, em um artigo bastante citado, foi descrito como "diferenças fundamentais" nas preferências de risco.[10]

Mas, neste ponto do livro, pode ser que o leitor esteja justificavelmente cético acerca da possibilidade de a T criar uma divergência "fundamental" nos estilos de homens e mulheres no que diz respeito à tomada de decisões financeiras. Como já vimos, uma fragilidade considerável da concepção do T-Rex das diferenças de sexo é a extensão habitual da sobreposição nas formas como homens e mulheres, em média, se comportam. De todas as qualidades que possuímos, foi realmente nas relativas às finanças que a seleção sexual atuou com mais vigor, lá nos tempos do Pleistoceno?

Em uma proveitosa análise forense da literatura científica, a economista Julie Nelson examinou dezoito estudos representativos da literatura econômica sobre as diferenças sexuais na atração por riscos financeiros.[11] Alguns desses estudos lançaram mão dos jogos de loteria tão apreciados pelos economistas e nos quais algumas pessoas fazem uma série de escolhas, por exemplo, entre um prêmio líquido e certo de cinco dólares ou 50% de chance de ganhar dez dólares. A outras dez pessoas, pediu-se para relatar suas preferências quanto aos riscos financeiros na vida real, ou analisar a forma como distribuíam seus ativos financeiros entre opções mais e menos arriscadas (como ações e títulos de renda fixa). Como o leitor talvez já tenha antecipado, a proporção dos efeitos para essas diferenças foi, com algumas exceções, em geral bastante modesta, com vários resultados nulos (isto é, sem diferenças de sexo) e até mesmo duas constatações de maior risco financeiro *feminino*.[12]

Como é que saltamos dessa sobreposição entre os sexos para alegações de uma diferença fundamental? A título de explicação parcial, os pesquisadores quase sempre resumem os resultados de estudos anteriores de forma erroneamente consistente com estereótipos, observa Nelson. Os pesquisadores também tendem a enfatizar, entre suas próprias descobertas, as que são consistentes com o estereótipo de homens arrojados que assumem riscos, ao mesmo tempo que minimizam (às vezes chegando a ponto de quase ignorar) os resultados que não o são. Isso despertou a suspeita de Nelson de que os pesquisadores "tendem a 'encontrar' resultados que confirmam convicções anteriores socialmente aceitas"[13] – um caso clássico de "viés de confirmação". Se esses resultados são os que têm a maior probabilidade de serem publicados, a literatura científica torna-se mais propensa à conclusão esperada.

Existe uma forma gráfica de apresentar dados, chamada de gráfico de funil, utilizada para identificar a presença de viés de publicação em revisões sistemáticas de textos científicos, e que indica se a literatura científica é ou não tendenciosa[14] (se estatísticas não o empolgam, sinta-se livre para ir direto para a conclusão, provavelmente nada surpreendente, na última frase deste parágrafo). O pesquisador marca os pontos de dados de todos os estudos de acordo com o tamanho dos efeitos, registrados ao longo do eixo horizontal, e o tamanho da amostra (aproximadamente),[15] ao longo do eixo vertical. Por que fazer isso? Os resultados de estudos muito grandes, sendo mais "precisos", tendem a agrupar-se perto do tamanho "verdadeiro" do efeito. Estudos menores, ao contrário, por estar sujeitos a erros mais aleatórios, devido a suas amostras pequenas e idiossincráticas, serão distribuídos por uma gama mais ampla de tamanhos de efeitos. Alguns estudos menores superestimarão demais uma diferença; outros vão subestimá-la (ou mesmo "virá-la" na direção errada). A parte seguinte é simples, mas brilhante. Se *não* houver viés de publicação a favor de relatos de maior risco para os homens, tais superstimações e subestimações da diferença de sexo deveriam ser simétricas em torno do valor "verdadeiro" indicado pelos estudos muito amplos. Isso, com uma boa dose de imaginação, fará com que a representação gráfica dos dados pareça um funil invertido. (Meu voto seria chamá-lo de diagrama de castiçal, mas não fui consultada.) Mas, se *existir* viés, então um quadrante do funil estará total ou parcialmente vazio, aquele onde deveriam estar as amostras menores que subestimaram a diferença, não encontraram diferença alguma ou resultaram em uma maior atração pelo risco *por parte de mulheres*. Em outras palavras, as superestimações da atração dos homens pelo risco são publicadas, mas vários tipos de "subestimações" não são. Quando Nelson marcou os dados que estava examinando, foi exatamente isto o que ela encontrou: "O viés de confirmação está bastante indicado".[16]

Esse viés faz com que seja enganoso tirar conclusões a partir de toda a literatura, que, no cômputo geral, infla o tamanho da diferença relativa ao sexo. Então, quais diferenças de tamanho Nelson viu quando examinou apenas os resultados mais precisos dos oito estudos de escopo maior?[17] Estes incluíram uma pesquisa de jornal de larga escala que propôs a dezenas de milhares de entrevistados um jogo de loteria, e duas análises de grande alcance de investimentos (milhares de carteiras de aposentadoria e mais de 35 mil contas de investimento em ações).[18] A melhor estimativa de Nelson, com base nesses oito estudos mais precisos, foi de um tamanho do efeito de cerca de 0,13. Isso se traduz em uma probabilidade de cerca de 54% de que um homem escolhido aleatoriamente seja mais propenso a assumir riscos financeiros do que uma mulher escolhida da mesma forma aleatória. Quando levamos em consideração as conclusões do capítulo 5 sobre os fatores quase sempre marcados por gênero que são tão importantes para explicar as diferenças nos comportamentos de risco das pessoas – como conhecimento, familiaridade, experiência anterior e normas de gênero que associam a atração pelo risco à masculinidade –, começa a parecer quase surpreendente que a diferença seja tão pequena. Levemos em conta também que a riqueza de uma pessoa, sua provável riqueza futura e sua segurança financeira afetem compreensivelmente os tipos de risco financeiro que ela está disposta a correr.[19] Embora os pesquisadores possam atentar – e de fato atentam – para a riqueza e os rendimentos atuais de homens e mulheres quando comparam sua propensão a assumir riscos, em uma sociedade na qual é maior a probabilidade de os homens ganharem uma promoção no trabalho e de as mulheres virem a cuidar de filhos pequenos e pais idosos às custas da própria carreira, é pouco provável que as trajetórias e expectativas financeiras de homens e mulheres, mesmo que inicialmente comparáveis, sejam idênticas.

As diferenças entre sexos no que concerne a correr riscos financeiros não são apenas pequenas, são também condicionais, tornando-se visíveis em alguns jogos, amostras e contextos, mas não em outros. Um estudo, por exemplo, não encontrou diferenças quando o típico jogo abstrato de loteria foi expresso no contexto das decisões de investimentos do mundo real.[20] De modo análogo, Ivo Vlaev e seus colegas da Escola de Administração Warwick não encontraram diferenças relacionadas ao sexo quando os jogos eram inseridos em contextos do mundo real. Em meio aos tradicionais jogos abstratos de loteria, apresentaram equivalência em termos de pensão, salário, hipoteca e contextos de prêmios de seguro. Por exemplo, pediu-se aos estudantes que participavam para escolher entre, digamos, uma oferta de emprego com pagamento garantido de trinta libras por dia, ou uma oferta de trabalho mais arriscada porém potencialmente mais lucrativa, com 50% de chance de ganhar cem libras e 50% de chance de sair de mãos vazias. No cômputo geral, não encontraram diferença alguma entre os sexos.[21]

Outro complicador para a alegação de que homens e mulheres são fundamentalmente diferentes em seu enfoque das finanças é que, tal qual ocorre em outros domínios da atração pelo risco (como vimos no capítulo 5), uma determinada amostra de mulheres e de homens não deveria ser vista como substituta de *todos* os homens e mulheres. Os cientistas evolucionários Joseph Henrich e Richard McElreath usaram um jogo de loteria para comparar a propensão a assumir riscos financeiros em três grupos bastante distantes dos estudantes ocidentais que em geral são os preferidos nesse tipo de experimento.[22] Eram comunidades de pequenos lavradores no Chile e na Tanzânia (os camponeses mapuches e os sangus, respectivamente), bem como uma comunidade chilena de não lavradores (os huincas). Embora o contexto cultural tenha feito diferença – na média, mapuches e sangus eram afeitos ao risco, ao passo que os huincas eram avessos a ele –, em nenhum desses três grupos distintos a condição de ser homem estava *per se* associada à propensão a assumir riscos. Da mesma forma, o sexo não explicou variação alguma na propensão ao risco financeiro em um estudo com mais de quatrocentos participantes chineses, em uma amostragem extraída da população geral.[23] Outro estudo transcultural que comparava uma sociedade matrilinear e outra patriarcal – os khasis na Índia e os massais na Tanzânia, respectivamente – não conseguiu encontrar diferenças relacionadas a sexo na atração pelo risco tanto em jogos de investimentos quanto em loterias tradicionais.[24]

Um fator potencialmente importante que poderia ajudar a explicar diferenças transculturais são as relações de gênero na sociedade de onde provêm os participantes. Assim, Binglin Gong e Chun-Lei Yang compararam a atração pelo risco em um jogo de loteria entre os mosuos, matrilineares (o chefe da família também é tradicionalmente uma mulher), e a sociedade Yi, patriarcal.[25] Embora em ambas as comunidades as mulheres apostem menos que os homens, a disparidade era muito menor entre os mosuos, matrilineares. De modo análogo, Juan-Camilo Cárdenas, economista da Universidade de Los Andes, e colegas constataram que a disparidade de gênero na propensão a assumir riscos financeiros era menor nas crianças suecas do que em crianças da Colômbia, país que figura em uma posição bem mais baixa que a Suécia em diversos índices macroeconômicos de igualdade de gênero.[26] Há, inclusive, algumas evidências de que os ambientes monossexuais podem encorajar uma maior atração pelo risco em meninas e mulheres jovens britânicas.[27]

Os problemas continuam quando passamos de jogos de loteria para outros tipos de riscos financeiros.[28] A esta altura, o leitor pode estar com a impressão de que os economistas abordam o tópico da atração pelo risco como se tivessem ouvido um renomado colega comentar "a vida é uma loteria" e interpretado ao pé da letra esse parecer. Mas, como todos sabemos, a maioria das decisões financeiras em nada se assemelha aos jogos de loteria dos economistas. Longe disso. Warren Buffet não ganhou seus bilhões ponderando se deveria decidir entre a opção A, com retorno garantido de dois dólares, ou a opção B, com 30% de chance de um retorno de quatro dólares. Tampouco os patrões influenciam seus empregados fitando-os com um olhar penetrante, jogando uma moeda sobre a mesa, soltando um berro provocativo – "Cara ou coroa, professor Massoud?" – e convidando-os a aventurar-se em uma aposta 50/50 entre ganhar um aumento de quinze dólares por ano e aceitar a oferta de um aumento garantido de cinco dólares.

Uma diferença óbvia é que, via de regra, as pessoas não conhecem as chances e probabilidades exatas das diferentes cartas que o destino pode colocar em suas mãos. O mesmo vale também para dois jogos de risco bastante populares entre os psicólogos. Em um deles, a Tarefa do Balão (BART, na sigla em inglês), os participantes decidem quantas vezes vão "inflar" um balão virtual com uma bomba, recebendo cinco centavos a cada bombeada bem-sucedida. Em um momento desconhecido, porém, o balão explode e todo o dinheiro é perdido. Uma meta-análise constatou que os homens são na média apenas um pouco mais afeitos ao risco do que as mulheres nessa tarefa.[29] Contudo, ocorre exatamente o contrário na segunda tarefa de riscos bastante popular, o Teste de Iowa (IGT, na sigla em inglês). Os indivíduos escolhem entre baralhos de alto risco (com ganhos mais substanciais, mas com perdas maiores e menos vantajosos no longo prazo) ou baralhos de menor risco (com ganhos e prejuízos igualmente baixos).[30] Embora no decorrer do tempo a maioria das pessoas mude para os baralhos de risco mais baixo, as mulheres são um pouco mais propensas que os homens a continuar arriscando a sorte com os baralhos de alto risco.

Outra diferença óbvia e particularmente importante entre experimentos de laboratório e riscos financeiros do mundo real são as somas de dinheiro em jogo. Na Tarefa do Balão, a recompensa financeira mal chega à marca de um dólar, ao passo que no Teste de Iowa os "dólares" ganhos e perdidos são puramente hipotéticos. A generosidade tende a estar ausente nos estudos conduzidos por economistas: os prêmios e pagamentos são em geral pequenos, hipotéticos ou restritos a uma aposta específica escolhida a esmo. É, portanto, digno de nota que em um dos poucos experimentos de loteria que compararam as preferências de risco em casos de recompensas triviais ou de ganhos substanciais, as diferenças de sexo observadas na versão típica do experimento, com recompensas irrisórias, desapareceram quando estavam em jogo quantias não triviais de dinheiro.[31] Uma perspectiva interessante para talvez explicar a razão disso é proposta pelo antropólogo Henrich e por seus colegas, que sugerem que,

> quando os interesses econômicos efetivos em jogo são zero (hipotéticos), todos os outros tipos de preocupação acabam predominando no processo de decisão. Os informantes podem estar preocupados com o que o etnógrafo vai pensar ou o que outras pessoas vão deduzir sobre eles a partir de suas decisões.

Em sua própria pesquisa transcultural, Henrich e colegas usaram, portanto, apostas de altas somas, "de modo a concentrar a atenção dos informantes nos ganhos do jogo e não em preocupações sociais exógenas".[32] Como o leitor há de lembrar, o sexo não serviu para prever a propensão a assumir riscos financeiros quando esse método de pesquisa foi usado no estudo das comunidades mapuche, sangu e huinca, do Chile e da Tanzânia. O protocolo de pesquisa de Henrich e colegas também está em perfeita sintonia com o argumento de Cass Sunstein (que vimos no capítulo 5), de que as consequências de uma decisão para o conceito que alguém faz de si e para a sua reputação são ingredientes vitais na receita a partir da qual emergem as preferências.

Esse aspecto do contexto de tomada de decisões é algo pelo qual os economistas, em particular, não nutrem interesse especial. Foi apenas na virada do século XXI, em um artigo pioneiro escrito pelo vencedor do Prêmio Nobel George Akerlof e por sua colega economista Rachel Kranton, que o conceito de que a identidade e as normas sociais exercem um efeito motivador no comportamento foi formalmente apresentado aos economistas.[33] "Aquilo com que as pessoas se preocupam, e quanto se importam, depende em parte da sua identidade",[34] observam. Essas "identidades e normas derivam do cenário social [...] O contexto é relevante".[35]

Para um psicólogo social, trata-se de uma revelação quase cômica de tão tardia: *um pouco* como se apenas há pouco tempo um artigo inovador e histórico de psicologia social apresentasse a colegas psicólogos o conceito de dinheiro e sua extraordinária influência sobre as preferências e o comportamento das pessoas. Mas antes tarde do que nunca, e enquanto essa área de pesquisa ainda se encontra em um estado preliminar, as identidades e normas em jogo em um contexto específico parecem influenciar a propensão a assumir riscos financeiros. Por exemplo, quando os estereótipos negativos sobre a habilidade matemática feminina são colocados em destaque (o que pode ser feito tanto chamando a atenção para a identidade feminina da pessoa como salientando a natureza "masculina" da tarefa), isso pode prejudicar o interesse de meninas e mulheres por matemática e afetar seu desempenho – fenômeno conhecido como "ameaça do estereótipo" ou "vulnerabilidade do estereótipo".[36] Em um estudo, as mulheres eram mais avessas ao risco do que os homens quando obrigadas a registrar seu sexo antes de participar de um jogo descrito como um teste de habilidades matemáticas, lógicas e de raciocínio. No entanto, quando exatamente a mesma tarefa era descrita como "resolução de quebra-cabeça" (e os participantes não registravam seu sexo de antemão), as mulheres se mostravam tão arrojadas e afeitas a riscos quanto os homens.[37]

Ainda que esse estudo manipulasse a relevância da identidade de gênero ao enquadrar a tarefa como um cálculo frio e racional, correr riscos é em si, naturalmente, um dos mais marcantes traços estereotípicos de masculinidade. De acordo com a imaginação popular, por exemplo, o empreendedor bem-sucedido não tem apenas as habilidades, os recursos e contatos comerciais necessários; ele também é um herói másculo que, diante do risco financeiro, ri com ousadia. Talvez isso seja parte da razão pela qual os discursos de venda dos empresários são mais bem avaliados do que os proferidos por empreendedoras – mesmo quando o conteúdo é idêntico.[38]

O professor Vishal Gupta e seus colegas da Universidade de Binghampton descobriram que as próprias mulheres também podem ficar desconcertadas por esse cenário. Por exemplo, quando alunos turcos de MBA foram apresentados a um artigo genérico (ficcional) sobre empreendedorismo, ou um texto que descrevia empresários de uma maneira estereotipadamente masculina (por exemplo, como "agressivos", "afeitos a correr riscos" e "autônomos"), os alunos do sexo masculino avaliaram em seguida uma possível oportunidade de negócios de forma mais positiva do que as estudantes do sexo feminino, em média. Mas quando, em duas outras situações do mesmo estudo, essa oportunidade de negócios foi precedida por uma descrição dos empresários neutra em gênero ("exercita a criatividade", "mantém-se informado de tudo"), ou feminina ("carinhosa", "cultiva relacionamentos"), as mulheres mostraram propensão igual ou maior a enxergar uma oportunidade de negócios no complexo caso comercial que analisaram em seguida.[39]

Gupta e colegas também descobriram que, em três países, tanto as mulheres como os homens que relataram ter traços mais "masculinos" mostraram maiores intenções empresariais.[40] Curiosamente, outros dois estudos, de modo similar, descobriram que os homens e as mulheres que relatam ser mais "masculinos" na personalidade também obtêm pontuação mais alta nas escalas que medem a propensão a assumir riscos financeiros. Não é de surpreender que homens relatem um maior número de traços masculinos como características de si mesmos, e isso explica parte da disparidade entre homens e mulheres no que diz respeito a correr riscos.[41] Mas, como ambos os grupos de pesquisa apontaram, se, por um lado, a condição biológica de ser homem ou mulher é fixa, o grau com que homens e mulheres se veem como masculinos não é. De fato, nos Estados Unidos, a "lacuna de masculinidade" vem diminuindo ao longo do tempo, no mesmo passo da mudança de papéis e de status da mulher na sociedade.[42]

Se correr riscos é parte integrante de uma identidade masculina, então podemos prever que homens devem assumir riscos financeiros maiores quando essa identidade, ou as normas a ela associadas, são salientadas. As acadêmicas vienenses Katja Meier-Pesti e Elfriede Penz descobiram justamente isso. Elas prepararam mulheres e homens jovens com estímulos de gênero masculinos, femininos ou (em condição de controle) neutros. Os homens instruídos de antemão com masculinidade forneceram as respostas mais tolerantes em um questionário que avaliava as atitudes em relação a assumir riscos em investimentos.⁴³

Um estudo mais recente também examinou com cuidado a importância da identidade masculina para a propensão a assumir riscos financeiros, explorando um fenômeno bastante deprimente, conhecido como o "efeito fracasso-como-um-bem". No fim ficou claro que apresentar aos homens evidências de que tiveram um desempenho ruim em algo em que as mulheres tendem a destacar-se oferece um pequeno impulso à sua autoestima, porque a incompetência no campo da feminilidade de baixo status ajuda a estabelecer a masculinidade de alto status. É digno de nota que o fracasso em domínios femininos também seja percebido como um bem pelos espectadores. Candidatos fictícios (do sexo masculino) a um emprego que revelam fraqueza em um domínio "feminino" (como dançar, ou em alguma forma de inteligência em que as mulheres supostamente se sobressaem) são vistos como mais masculinos e, portanto, mais propensos a ter sucesso em funções de alto nível, em comparação com homens que "carecem" de incompetência em feminilidade.⁴⁴ Expandindo esse fenômeno, um psicólogo da Universidade de Kassel, Marc-André Reinhard, e colegas descobriram que dar aos homens uma avaliação sobre seu desempenho em determinado desafio ou tarefa na forma de um "fracasso-como-um-bem" aumentou o interesse que relataram por atividades de risco, bem como o valor que estavam preparados para investir em uma aposta. Essa mudança pareceu ter sido ocasionada por uma maior identificação com a condição de ser homem.⁴⁵ Curiosamente, homens informados de que tiveram um desempenho ruim em um teste masculino, ou um bom rendimento em um teste feminino, fizeram investimentos que não eram mais arriscados do que os das mulheres.

Em uma aparente contradição, pesquisas realizadas na Universidade do Sul da Flórida descobriram que homens jovens assumem maiores riscos financeiros *após* uma ameaça à sua masculinidade. (A castração psicológica foi obtida pedindo-se a um grupo de homens que experimentassem um creme para as mãos com perfume floral.)[46] No entanto, o contraste com as constatações de Reinhard e colegas pode estar na natureza privada ou pública da atração pelo risco. As ameaças à masculinidade só tiveram efeito nas decisões financeiras tomadas publicamente, sugerindo que as dispendiosas exibições de masculinidade em resposta a uma ameaça a ela só valem a pena se cumprirem a função de evitar um constrangimento e salvar a reputação.[47]

Embora devamos ter cuidado para que resultados como esses sejam robustos e replicáveis, eles têm uma implicação importante, como observa Nelson:

> Diferenças que, em um nível superficial, podem parecer se dever a discrepâncias "essenciais" entre os sexos podem, na verdade, decorrer (em parte ou completamente) de alguma desconcertante variável adicional, a exemplo das pressões sociais para sujeitar-se a expectativas de gênero ou posições em uma hierarquia social de poder, ou podem não mais ser observadas quando o universo da amostragem é ampliado.[48]

No entanto, Nelson aponta que pesquisadores podem ainda assim acabar tratando os resultados como se refletissem diferenças categóricas, no estilo Marte *versus* Vênus. Por exemplo, uma comparação entre quatro países acerca das preferências de risco de profissionais – homens e mulheres – que atuam como gestores de ativos revelou nos quatro países apenas diferenças marginais, esparsas e não sistemáticas. Mesmo para a mais considerável das diferenças (verificada na Itália), a possibilidade de criar uma combinação perfeita, formando uma parceria entre uma cliente e uma gerente de fundos do mesmo sexo, foi de apenas 38%, em comparação com uma chance de sucesso de 25% se, em vez disso, a cliente usasse os serviços de um gerente do sexo masculino. No entanto, os autores do estudo sugerem que "gerentes de fundos do sexo feminino podem ser mais adequados para clientes mulheres".[49] Como Nelson observa com ironia, dado que os economistas supõem que a preferência na propensão a assumir riscos financeiros pode ser avaliada com facilidade com algumas perguntas simples, por que simplesmente não perguntar aos clientes o que eles querem? É um pouco como um gerente de restaurante que aprende que as mulheres são ligeiramente mais propensas do que os homens a pedir peixe em vez de bife, e em seguida instrui os garçons a usar o sexo dos clientes como um guia para a refeição que devem colocar diante deles.

Por que os pesquisadores podem cometer esse tipo de deslize entre pequenas diferenças médias e diferenças fundamentais? Será porque, de forma implícita, eles se juntam a tantos outros na pressuposição de que os sexos *são* diferentes em sua essência? Nelson explica:

> A atribuição (em média) de comportamentos psicossociais diferentes a diferenças sexuais (fundamentais) em hormônios e/ou estrutura cerebral, por sua vez explicadas como causadas por diferenças nas pressões evolutivas sobre corpos com papéis reprodutivos diferentes, pode atualmente ser encontrada em muitos estudos.[50]

Parece familiar? Essa conjectura, por sua vez, torna mais fácil negligenciar características importantes dos dados: a quase imperceptibilidade – de tão ínfimas – das diferenças sexuais na propensão a assumir riscos financeiros, e o fato de que essas diferenças dependem da pessoa que está sendo testada, do tipo de tarefa e do contexto social. Como já aprendemos, esses detalhes são de grande importância para o tipo de explicação que buscamos. Se dissermos que "homens são mais arrojados e correm mais riscos financeiros, e mulheres são financeiramente avessas ao risco", então a maior exposição dos homens à testosterona parece ser uma causa plausível dessa diferença. Contudo, para ecoar as perguntas feitas antes, de que forma a diferença substancial de sexo no que diz respeito à testosterona se traduz em diferenças de comportamento tão modestas? De que maneira a T faz com que os homens sejam mais afeitos a riscos quando uma aposta é formulada de forma abstrata, mas não em um contexto salarial concreto? Ou quando os investimentos em jogo são triviais, mas não necessariamente quando são substanciais o suficiente para causar uma perda dolorosa e considerável? Como é que as diferenças entre os sexos no que diz respeito à testosterona tornam os jovens norte-americanos mais propensos a riscos do que as suas homólogas do sexo feminino, mas não mais que os homens da China, os mapuches, sangus ou huincas? De que modo a T faz homens encherem mais balões de risco, mas selecionarem menos cartas de risco?

Essas são questões que devemos ter em mente à medida que as pesquisas que procuram vincular a T à propensão a assumir riscos financeiros avança a passos largos. Uma linha de pesquisa tenta encontrar liames entre a exposição a riscos financeiros e uma medida conhecida como "proporção digital". Trata-se do comprimento relativo do segundo ao quarto dedos, e, em média, a relação digital é menor nos homens do que nas mulheres.[51] Essa medida é popular entre os pesquisadores porque é facílima de calcular e supostamente reflete a exposição pré-natal à testosterona, ainda que seja controverso se existem ou não evidências adequadas para corroborar isso (um grupo de pesquisadores, por exemplo, descreve a proporção digital como "um suposto marcador, ainda não suficientemente válido, de testosterona pré-natal").[52] Mas, ainda que seja uma medida razoável para comparar a testosterona pré-natal *entre* grupos, a proporção digital "pode ser muito menos útil" como índice para indivíduos *dentro* de um grupo, como Herbert explica.[53] (É apenas uma medida "barulhenta" demais: um pouco como usar a altura de uma pessoa como procuração para avaliar sua nutrição precoce, com base no argumento de que pessoas que foram bem alimentadas quando crianças são mais altas, em média, do que as que eram subnutridas.)

Mas, deixando tudo isso de lado, de uma perspectiva do Testosterona Rex, não é difícil entender por que os pesquisadores podem estar interessados em procurar uma correlação entre a "proporção digital" e a propensão a assumir riscos financeiros. Segundo a concepção tradicional das diferenças no cérebro relacionadas ao sexo (como vimos no capítulo 4), os altos níveis de T produzidos pelos testículos recém-desenvolvidos de meninos não nascidos desempenham um papel importante na criação de discretos circuitos "masculinizados" no cérebro. Esses circuitos, em especial quando ativados pelos níveis mais elevados de T na puberdade e depois, são a base de um comportamento de acasalamento sexualmente selecionado que é inconfundivelmente masculino, como rechaçar outros concorrentes na disputa pela caverna mais confortável, caçar presas ferozes e carnudas, e hoje, ao que parece, comprar ações de alto risco do segmento de biotecnologia. Reúna essas premissas desatualizadas a outras, que conhecemos no capítulo 5 – a de que a atração pelo risco é um traço de personalidade estável e masculino –, e a longa cadeia de raciocínio está completa. Uma pessoa com uma proporção digital menor e mais tipicamente masculina terá um "cérebro mais masculino"; uma pessoa com um "cérebro mais masculino" será mais masculina; uma pessoa mais masculina será mais afeita a correr riscos; e uma pessoa mais afeita a correr riscos assumirá mais riscos financeiros.

Assim, alguém que, segundo sua proporção digital, (supõe-se) foi exposto a uma maior quantidade de testosterona pré-natal muitas décadas depois estará mais propenso a dizer: "Que se dane!

Quer saber? Vou ficar com os 30% de chance de ganhar um dólar em vez de aceitar os vinte centavos líquidos e certos".

O leitor já está ciente, pela leitura de capítulos anteriores, dos pontos fracos em vários elos dessa corrente. A suposição de que recursos e status – e, portanto, a atração pelo risco e a competição – são preocupações inequivocamente *masculinas* na luta pelo sucesso reprodutivo (portanto, deveriam ser ligadas a um "cérebro masculino") foi dissecada e considerada insuficiente na primeira parte do livro. Em consonância com esse abandono, na biologia evolucionária, do pensamento dicotômico que opõe "homens competitivos" a "mulheres receosas e recatadas" estão as mudanças na compreensão neurocientífica do sexo e do cérebro. A noção de circuitos "masculinos" discretos induzidos pela T está sendo substituída por uma mixórdia mais complexa e interativa de fatores, dos quais emerge uma variedade cambiável de "mosaicos" de características cerebrais. Isso, por sua vez, se encaixa com perfeição ao que sabemos sobre as diferenças relacionadas ao sexo em matéria de comportamento. Estas sem dúvida existem, porém, mais uma vez, de maneiras que criam mosaicos, e não categorias. Reúna isso tudo, e provavelmente não deveria nos surpreender demais que meta-análises e um estudo em larga escala recentes não tenham conseguido encontrar evidências convincentes de correlações entre a proporção digital e outros comportamentos que supostamente são a quintessênia da masculinidade: agressão,[54] busca de sensações,[55] dominância e atração agressiva e não agressiva pelo risco em adolescentes.[56]

Na mesma linha de pensamento, como vimos no capítulo 5, embora possamos presumir que nosso amigo Ankush – que todo fim de semana salta de paraquedas – deva ser, portanto, alguém "arrojado, que assume riscos", e dono de um "cérebro masculino" (graças a uma abundância de testosterona pré-natal e/ou na vida adulta), mais tarde talvez descubramos que os investimentos de

Ankush são todos concentrados em títulos públicos do tesouro direto. A busca de vínculos entre a propensão a assumir riscos financeiros e a exposição a testosterona faz sentido a partir da velha perspectiva que encontramos no capítulo 5, que supõe que esse seja um traço de personalidade estável de domínio geral. Contudo, faz menos sentido quando analisada de uma perspectiva mais matizada do comportamento de atração pelo risco, feita como que sob medida para cada situação fora do "amálgama ingovernável" de fatores, que inclui identidade social, normas, experiência passada, contexto social e riscos e benefícios percebidos em um domínio específico. Que tipo de indivíduo arrojado, que assume riscos, esperamos que tenha a proporção digital mais tipicamente masculina? E em que circunstâncias?

Então, a quantas anda a busca de um vínculo robusto e confiável entre a "proporção digital" e a propensão a assumir riscos financeiros? Uma revisão bibliográfica recente descreve educadamente os resultados como "equívocos".[57] Há achados positivos aqui e ali; mas, como explicam os autores da revisão, devido ao fato de existirem inúmeras maneiras de buscar vínculos entre a proporção digital e o comportamento, os pesquisadores dispõem de várias "tentativas" para encontrar um resultado significativo em termos estatísticos. Por exemplo, eles podem usar as medidas da mão esquerda ou direita, ou uma média das duas, e os resultados podem ser analisados para um e outro sexo de forma separada, ou em conjunto. Essas várias opções, com apenas uma medida da atração pelo risco, produzem nada menos que nove correlações possíveis a serem testadas.

E quanto aos estudos que procuram correlações entre os níveis de testosterona em circulação (no sangue ou na saliva) e a propensão a assumir riscos financeiros? Também aqui, *equívoco* é uma boa palavra para resumir a situação. Por exemplo, dependendo de qual estudo se analisa, a maior atração pelo risco em jogos de loteria está associada a: um maior nível de T (em homens; mulheres não foram testadas); a T alta ou baixa tanto em mulheres como em homens; a T mais alta apenas em homens (mas somente para riscos assumidos no intuito de ganhar dinheiro, não para evitar perdê-lo); ou a T mais alta em mulheres, com homens nas faixas mais baixas; ou então sem nenhuma correlação mínima com a T nem em mulheres nem em homens.[58] Pessoas com T mais alta *de fato* jogam com o baralho de maior risco no Teste de Iowa, e homens com T mais alta (mulheres não foram testadas) jogam de maneira mais arriscada na Tarefa do Balão, mas apenas se seu nível de cortisol (um hormônio relacionado ao estresse) for baixo.[59] Enquanto isso, um estudo recente que simulou uma negociação não encontrou em nenhum dos sexos relação entre os níveis de testosterona e o comportamento de risco nas transações.[60] No que diz respeito a assumir riscos financeiros no mundo real, uma pesquisa constatou que estudantes de MBA do sexo masculino com experiência considerável no arriscado empreendimento de investir na criação de novas empresas apresentavam níveis de testosterona significativamente maiores do que outros estudantes (não havia mulheres suficientes para incluir nas análises).[61]

Porém, outro estudo com alunos de MBA encontrou apenas uma correlação positiva muito pequena entre os níveis circulantes de testosterona e a escolha de uma carreira de risco nas finanças, que desapareceu quando os pesquisadores levaram em conta o sexo dos participantes.[62] (Se os homens tiverem ao mesmo tempo níveis mais elevados de testosterona e, por razões talvez completamente não relacionadas, forem mais propensos a interessar-se por uma carreira nas finanças, então encontraremos uma correlação entre testosterona e a escolha de uma carreira nas finanças, mesmo que não haja de fato uma relação entre as duas coisas no âmbito de cada um dos sexos.)

Como é que se passa dessa mixórdia de resultados à ideia de que há "testosterona em demasia"[63] em Wall Street? É provável que o fato de a história se encaixar com perfeição à doutrina das diferenças sexuais do T-Rex ajude. Mas os relatos da imprensa frequentemente se referem também à pesquisa do professor John Coates, ex-investidor de risco que se converteu em neurocientista da Universidade de Cambridge, e Joe Herbert, cujo trabalho atrela os níveis mais elevados de testosterona circulante em investidores e operadores da Bolsa do sexo masculino a lucros maiores no pregão.[64] À primeira vista, as descobertas de Herbert e Coates parecem indicar a necessidade de *mais* testosterona em Wall Street, não menos, já que homens com mais T têm um desempenho melhor. Mas Coates argumenta que os efeitos da testosterona podem se tornar prejudiciais em certos contextos. Em um mercado no qual os preços das ações estão em tendência ascendente, os níveis de testosterona de investidores e operadores se elevam cada vez mais, à medida que ganham mais e mais dinheiro (o que em pesquisas com animais é conhecido como "efeito vencedor", expressão que explica o aumento de testosterona verificado em animais após uma vitória em uma interação competitiva). Em certo ponto, porém, "a testosterona altera os perfis de risco dos investidores, tornando-os excessivamente agressivos".[65]

Em conformidade com a descrição de Coates, um estudo recente de fato descobriu que os níveis de testosterona de um homem aumentam depois que ele obtém uma vitória em um jogo, e que esse aumento na testosterona está positivamente correlacionado com maior propensão a assumir riscos financeiros[66] (mulheres não foram testadas). Mas, quando pensamos nos resultados com investidores e operadores do pregão, é fundamental ter em mente o argumento de que as experiências de uma pessoa influenciam seu nível de testosterona.

Como vimos no capítulo anterior, a T não é uma medida biológica pura, mas está enredada com a história e com o contexto social atual do indivíduo. Isso torna impossível afirmar, com base em um estudo feito no pregão, que níveis mais altos de T causam de forma direta maior propensão a assumir riscos financeiros. Uma experiência corriqueira fornece uma explicação alternativa: os níveis de testosterona de homens jovens são reduzidos pelo sono interrompido,[67] e é plausível que uma noite maldormida possa interferir na tomada de decisões no pregão – complexa e pressionada pelo tempo. Ou talvez haja dias em que investidores e operadores do pregão tenham recebido pela manhã instruções e informações úteis, que impulsionaram a testosterona e aumentaram suas chances de negociações bem-sucedidas.

A fim de mostrar que níveis mais elevados de T *causam* maior propensão a assumir riscos financeiros, seria preciso manipular os níveis do hormônio das pessoas e, em seguida, analisar os efeitos sobre o comportamento. Até hoje, apenas um punhado de estudos fez isso. Até agora o quadro é bastante desordenado, confuso e, no mais das vezes, negativo.[68] No entanto, uma pesquisa recente, que utilizou negociações simuladas para medir a atração pelo risco, constatou que, embora os níveis de T não tivessem relação com a propensão a assumir riscos financeiros (nem em homens nem em mulheres), a aplicação de testosterona aumentou o investimento dos homens em ações de alta volatilidade, isto é, mais arriscadas (mulheres não foram incluídas nessa parte do estudo).[69] Aparentemente, então, resta-nos pouca evidência de que o nível absoluto de testosterona, por si só, esteja relacionado à propensão a assumir riscos financeiros, mas a possibilidade de *mudanças* na T é que é importante.

Se é assim, então qual a relevância dos níveis absolutos mais elevados entre os homens? Infelizmente para a "hipótese das Irmãs Lehman", é impossível tirar qualquer conclusão sobre mulheres, testosterona e tendências de negociação a partir de dados coletados apenas entre homens. Coates percebe isso, é claro, mas sugere que, por causa de seus baixos níveis de T, as investidoras e operadoras de pregão não mostram a mesma reação hormonal à atividade de mercado: por exemplo, ele argumenta que elas são menos suscetíveis ao "efeito vencedor".[70]

No entanto, isso parece ser simples especulação, talvez inspirada no modelo de seleção sexual do "macho no cio", que, como vimos na primeira parte do livro, se aplica de forma precária aos seres humanos. No capítulo anterior, vimos que o nível de T nas mulheres às vezes também é sensível à competição; esse nível é apenas uma parte de um sistema complexo e, em ambos os sexos, a reatividade da T é inconsistente, e condicionada pela história, pelo contexto e pelas normas.

O mito da baixa testosterona das Irmãs Lehman relega as mulheres a papéis de "mãe": reduzir a excessiva atração pelo risco por parte de seus colegas do sexo masculino e limpar a bagunça das empresas (um viés bastante documentado e apelidado por Michelle Ryan de efeito "penhasco de vidro").[71] Como três acadêmicas renomadas de escolas de administração apontam em uma carta ao *Financial Times*, ainda que sejam "as primeiras a defender maior inclusão e uma liderança mais diversificada para nos tirar dessa confusão", as alegações de que as mulheres são inerentemente mais avessas ao risco

> têm pouco ou nenhum respaldo empírico em um contexto de negócios. Essas especulações também trazem a reboque implicações perigosas. São os homens, portanto, mais adequados para administrar o crescimento ou tomar a dianteira dos negócios em tempos econômicos mais prósperos?[72]

Essa sem dúvida parece ser a conclusão a que chegam alguns. Quando um jornalista o instigou a "imaginar como seria um mundo talvez sem testosterona ou em que todos tivessem o mesmo nível que as mulheres", Herbert respondeu: "A testosterona é criticada e tem má fama, mas, na verdade, é responsável por uma enorme quantidade de disposição e energia, de inovação, de ímpeto, de motivação, de empolgação". Mas apenas nos homens, pelo visto. "A suspeita", diz Herbert, é que a testosterona "não tem necessariamente o mesmo efeito" nas mulheres. Afinal, elas "têm um cérebro feminino, ao passo que um cérebro masculino é substancialmente diferente".[73]

É pouco provável que, pelo menos em um futuro próximo, saibamos como uma empresa "Irmãs Lehman" ou mesmo uma "Irmã e Irmão Lehman"[74] funcionariam. Um acadêmico descreve o setor financeiro como "um dos poucos baluartes do quase incontestado privilégio masculino que se mantém após os desdobramentos do feminismo".[75] Uma representação mais igualitária de mulheres em níveis hierárquicos mais elevados no setor de finanças provavelmente *seria* benéfica. A falta de diversidade é em geral um sinal de alarme de que as pessoas estão sendo recrutadas junto com um "reservatório de talentos" limitado, que reflete de maneira lisonjeira a imagem dos que estão no comando. O efeito "homem branco" descrito no capítulo 5 também propicia uma boa demonstração prática da importância de origens, credenciais e identidades diversas para uma avaliação de riscos robusta. E, como Nelson sugere em uma especulação que evoca o lúgubre "efeito fracasso-como--um-bem", uma maior representação feminina nos escalões mais altos poderia andar de mãos dadas com uma desestigmatização muito necessária de qualidades "femininas" positivas:

> Se as empresas e as agências reguladoras de Wall Street aceitassem e recebessem de bom grado mulheres e homens como participantes iguais, isso poderia indicar que os estereótipos de gênero relativos à sociedade estariam em colapso. Também poderia ser provável, então, que certas características e determinados comportamentos importantes e valiosos, comumente estereotipados como femininos

(a exemplo da cautela e do desvelo), fossem incentivados por todo o setor de atividade, e comportamentos impróprios, no estilo caubói, típicos de um vestiário masculino, fossem desaprovados, para o benefício do segmento e da sociedade.[76]

Entretanto, há poucas evidências convincentes de que isso aconteceria, porque as mulheres tomam decisões financeiras de uma maneira fundamentalmente diferente do *modus operandi* dos homens ou porque elas reduziriam o nível médio de testosterona nesses edifícios reluzentes e caros.

Até onde eu lembro, foram sobretudo os contribuintes e a sociedade que, por meio do "socialismo financeiro",[77] arcaram com os custos das decisões que ocasionaram a crise financeira global. E, até onde sei, no momento não há dados que investiguem as ligações entre as diferenças de testosterona relacionadas ao sexo e a atração por "riscos", o que faz com que benefícios sejam ceifados em prol do indivíduo que, sozinho, colhe os frutos, embora as perdas sejam encampadas e partilhadas por outros.

PARTE III
Futuro

> É um esporte tão machista. Sei que alguns dos proprietários de cavalos queriam me impedir de montar o Príncipe e que John Richards e Darren continuaram me dando um baita apoio […]. Não sou capaz de dizer quanto estou agradecida a eles. Só quero dizer a todos os outros para irem à merda, por acharem que as mulheres não são fortes o suficiente, só que nós somos melhores que qualquer um.
>
> MICHELLE PAYNE,
> PRIMEIRA JÓQUEI A VENCER A MELBOURNE CUP[1]

CAPÍTULO 8

Vale Rex

> Ações, não palavras.
>
> LEMA ADOTADO POR EMMELINE PANKHURST*

Algum tempo atrás, comprando flores em uma feirinha local, entreouvi uma conversa em uma barraca próxima. Uma mulher estava vendendo facas de plástico que, de acordo com o material publicitário em exposição, garantiam 100% de proteção e segurança para os dedinhos dos pimpolhos. Tão logo assegurou que uma família comprasse duas facas, a vendedora perguntou à menina se ela queria uma cor-de-rosa e depois quis saber se o irmão dela preferia uma vermelha ou azul. "Também quero uma cor-de-rosa", ele respondeu. Enquanto eu saboreava o momento, surpreendentemente, meu filho mais velho entrou em cena.

"Se eu conseguir cortar um dedo com uma das suas facas, ela sai de graça?", ele indagou. A vendedora respondeu pedindo, em tom irritado, que meu filho a deixasse em paz, porque ela tinha trabalho a fazer. "Sim, de fato", pensei. "Uma agenda lotada para reforçar a divisão de gênero com uma porcaria inútil feita de plástico."

Qualquer pessoa que já tenha comprado brinquedos para crianças nas últimas décadas não se surpreenderá ao saber que

---

* União Social e Política das Mulheres (1903).

alguns consideram necessário que as faquinhas infantis sejam vendidas com diferentes codificações de sexo. Assim são muitos brinquedos, afinal, parecem existir só dois tipos de crianças. Às vezes, o tipo de criança para o qual o brinquedo se destina é declarado de forma abrupta: alguns corredores nas lojas ou seções de sites na internet são explicitamente pensados e dirigidos *para meninos* ou *para meninas*. Outras vezes, há dicas não menos legíveis. Um brinquedo em cores fortes e escuras, com personagens somente do sexo masculino e cuja embalagem mostra apenas meninos divertindo-se com ele, rodeado por uma parede de produtos igualmente codificados para meninos e concebidos para ação, competição, domínio e construção, não transmite a mensagem inclusiva de que se trata de um brinquedo para qualquer criança, não importanto o tipo de genitália. Da mesma forma, o notório "corredor cor-de-rosa" não é uma invenção genial da mente de profissionais de marketing preocupados em garantir que nenhuma criança tenha a sensação de que este ou aquele brinquedo não é destinado a pessoas como ela.[2]

Não é surpresa que o marketing de brinquedos segmentado por sexo tenha suscitado um bocado de campanhas e duras críticas de pais, políticos, cientistas, publicitários, marqueteiros e até das próprias crianças.[3] Mas alguns descartam essas opiniões desfavoráveis, menosprezando-as como correção política equivocada. Por exemplo, em um comentário na revista *The Atlantic*, desencadeado por um catálogo de brinquedos com fotos de crianças brincando tanto de maneira tradicional como contrariando estereótipos (um menino brincando com uma boneca, por exemplo), Christina Hoff Sommers escreve que "[Meninos e meninas] são diferentes, e seria preciso mudanças de comportamento radicais e prolongadas para alterar de maneira significativa suas preferências elementares ao brincar".[4] Falando da perspectiva do marketing, Tom Knox, presidente da agência DLKW Lowe, argumenta que "esperar que os publicitários ignorem diferenças básicas e profundas em seu público parece algo mal concebido e impraticável" (de modo pouco convencional, aqui "público" provavelmente quer dizer "as pessoas que, esperamos, vão comprar nossos produtos"). Knox sugere que "sempre haverá um lugar para brinquedos específicos de gênero, comercializados por gênero, de uma maneira que celebra a diversidade de gênero sem minar a igualdade".[5] De maneira análoga, no mesmo artigo, Helenor Gilmour, então chefe de desenvolvimento de marca e estratégias de relacionamento com o consumidor na DC Thomson, argumenta que, "como profissionais de marketing, se deixarmos de reconhecer essas diferenças, deixaremos de compreender nosso público de maneira eficaz e não conseguiremos disponibilizar os serviços e produtos que eles querem".

Alguns acadêmicos, entretanto, acrescentam ao caldo um condimento evolucionário, sugerindo que publicitários e profissionais de marketing trabalham a partir de um entendimento instintivo de nossas diferenças evolutivamente aprimoradas. Em um artigo intitulado "Intuitive Evolutionary Perspectives in Marketing Practices" [Perspectivas evolutivas intuitivas em práticas de marketing], por exemplo, os autores observam que "alguns podem querer que meninos sejam menos competitivos", mas depois lançam uma pergunta retórica:

> Mas quem terá mais sucesso no mercado: empresas que apelam para a propensão dos homens jovens de comportar-se de forma competitiva uns com os outros, ou as que recorrem à imagem de homens como protetores carinhosos [...]?[6]

Da mesma forma, em seu livro *The Evolutionaty Bases of Consumption* [As bases evolucionárias do consumo], Gad Saad, psicólogo evolucionário da Universidade de Concordia, argumenta que, "dado seu desejo de maximizar os lucros, [as indústrias de brinquedos] desenvolvem produtos que são bem-sucedidos exatamente da mesma forma, específica por sexo, em inúmeras culturas".[7] Esse sentimento é ecoado no jornal *Sunday Express* pelo jornalista James Delingpole, que escreve que "o trabalho de um fabricante de brinquedos é lucrar, não se envolver em engenharia social". Alguns leitores atentos podem se perguntar por que a filosofia *laissez-faire* do marketing neutro em termos de gênero é "engenharia social", ao passo que muita gente considera que os corredores e as prateleiras de brinquedos que ditam *quais* brinquedos são *para quem* estão apenas deixando as coisas seguirem seu curso natural. Mas Delingpole faz outra queixa. O marketing neutro em termos de gênero é fútil, diz ele, porque, "no fim, os cromossomos XX e XY vão se revelar".[8] Em suma, as reivindicações por um marketing de brinquedos neutro em termos de gênero são vistas por alguns como equivalentes a exigências de que fabricantes de brinquedos sejam retirados do mercado por desrespeitarem a verdadeira natureza de meninos e meninas.

Há alguns anos, no frenesi das semanas que antecedem o Natal, a senadora australiana Larissa Waters, do Partido Verde, catapultou-se para o centro desse debate ao endossar uma campanha contra o marketing de brinquedos segmentado por gênero.[9] Waters foi além da reclamação costumeira, de que "nenhuma criança deveria ter a imaginação tolhida por estereótipos antiquados". Esses "estereótipos antiquados", alegou, "perpetuam a desigualdade de gênero, o que fomenta problemas muito sérios, como a violência doméstica e a disparidade salarial entre homens e mulheres".[10]

A reação foi um lembrete oportuno de que dizer que os debates de gênero são "vigorosos" pode ser como descrever a superfície do sol como "morna". Waters foi altamente criticada, das primeiras páginas do noticiário ao mais alto cargo político. Em sua manchete de capa, o *Australian Daily Telegraph* anunciou uma "Guerra dos Ambientalistas à Barbie"; na linha fina, a alegação de que se tratava de uma evidência de insanidade do partido político – "Agora eles realmente perderam o juízo, dizendo que brinquedos de criança levam à violência doméstica" – foi acompanhada por uma imagem de Waters e de um membro do Parlamento manipulada em Photoshop, com os corpos de Barbie e de um boneco dos Comandos em Ação.[11] O renomado psicólogo infantil australiano Michael Carr-Gregg comentou que "essas diferenças de gênero são inatas", acrescentando que "argumentar que os brinquedos de alguma forma se relacionam com violência doméstica é, penso eu, um pouco de exagero. É um prego no caixão do bom senso".[12] Um senador liberal sugeriu que Waters devia ter "comido muita gemada de Natal para apresentar uma ideia como essa".[13] E, a julgar pelo comentário que fez em um programa de rádio, parecia que o primeiro-ministro da Austrália à época, Tony Abbott, falava em nome de muita gente, quando disse que não acreditava "nesse tipo de correção política". Seu conselho: "Deixem os meninos serem meninos, deixem as meninas serem meninas – essa sempre foi minha filosofia".[14]

As expressões usadas para defender o marketing de brinquedos segmentado por gênero são reveladoras: "preferências elementares ao brincar", "diferenças básicas e profundas", "inatas"; "os cromossomos XX e XY"; "específica por sexo"; "celebra a diversidade de gênero"; "Deixem os meninos serem meninos, deixem as meninas serem meninas". A premissa é que meninos são natural, universal e imutavelmente atraídos por "brinquedos de meninos" porque faz parte de sua natureza evoluída, atemporal e biologicamente arraigada serem competitivos, dominantes, e conquistarem o mundo. Pelas mesmas razões, as meninas são inexoravelmente atraídas por "brinquedos de meninas", porque está em sua natureza cuidar dos outros e ter o desejo de ser bonitas. Então, qual é o problema com a publicidade e o marketing, que apenas refletem essas diferentes naturezas e a elas respondem, e que cabimento teria a existência de um marketing politicamente correto que ignore essas diferenças? O que vem depois? Anúncios tentando vender tacos de hóquei para gatos?

Do ponto de vista do Testosterona Rex – o sexo como uma força de desenvolvimento poderosa, potente e polarizadora –, esse enfoque faz todo o sentido. Mas, como vimos, na evolução da ciência do sexo e da sociedade, o Testosterona Rex não sobreviveu. Como vimos na primeira parte do livro, tanto entre as espécies como no âmbito delas, o sexo biológico não tem consequências diretas sobre os papéis masculinos e femininos. No fim fica claro que o suprimento de esperma não é tão barato em termos biológicos quanto as pessoas por vezes ainda supõem, tampouco a concorrência e a dominação social são tão irrelevantes para as mulheres. Os princípios de Bateman não são obsoletos, mas também não são onipotentes e onipresentes. Muitos fatores sociais, fisiológicos e ecológicos diferentes entram na mistura, tornando os papéis sexuais dinâmicos e até mesmo reversíveis.

Isso é particularmente visível quando se trata da nossa própria espécie: no decorrer de sua história evolutiva, é visível que fracassamos em alcançar um consenso válido para toda a espécie acerca de qual é "a" maneira de acasalar e criar filhos. Está claro: todo relato evolucionário dos humanos reconhece a influência substancial do ambiente físico, social e cultural na sexualidade. Mas talvez menos reconhecido seja o fato de que, de alguma forma, nosso comportamento sexual é antieconômico – desfrutamos de uma quantidade inigualável de sexo não reprodutivo. Se a humanidade fosse uma fábrica de produção de bebês, todos seriam demitidos. Os consideráveis custos de tempo e energia do nosso sexo, muitas vezes improdutivamente não reprodutivo, apontam que seu propósito primordial não é mais a reprodução, como vimos no capítulo 3. Compreender a sexualidade requer, portanto, que "reconectemos os genitais à pessoa", na fala de Carol Tavris.[15] Para nós, o sexo não é o meio pelo qual dois potenciais parceiros reprodutivos bem emparelhados se unem: desejamos a atividade sexual *como pessoa*, em toda a nossa individualidade, culturalmente arquitetada e trabalhada, *com outra pessoa*, dentro dos limites do nosso próprio contexto cultural, social e econômico. Talvez seja por isso que os acasalamentos e as preferências de outras culturas, e até mesmo de nossos conhecidos, podem ser tão misteriosos.

Uma segunda consequência importante de nossas práticas sexuais ineficientes é a ruptura com o princípio supostamente universal de que a liberdade dos homens, desde a faina da gestação, nascimento e lactação, deve empurrá-los com vigor rumo a atos característicos, como dirigir um Maserati, seduzir as damas e abandonar bebês. Em tese, é a economia da reprodução que impele os homens, mais do que as mulheres, ao caminho do sucesso e da promiscuidade, mas é fácil deixar-se levar pelas estimativas da propensão dos homens para obter retorno sobre o investimento. Na realidade, na ausência de condições ecológicas, sociais, econômicas e legais que permitam a existência de haréns, o homem tem que trabalhar com um afinco tremendo e suar a camisa para reproduzir de maneira mais prolífica que o marido leal e o pai constante. Então, por que deveríamos esperar que o potencial reprodutivo de um minúsculo subconjunto de homens em alguns bolsões da história fosse o fundamento de uma essência masculina – como se houvesse um Gengis Khan* incipiente na sexualidade e nos esforços de todo homem?

Essa diversidade de possibilidades para os homens ilustra o problema de desenvolvimento singularmente capcioso que nós, humanos, tivemos que resolver: "Um humano recém-nascido deve estar pronto para juntar-se a qualquer grupo cultural na Terra, e sem saber qual", diz o biólogo evolucionário Mark Pagel.[16] E nossos genes não sabem de antemão qual será o consenso desse grupo

---

* Conquistador mongol (1162-1227), um dos comandantes militares mais bem-sucedidos da história da humanidade. Teve uma prole incontável. [N.E.]

cultural acerca dos papéis apropriados para homens e mulheres. Uma menina pode nascer em uma sociedade cuja expectativa é a de que ela toque piano e borde, estude em uma universidade, caminhe dezenas de quilômetros por dia para buscar água, se dedique à lavoura, cuide de animais, prepare peles ou cace animais selvagens – e de que, ao crescer, leve uma vida casta e decente de mulher casada e monogâmica, ou tenha dois ou três maridos ao mesmo tempo. No caso de um menino, pode ser que seu destino envolva a construção artesanal de instrumentos musicais, carniçaria, fabricação de redes, ordenha, cerâmica, investimentos bancários ou cuidados intensivos de crianças em uma creche – e sua futura esposa talvez seja uma menina de treze anos de idade ou uma trabalhadora de trinta. Alguns tipos de papéis futuros são mais prováveis que outros de acordo com a sociedade, sem dúvida, mas todos são possíveis.[17] E, a despeito de nosso sexo biológico, a vida provavelmente exigirá que todos nós, em algum momento, tenhamos que cuidar de outras pessoas, assumir riscos e competir por status, recursos e amantes.

Por que, então, deveríamos esperar que a seleção sexual tenha fixado em nossos genes a receita de um "cérebro feminino" ou um "cérebro masculino" que cria naturezas femininas e masculinas distintas? Com certeza, as várias facetas genéticas e hormonais do sexo biológico têm de coordenar-se de maneiras confiavelmente orientadas quando se trata do sistema reprodutivo. Mas, além dos órgãos genitais, seria útil que o sexo fosse um pouco impreciso, que improvisasse em seus efeitos sobre o cérebro e o comportamento, que fosse mais flexível com os muitos outros recursos de desenvolvimento necessários para a construção de uma pessoa.

Em outras palavras, o enigma do desenvolvimento *não é* o que o Testosterona Rex soluciona de forma tão convincente para nós – como o sexo cria homens que, sob a enganosa fachada da cultura, são natural, universal e imutavelmente *assim*; as fêmeas, *assado*.

O problema *real* é como o sexo (via de regra) cria sistemas reprodutivos essencialmente diferentes, enquanto permite que as diferenças no comportamento de homens e mulheres sejam *não essenciais*: sobrepostas em mosaico, em vez de diferentes de forma categórica; condicionadas ao contexto, não fixas; diversas, em vez de uniformes.

Parte do avanço na decifração de como chegamos a esse engenhoso truque vem de uma mudança científica de grande envergadura, como vimos na segunda parte do livro. Sempre pareceu natural perguntar: "Como é que essa diferença de sexo no cérebro ou nos hormônios faz com que mulheres e homens se comportem, pensem ou ajam de forma diferente?". Essa é única pergunta a fazer quando se tenta resolver o enganoso problema que o Testosterona Rex explica. Mas uma questão não menos importante é como homens e mulheres podem comportar-se de modo invariavelmente tão semelhante, *apesar* das diferenças biológicas. Quando nos damos conta de que meninas e mulheres às vezes correm riscos e competem no mesmo patamar de meninos e homens, quando compreendemos que as pessoas têm misturas idiossincráticas de características cerebrais "masculinas" e "femininas" e qualidades determinadas por gênero, fica claro que o sexo biológico nem de longe é capaz de exercer sobre o comportamento masculino e feminino um efeito tão potente quanto o que exerce sobre a anatomia. E quando deixamos de pressupor que as diferenças de sexo vão se somando, somando e somando, começamos a nos perguntar se algumas dessas diferenças compensam outras a fim de tornar os sexos *semelhantes*, não diferentes.

Uma segunda mudança científica também está ajudando a explicar de que modo o sexo pode ter uma influência tão proveitosa, suave e flexível sobre o desenvolvimento humano: um interesse crescente pelo modo como o gênero afeta fatores ligados ao sexo, a exemplo da testosterona. Como Anne Fausto-Sterling aconselha, "pense no desenvolvimento. Lembre que corpos vivos são sistemas dinâmicos que se desenvolvem e mudam em resposta a seus contextos sociais e históricos".[18] A testosterona, por exemplo, muda tanto corpos como cérebros, o que significa que, mesmo quando se mede a proporção digital em uma pessoa, não se captam apenas os efeitos do "sexo", mas potencialmente o efeito cumulativo da aparência mais (ou menos) masculina dessa pessoa, a que outras pessoas respondem por meio de uma lente característica de determinado gênero. Tampouco os níveis circulantes de T refletem apenas o sexo. Como vimos no capítulo 6, o contexto social, a experiência e o significado subjetivo podem alterar os níveis de T – assim como sobrepujar sua influência no comportamento ou compensar sua ausência. Esses fenômenos quase sempre vinculados ao gênero são uma especialidade humana, de modo que, quando sentimos vontade de mudar, temos uma capacidade poderosa de fazê-lo.

Essas construções de gênero são uma parte fundamental de nosso sistema de desenvolvimento, levando-nos à derradeira e decisiva chave para a compreensão das interrelações complexas entre sexo, gênero e sociedade. Como vimos no capítulo 4, em animais, o sistema de desenvolvimento – o legado de lugar, pais, pares e assim por diante, que todo indivíduo herda de maneira precisa e infalível junto com seus genes – desempenha um papel crucial no desenvolvimento de comportamentos adaptativos.[19] Nesse sentido, somos a um tempo iguais e diferentes em comparação com outros animais. Nossa "cultura complexa e variada [...] assemelha-se a tradições culturais animais tanto quanto uma cantata de Bach se assemelha a um gorila que bate no próprio peito", segundo observa Pagel.[20] Alguns cientistas evolucionários argumentam que essa característica exclusivamente humana do nosso sistema de desenvolvimento é o que torna possível a nossa deslumbrante diversidade de modos de vida, em harmonia com outra característica humana especial e essencial – a adaptação para aprendermos com outros de nosso grupo social. A partir da tenra idade de apenas dois anos, nós nos adaptamos ao comportamento de nossos pares – notavelmente, pois até mesmo outros grandes primatas não "macaqueiam" uns aos outros dessa maneira.[21] Em particular, somos ajustados para aprender com os que são prestigiosos, bem-sucedidos ou parecidos conosco em algum quesito importante, pessoas com as quais nos identificamos, com as quais aprendemos e a partir das quais internalizamos e adquirimos nossa compreensão das normas culturais.[22] As construções de gênero penetram quase todos os aspectos desse legado cultural. Elas não são um conceito dúbio inventado por acadêmicos estudiosos de gênero que não acreditam em biologia e evolução: elas são *parte* de ambos. Todo ser humano recém-nascido herda construções de gênero como uma parcela obrigatória de seu sistema de desenvolvimento: estereótipos de gênero, ideologia, papéis, normas e hierarquia são transmitidos por intermédio de pais, colegas, professores, roupas, linguagem, meios de comunicação, modelos de conduta e exemplos de vida, organizações, escolas, instituições, desigualdades sociais... e, é claro, brinquedos.[23]

A concepção do T-Rex de "brinquedos para meninos" e "brinquedos para meninas" já é conhecida nossa porque apareceu nas páginas deste capítulo: as categorias cor-de-rosa e azul refletem as preferências de "cérebros femininos" e "cérebros masculinos", que se tornam inconfundivelmente diferentes em grande parte pela ação da testosterona. A título de evidência dessa concepção, os defensores do marketing de brinquedos segmentado por gênero referem-se às preferências mais masculinas de meninas com hiperplasia adrenal congênita (HAC). (Talvez você se lembre do capítulo 4, a HAC é uma condição na qual níveis muito altos de andrógenos são produzidos *in utero*.) E, a partir daqui, bastam apenas alguns poucos passos para a conclusão de que a desigualdade sexual é natural e inevitável. Mas, uma vez que o Testosterona Rex está extinto, precisamos de outra explicação para o que está acontecendo.

No primeiro ano de vida, meninos e meninas recém-nascidos fornecem poucas evidências de que seu cérebro está sintonizado em diferentes estações de rádio da vida. Por exemplo, no nascimento, meninas e meninos são parecidos em relação à preferência a um rosto ou a um telefone celular. Embora um estudo da Universidade de Cambridge tenha constatado uma diferença estatisticamente significativa entre os sexos,[24] mesmo que desconsideremos falhas importantes no método desse estudo bastante divulgado,[25] as diferenças são pouco impressionantes (os meninos olharam para o rosto durante 46% do tempo; as meninas, 49%; os meninos olharam para o celular 52% do tempo; as meninas, 41%). Quatro a cinco meses mais tarde (de acordo com um estudo mais bem controlado), tanto meninos como meninas preferiram olhar mais para as pessoas do que para os objetos, no mesmo grau.[26]

No segundo ano de vida, as diferenças parecem vir à tona, mas ainda são bastante sutis. Um estudo recente de grande envergadura com quase cem crianças de dois anos de idade mediu quanto tempo elas brincavam com uma boneca e um caminhãozinho (entre outros brinquedos), e com que frequência "cuidavam" dos brinquedos ou os manipulavam. Em cerca de um terço do tempo, um menino escolhido de forma aleatória brincava de uma maneira mais "de menina" (ou não "apropriada a meninos") do que uma menina selecionada aleatoriamente, tanto por causa do brinquedo que escolhiam para brincar como pelo modo como brincavam com ele.[27] E às vezes, nessa idade, as crianças brincam durante o mesmo período de tempo (ou mais) com brinquedos não estereotipados do que com aqueles supostamente "para elas": como os meninos de catorze meses de idade, que, em um estudo, brincavam duas vezes mais tempo com um jogo de chá do que com um caminhãozinho, um trenzinho e motocicletas (ao passo que as meninas do mesmo estudo passaram tanto tempo com esses "brinquedos de menino" quanto com bonecas).[28]

Então, como é que a partir disso chegamos às preferências por brinquedos mais marcadamente estereotipadas que as crianças acabam desenvolvendo? Em conformidade com as sugestões dos evolucionistas culturais, os psicólogos do desenvolvimento descrevem as crianças como "detetives de gênero".[29] As crianças veem que a categoria sexo é a primeira e principal maneira de dividirmos o mundo social e são impelidas a aprender o que significa ser homem ou mulher. Depois, assim que acabam por entender seu próprio sexo, por volta dos dois ou três anos de idade, essa informação adquire um elemento motivacional: as crianças começam a se "autossocializar" (às vezes para a decepção dos pais feministas). Provavelmente não é coincidência que esse seja o período em que muitos meninos começam a evitar a cor rosa e muitas garotas se tornam atraídas por ela.[30] Mais ou menos aos três anos de idade, quando são apresentadas a outras crianças, e estas lhes oferecem novos objetos e novas atividades, neutros em relação ao gênero, as crianças demonstram "preferências robustas" pelo que lhes é mostrado por crianças do mesmo sexo.[31]

Aliás, um estudo recente conduzido pela psicóloga Melissa Hines, da Universidade de Cambridge, sugere que o motivo pelo qual meninas com HAC têm mais interesse por brincadeiras "de menino" é, ao menos em parte, porque são menos influenciadas do que outras crianças por rótulos e modelos de gênero.[32] Um grupo de controle de meninas de quatro a onze anos de idade (e meninos com e sem HAC) preferiram um brinquedo de gênero neutro, apresentado explícita ou implicitamente como sendo "para eles" (ecoando descobertas das décadas de 1970 e 1980).[33] Por outro lado, as meninas com HAC se mostraram indiferentes à informação de que brinquedos específicos (como um xilofone ou balão) eram "para meninas", apesar de também se lembrarem dessa informação. Isso faz sentido, dado que a identidade de gênero feminino é um pouco mais fraca nessa população.[34]

Em meu livro anterior, *Homens não são de Marte, mulheres não são de Vênus*, apontei que os estudos de meninas com HAC deixam aberta a possibilidade de que elas não sejam, de fato, seduzidas por alguma qualidade intrínseca não identificada dos "brinquedos de menino" que atraem os seus cérebros "masculinizados", mas que elas simplesmente se identifiquem mais com atividades masculinas do que meninas sem a condição, sejam quais forem tais atividades em um momento, um lugar e uma cultura determinados.[35] Na mesma linha de raciocínio, a cientista em medicina social Rebecca Jordan-Young, da Faculdade Barnard, salienta que, para entender as preferências mais masculinas dessas meninas, temos que levar em consideração os efeitos psicossexuais da condição: elas nascem com genitália atípica ou masculinizada, muitas vezes passam por observação ou intervenção médica e psiquiátrica intensa e têm características físicas em descompasso com os ideais culturais de atratividade feminina.[36]

Sem dúvida, como acontece com objetos novos e neutros em termos de gênero, o interesse das crianças até mesmo por brinquedos que contrariam os estereótipos pode ser estimulado quando veem outra criança do mesmo sexo brincando com eles.[37] E evidências mais recentes apontam para a influência da codificação por cores de gênero, agora ubíqua. A psicóloga Wang Wong, junto com Melissa Hines, comparou o tempo durante o qual meninos e meninas brincaram com um trenzinho e uma boneca, primeiro quando tinham entre vinte e quarenta meses de vida e de novo cerca de seis meses depois.[38] Em ambas as idades, vale a pena ressaltar, as meninas brincaram mais tempo com o trenzinho do que com a boneca. (Tire as conclusões que quiser acerca das implicações para a "naturalidade" do cuidado de crianças como uma ocupação para mulheres, em comparação com a ocupação muito mais bem remunerada de engenheiro mecânico.) Mas o principal interesse dos pesquisadores era verificar se as crianças eram influenciadas pela *cor* dos brinquedos.

Ora, vejam só, eis que as diferenças de sexo nas preferências por brinquedos eram menores quando se ofereciam às crianças um trenzinho cor-de-rosa e uma boneca azul do que quando os mesmos brinquedos eram apresentados em cores estereotípicas.

Com efeito, um pouco mais velhos, os mesmos meninos e as mesmas meninas mostraram diferenças de moderadas a grandes no tempo que passaram brincando com um trenzinho azul e uma boneca cor-de-rosa, mas diferenças pequenas, estatisticamente indistinguíveis, brincando com um trenzinho rosa e uma boneca azul.[39] Qualquer que seja o papel, se é que há um, desempenhado pela testosterona ou por outras facetas do sexo biológico nas preferências iniciais e sobrepostas de meninas e meninos por brinquedos (e existem outras explicações possíveis), tudo isso é problemático para a perspectiva do Testosterona Rex. Não se espera que uma natureza específica em relação ao sexo, resultante da evolução e com profundas raízes biológicas, seja tão contraditória e inconsistente na sua expressão, ou que seja tão facilmente sobrepujada por uma rápida demão de tinta.

Desde o nascimento, as crianças encontram incontáveis pistas, sugestões e indícios de gênero no mundo real: estereótipos transmitidos em anúncios publicitários, palavras animadoras de incentivo ou palavras glaciais de desencorajamento, expressões ou linguagem corporal de outras pessoas, lojas de brinquedos e embalagens, filmes, programas de televisão, segregação sexual dos papéis sociais adultos, e assim por diante. É claro que essas muitas influências não se impõem sobre uma tábula rasa: cada criança é diferente, com suas próprias inclinações e seus próprios entendimentos internos. Algumas delas saem incólumes de certas influências, ao passo que outras são afetadas (curiosamente, talvez as crianças que têm uma "lente de gênero" mais forte possam ser mais suscetíveis à influência de informações estereotípicas).[40] Algumas mensagens de gênero avançarão em direções opostas, e o mais provável é que nenhuma influência seja, sozinha, grande demais. Mas elas se acumulam. E oferecem uma possível explicação para até que ponto são robustas as diferenças sexuais nas preferências por brinquedos – que se expandem, mais ou menos, quando as crianças desenvolvem uma compreensão firme acerca do lado em que estão na decisiva divisão social do gênero. O sistema de desenvolvimento baseado em gênero consegue aquilo de que a testosterona pré-natal não é capaz.

Essa conclusão, a propósito, é perfeitamente consistente com as alegações de que, lá atrás, em nosso passado evolutivo, ter papéis muito diferentes era parte da adaptação de mulheres e homens: para as mulheres, cuidar dos filhos; para os homens, manejar lanças e matar. É compatível com o fato de esse ser um padrão comum a todas as sociedades. E também é perfeitamente conciliável com o fato de as coisas serem muito diferentes agora, e diferentes também no futuro.

Como explica Paul Griffiths, a biologia evolucionária aceita sem problemas que até mesmo traços adaptativos que aumentam o sucesso reprodutivo possam assumir formas diferentes, dependendo das condições ambientais.[41] (A psicologia evolucionária, por exemplo, descreve isso por meio da famosa metáfora do *jukebox*: várias "músicas" comportamentais possíveis são incorporadas aos genes, e qual delas vai "tocar" depende das circunstâncias.)[42] Basta perguntar ao besouro-do-esterco mais próximo. O peixe ciclídeo macho do capítulo 6 fornece outro exemplo impressionante e mais dinâmico. Se um macho vai se tornar um peixe dominante – em termos físicos, comportamentais e hormonais –, isso depende de sua situação social e das condições "imobiliárias" ou de espaço.

Um peixe colocado em um tanque com um peixe menor vai se tornar dominante; aquele desprovido de território de reprodução permanecerá subordinado, e os hormônios acompanharão esse status. Ou lembre-se das fêmeas dos gafanhotos-verdes do capítulo 1, que nos tempos de vacas magras competem por machos que carregam pacotes de esperma ricos em nutrientes, mas, quando a vida está fácil e tranquila, relaxam e escolhem. E havia o caso das ferreirinhas-comuns: os hábitos sexuais extremamente variáveis de seu sistema de acasalamento eram determinados, entre outros fatores, pelo acaso da localização de seus territórios de reprodução. Esses animais com certeza parecem estar agindo de forma adaptativa, mas é claro que esse comportamento não é determinado por seus genes ou sua natureza. O que podemos concluir a partir desses exemplos é que só porque determinado tipo de comportamento é adaptativo em certas condições, isso não significa que ele seja fixo e que se desenvolverá de todo modo, a despeito de qualquer coisa.

Mas e quanto às adaptações que são padrão, que vemos em uma espécie independentemente das circunstâncias ambientais ou sociais? Não estariam presas e restritas à biologia herdada – ou seja, os genes –, de modo a assegurar que se desenvolvam? Não necessariamente. Lembre-se das mamães rato do capítulo 4, que lambem com especial vigor a região anugenital de seus filhotes machos. Esse estranho fenômeno ilustra que a seleção natural é um processo frugal que pode utilizar, e de fato utiliza, insumos estáveis e confiáveis do sistema de desenvolvimento, além dos genes. Griffiths tem outro bom exemplo: a habilidade dos macacos rhesus em reconhecer expressões emocionais e contornar conflitos. O desenvolvimento dessas habilidades, apesar de ser, é óbvio, altamente adaptativo, acaba por depender do contato social e das interações na infância. Mas tudo bem, porque essas são experiências sociais que todos os jovens rhesus sem dúvida encontrarão no curso normal dos acontecimentos, geração após geração. Como ressalta Griffiths, o fato de esses macacos precisarem de um tipo específico de estímulo social inicial para desenvolver essas habilidades "não deixa dúvida alguma de que essas habilidades em macacos adultos são o resultado de evolução adaptativa".[43] De fato, no caso do rato, as lambidas da mãe contribuem para o desenvolvimento de algo tão fundamentalmente adaptativo como o comportamento sexual.

O que tudo isso significa para nós, dadas as monumentais mudanças ecológicas, tecnológicas, sociais, médicas e culturais que ocorreram ao longo da história humana? Como John Dupré salienta,

> uma vez que as condições sob as quais o cérebro contemporâneo se desenvolve são muito diferentes daquelas sob as quais [...] se desenvolveu na Idade da Pedra, não existe razão para supor que o resultado daquele desenvolvimento tenha sido sequer próximo do que existe agora.

Isso, ele tem o cuidado de salientar, não equivale a dizer que "os cérebros são tábulas rasas que se desenvolvem com plasticidade infinita em resposta à variação ambiental". Simplesmente leva-se a sério o papel do sistema de desenvolvimento no aperfeiçoamento e na evolução: o "cérebro [é] construído por uma variedade de recursos mais ou menos estáveis e confiáveis, incluindo aqueles que com certeza são reproduzidos com precisão por culturas humanas".[44]

Então, mesmo traços adaptativos universais podem ser eliminados com uma simples manipulação do ambiente? Vejamos o caso de um experimento em que cientistas criaram, de forma seletiva, duas linhagens de camundongos, uma de alta, outra de baixa agressividade. Os pesquisadores conseguiram isso colocando os camundongos jovens em isolamento social após a desmama, o que em alguns casos faz as tendências agressivas aumentarem. A seguir, esses camundongos – que se mostravam particularmente combativos em um encontro encenado com outro camundongo, quatro semanas depois – foram postos juntos. O mesmo foi feito com os camundongos menos agressivos. Depois de apenas sete gerações nesse programa de reprodução seletiva, os pesquisadores criaram com êxito duas linhagens de camundongos que se comportavam de maneiras muito diferentes. Quando mantidos em isolamento, os camundongos criados para ser mais agressivos se tornavam cerca de seis vezes mais hostis que os do outro grupo. Após 39 gerações, as duas linhagens tinham divergido ainda mais.

A agressividade, portanto, tornara-se um traço consistente e "adaptativo" na linhagem antagônica de camundongos (os cientistas faziam o papel da mão da seleção natural, aumentando o sucesso reprodutivo dos camundongos mais agressivos). Mas aqui está a parte extraordinária. Apesar de terem uma herança de 38 ancestrais criados para a agressão, no fim ficou claro que os camundongos hostis criados de uma maneira diferente de seus antepassados – na companhia de outros camundongos, e não em isolamento – *não* se mostraram mais agressivos do que os camundongos criados durante gerações para serem dóceis.[45] Uma mudança simples, mas decisiva, no sistema de desenvolvimento eliminou um traço "adaptativo" típico.

Outro exemplo, que algumas mães sobrecarregadas talvez achem inspirador. Vimos no capítulo 2 que o fato de alguém produzir o esperma não dita, por princípio universal, que os cuidados parentais estão fora de seu portfólio. No entanto, no caso do rato (como acontece com a maioria dos mamíferos), o equilíbrio das compensações torna mais adaptivo para os machos deixarem a cargo das mães a criação dos filhos. Isso pode suscitar em nós a tentação de dar por certo que os machos, em virtude de seu sexo, são desprovidos da capacidade de cuidar dos filhotes. Poderíamos muito bem presumir que, por meio da seleção sexual, eles perderam ou jamais adquiriram a capacidade biológica da parentalidade: que isso não está "em" seus genes, hormônios ou circuitos neurais. Que isso não faz parte de sua natureza masculina. Mas tenhamos em mente que um elemento constante do sistema de desenvolvimento de um rato macho é uma fêmea de rato que efetivamente se incumbe dos cuidados com a prole. Então, o que acontece quando um cientista, em condições controladas de laboratório, simula um movimento em que roedores da primeira onda do feminismo colocam os machos em gaiolas com seus filhotes, mas sem fêmeas? Em pouco tempo, veremos o macho "cuidando maternalmente" da criança, de maneira muito parecida com a das mulheres.[46]

Por mais surpreendentes que esses dois exemplos possam parecer, ambos são perfeitamente compatíveis com o pensamento evolucionário moderno – mas não com a maneira como a maioria de nós está acostumada a pensar em adaptações. Quando dizemos, por exemplo, que as diferenças sexuais nas preferências das crianças por brinquedos são "inatas", em geral atrelamos a essa palavra três diferentes suposições, como Griffiths explica. Em primeiro lugar, queremos dizer que as preferências de meninos e meninas refletem uma adaptação evolutiva: meninas gostam de bonecas porque são adaptadas para cuidar de bebês; meninos gostam de caminhõezinhos de brinquedo porque, bem, caminhões se movem, assim como lanças e animais quando a pessoa está caçando.

O segundo pressuposto que com frequência reproduzimos quando dizemos que tal fator é inato é assumir isso como algo fixo. No caso dos brinquedos, queremos dizer que nem uma educação feminista nem o marketing neutro de gênero podem eliminar esses interesses inatos. E a terceira coisa que muitas vezes sugerimos é que a preferência por brinquedos estereotípicos é, se não universal, pelo menos típica da infância de meninos e meninas. É tudo isso que queremos dizer quando afirmamos que "uma vez meninos, sempre meninos".

Como argumenta Griffiths, o pensamento essencialista leva-nos a enfeixar em um único grupo estas três propriedades biológicas: adaptabilidade, fixidez e tipicidade. Temos a tendência de pressupor que, se um comportamento ou traço característico é uma adaptação, então ele também deve ser fixo e típico. De forma inversa, se uma característica parece ser típica (ou universal), então ela deve ser fixa e provavelmente também uma adaptação. É por isso que tanta coisa parece depender, em termos políticos e sociais, de questões científicas como: "É universal em todas as sociedades que homens têm status mais elevado?". Ou: "Homens são mais promíscuos que mulheres em diferentes culturas?".

Às vezes, sem dúvida, essas três propriedades biológicas *de fato* se juntam em um único pacote, como os sistemas reprodutivos humanos feminino e masculino. O sistema reprodutivo humano feminino é um atributo essencial da feminilidade: é adaptativo; desenvolve-se mais ou menos da mesma forma ao longo de uma ampla gama de condições ambientais, físicas, sociais e culturais; e é extremamente típico (embora não universal) em fêmeas genéticas. Mas um princípio bem aceito e em geral tido como verdadeiro na ciência do desenvolvimento é que a adaptabilidade, a fixidez e a tipicidade *não* necessariamente se juntam. O fato de uma característica poder ser assinalada não significa que também se deva assinalar mais uma ou as outras duas. Uma vez que, por exemplo, o desenvolvimento de traços adaptativos característicos depende de todo o sistema de desenvolvimento, não apenas dos genes, uma mudança relevante no sistema de desenvolvimento externo pode alterar um comportamento adaptativo: como os ratos machos que se tornaram pais e cuidaram dos filhotes quando colocados naquele que, de modo habitual, seria o lugar da mãe. Ou seja, traços adaptativos não necessariamente se desenvolvem de forma independente das condições. Tampouco são adaptações necessariamente típicas.

A evolução pode produzir diferentes formas de um traço adaptativo: como os besouros-do-esterco machos, que podem ser beligerantes e equipados com couraças ou vir na forma de escaravelhos sem chifres, que consideram a discrição a melhor parte da valentia. E comportamentos também podem ser típicos sem serem uma adaptação, ou fixos. Mesmo em um mundo em que todas as mulheres usam vestidos, não diríamos que o uso de vestidos era uma adaptação específica ao sexo feminino, fixada em seu desenvolvimento.

Esse desvencilhamento significa que a resposta a perguntas como "a promiscuidade masculina, a atração pelo risco e a competitividade são adaptações sexualmente selecionadas para o sucesso reprodutivo?" simplesmente não tem, agora e no futuro, as implicações que em geral pressupomos ter; ou seja, que, se a resposta for "sim", então, "uma vez meninos, sempre meninos". Mas quando pensamos de maneira essencialista sobre grupos sociais, as diferenças entre eles parecem "grandes, intransponíveis, inevitáveis, imutáveis e ordenadas pela natureza", como resume o psicólogo Nick Haslam, da Universidade de Melbourne.[47] Os que pensam em gênero de modo essencialista são mais propensos a endossar os estereótipos de gênero que são a base da discriminação, intencional ou involuntária, no mercado de trabalho.[48] São mais propensos a desaprovar e ver com maus olhos as mulheres que buscam empoderamento em relação aos homens.[49] São mais propensos a cuidar dos filhos pequenos de forma tradicional.[50] São mais propensos a preferir que o marido ganhe mais em um casamento heterossexual, e provavelmente esperam buscar os equilíbrios tradicionais entre trabalho e cuidado dos filhos.[51] Mulheres incentivadas a adotar uma visão essencialista de gênero tornam-se mais vulneráveis à "ameaça de estereótipo" – a redução no desempenho e no interesse em domínios tradicionalmente masculinos, desencadeada por estereótipos negativos sobre elas.[52] O pensamento essencialista de gênero faz com que homens sejam mais lenientes ao avaliar crimes sexuais,[53] e torna as pessoas menos favoráveis a políticas de gênero progressistas, deixando-os mais à vontade com o *status quo*.[54]

Por isso é tão importante a evidência de que o sexo não "estabeleceu" nenhum comportamento como traço "essencial". Em vez disso, os componentes genéticos e hormonais do sexo colaboram com outras partes do sistema de desenvolvimento, incluindo nossas construções de gênero. Houve grandes mudanças e remodelações nesse sistema de desenvolvimento desde o Pleistoceno – leis, assistência social, tributação, avanços na medicina, industrialização e assim por diante. E embora os aparelhos reprodutivos masculino e feminino tenham permanecido os mesmos ao longo da história humana, à medida que o sistema de desenvolvimento foi sofrendo modificações – por meio da introdução de contracepção, legislação sobre igualdade de oportunidades, licença-paternidade ou cotas de gênero –, mudaram cérebros, hormônios, comportamentos e papéis.

Já sabemos que quando isso acontece em grande proporção, as mudanças no comportamento relacionado ao gênero podem ser excepcionais. Em nossas sociedades pós-industriais, a contracepção e a tecnologia confiáveis tornaram menos importantes as diferenças físicas entre os sexos, e isso levou a uma rápida fusão de papéis sexuais, como apontam Wendy Wood e Alice Eagly.[55] Mulheres irromperam em papéis tradicionalmente masculinos, a exemplo do direito, da medicina, da contabilidade e da administração. Embora não tenha havido uma corrida recíproca dos homens em direção a papéis tradicionalmente femininos, como educação e enfermagem, isso era de esperar, por causa do baixo status e dos salários pouco atraentes dos "trabalhos de mulheres".[56] Ou, para citar um exemplo documentado por Jordan-Young em *Brain Storm*, apenas trinta ou quarenta anos atrás os cientistas categorizavam tantos comportamentos sexuais como distintamente masculinos – a iniciação do sexo, o desejo físico intenso, a masturbação, os sonhos eróticos, a excitação com narrativas – que "nem de longe seria um exagero sugerir que a própria sexualidade era vista como um traço masculino".[57]

A imaginação sexual feminina era restrita a "fantasias de casamento". Para os psicobiólogos da época, o atual mercado de venda de vibradores,[58] indústria que nos Estados Unidos movimenta 1 bilhão de dólares por ano, provavelmente teria indicado uma epidemia de sexualidade feminina anormal em escala catastrófica. "Das revoluções sexuais do século XX até hoje, é fácil perder de vista quanta coisa mudou e a rapidez com que isso ocorreu",[59] observa Jordan-Young.

O que isso significa para a aspiração a uma sociedade mais equilibrada, com mais meninos brincando com bonecas e mais pais cuidando dos filhos pequenos, como mais mulheres na ciência e ocupando papéis de liderança? Como diz Letitia Meynell, filósofa da Universidade de Dalhousie,

> biologicamente falando, nossas ações e disposições são desenvolvidas e poderiam ser diferentes, dada a mistura certa de estímulos ao desenvolvimento em vários pontos de nossa vida. Se alguém quiser mudar a distribuição de determinado traço em uma população, *a tarefa não é superar a natureza, e sim reorganizar o sistema de desenvolvimento*.[60]

Embora essa seja uma mensagem otimista, reorganizar o sistema de desenvolvimento não é tarefa trivial. Ironicamente, a herança cultural rica e estável que possibilita sermos tão diversos em termos adaptativos como espécie é também um pesado contrapeso para a mudança. Quem quiser que um rato macho cuide de um ratinho bebê pode simplesmente colocá-lo dentro de uma gaiola com um. Reajustar o gênero no sistema de desenvolvimento humano envolve a reconstrução de estruturas sociais, valores, normas, expectativas, esquemas e crenças infiltradas em nossas mentes, interações e instituições, que influenciam e interagem com nossa biologia e com ela se emaranham. Há uma razão pela qual elas são chamadas de "construções sociais" e não, digamos, "blocos de Lego sociais". As construções sociais são edificadas com robustez: é possível arrancar tijolos aqui e ali, mas os outros continuam a manter tudo no lugar. Não são facilmente destruídas e reconstruídas de maneiras diferentes.

Tomemos como exemplo a violência doméstica. O que torna um indivíduo, em geral um homem, mais propenso a agredir uma companheira ou ex-companheira? Os especialistas apontam para uma lista assustadoramente longa de influências, incluindo rígidos estereótipos de gênero que circunscrevem com solidez papéis e responsabilidades femininos apropriados, normas hipermasculinas, justificativas sociais que facilitam a violência contra parceiros do sexo feminino, falta de responsabilização dos agressores, dependência econômica de muitas mulheres em relação a seus parceiros do sexo masculino, uma sociedade que confere às mulheres status inferior ao dos homens e o baixo investimento financeiro e político do governo na solução do problema.[61] Muito precisa ser rearranjado coletivamente se quisermos reduzir o número de homens que machucam mulheres. Seria um problema bem mais simples se os homens violentos apenas tivessem testosterona demais.

Então, como devemos encarar agora aqueles corredores de brinquedos codificados por gênero – aquelas faquinhas de plástico de ponta arredondada cor-de-rosa e azuis sendo vendidas na feirinha?

Um ano depois, no período que antecedeu o Natal, pela segunda vez a senadora australiana Waters vinculou os rígidos estereótipos de gênero promovidos pelo marketing de brinquedos segmentado por sexo a questões sociais aparentemente distantes, como a disparidade salarial entre homens e mulheres e a violência doméstica.[62] Mais uma vez recebeu uma chuva de escárnio. Mas agora pense no marketing de brinquedos segmentado por gênero não como uma manifestação da natureza na forma menino *versus* menina, e sim como parte do sistema de desenvolvimento. No exato momento em que crianças estão estabelecendo em sua mente significados e normas culturais, esse marketing enfatiza o sexo como uma divisão social de importância decisiva.[63] Aquela vendedora na barraca da feirinha ignorou tudo o que os dois pequenos fregueses tinham em comum – sua origem, seu histórico familiar, a idade parecida, etnia, a boa sorte compartilhada de um pai ou uma mãe que não veem dedos decepados como uma experiência inevitável e importante de aprendizagem na infância – e enfatizou uma coisa que era diferente, os genitais das crianças. Embora a codificação por cores de qualquer brinquedo ou produto dê seu recado, quando essas sugestões de gênero são vinculadas a tipos esterotipados de brinquedos e produtos, ela serve também ao propósito não menos importante de reforçar os estereótipos dos homens como mestres do mundo, "maus, porém arrojados", e das mulheres como cuidadoras carinhosas, "maravilhosas, porém fracas".[64] Esses estereótipos de gênero atuam ao longo da vida como expectativas sobre as características de homens e mulheres, e também como normas de gêneros que ditam padrões duplos acerca de como homens e mulheres deveriam se comportar, influenciando interesses, ideias que fazem de si, desempenhos e convicções das pessoas em domínios divididos por gênero. Esses estereótipos e normas são também o fundamento de formas conscientes e inconscientes de discriminação, como avaliações enviesadas de desempenho e potencial, e reações sociais e econômicas hostis contra pessoas cujo comportamento não está em conformidade com eles.[65] Estereótipos e normas de gênero podem ofender, prejudicar e reprimir meninos e homens também. Mas gênero é hierarquia.

O prestígio mais elevado dos homens e da masculinidade é, alguns especularam, a razão pela qual um número significativo de meninas começa, no meio da infância, a manter distância de brinquedos e atividades "de menina" – que por causa do gradual processo de sua evolução faz supor que devessem preferir – de modo a se tornar "um dos meninos", ao passo que é evidente a ausência de meninos que queiram se tornar "uma das meninas".[66] Uma vez que ocupações tradicionalmente masculinas são em geral associadas a maior prestígio e melhores salários em comparação com as femininas de nível de capacidade e qualificação equivalentes, estereótipos e normas de gênero são particularmente danosos para as mulheres em termos financeiros e profissionais. A ironia é que, hoje em dia, o viés de gênero inconsciente é considerado um obstáculo tão grande e tão grave para promoções justas e para a retenção de mulheres que as empresas com frequência investem tempo e dinheiro consideráveis para reduzi-lo; no entanto, plantamos vigorosamente as sementes desse viés de gênero em nossas crianças no momento em que elas nascem.

Então, o que queremos? Queremos uma sociedade que genuinamente valorize oportunidades iguais de desenvolvimento, emprego, estabilidade econômica, segurança e respeito, não importando o sexo? Se sim, há uma contradição flagrante com as mensagens que alguns publicitários e profissionais de marketing estão enviando às crianças. Como os psicólogos Sheila Cunningham e Neil Macrae apontam, a codificação por cores dos brinquedos "parece estar em desacordo com os objetivos igualitários que ganharam tanto destaque e relevância na sociedade contemporânea".[67]

O marketing da indústria de brinquedos é apenas um dos muitos fios que tecem o gênero ao longo do sistema de desenvolvimento. Nenhum fator isolado é esmagadoramente importante na criação de desigualdades sexuais. Toda influência é modesta, composta de inúmeras pequenas instâncias. É por essa razão que tudo – uma boneca em uma embalagem cor-de-rosa, uma piada machista, uma comissão de especialistas formada exclusivamente por homens – pode parecer trivial, de efeito intangível. Mas é exatamente por isso que é importante chamar a atenção para questões e exemplos de machismo que parecem insignificantes. Tudo isso se soma, e se ninguém se preocupar com as coisas pequenas, as coisas grandes nunca mudarão.

Os líderes nas posições mais elevadas obviamente desfrutam de mais poder para gerar mudanças – pela implementação de metas e cotas, pela revisão e redução das disparidades salariais, pela concessão de licença-paternidade mais generosa, pela erradicação do assédio sexual ou pela reformulação das representações estereotipadas nos meios de comunicação –, mas todos os demais, e muitos de nós, podem desempenhar um papel importante, reclamando sobre a existência de corredores de brinquedos com bonecas e conjuntos de utensílios de cozinha rotulados como "para meninas", e kits científicos rotulados como "para meninos"; exigindo que as conquistas femininas também sejam honradas em termos financeiros, via isonomia salarial; até mesmo pedindo à vendedora uma faquinha de plástico na cor "errada".

Qual a melhor maneira de mobilizar esforços e dinheiro para alcançar uma meta social e até que ponto se deve recorrer à regulamentação, sem dúvida, são questões legítimas para debate. Mas se nós, como sociedade, afirmamos que somos a favor da igualdade entre os sexos, então quando alguém tem a coragem de falar com franqueza e sem medo, de pedir a mudança, de reivindicar algo melhor, mais justo, menos sexista ou mais respeitoso, não merece ser fuzilado com uma saraivada de acusações de insanidade, reação exagerada ou correção política ensandecida.

Então, mais uma vez, o que queremos?

As pessoas têm diferentes razões para querer mais igualdade entre os sexos. Algumas querem ver menos mulheres agredidas ou assassinadas por seus parceiros. Outras querem eliminar o abismo escancarado na poupança para a aposentadoria, que relega à pobreza um número desproporcional de mulheres em seus anos de velhice. Algumas querem mais igualdade sexual em suas empresas e organizações porque pesquisas sugerem efeitos benéficos para a produtividade e a lucratividade. Outras pessoas querem que mães e pais compartilhem de forma mais igualitária a tarefa de cuidar dos filhos, para que a próxima geração colha os benefícios de pais envolvidos e carinhosos e de mães e pais mais felizes. Algumas querem uma trajetória mais fácil para os entes queridos cujas identidades, cujos corpos, ou ambos, se encaixam em algum ponto intermediário do binarismo excessivamente sistemático de masculino e feminino. Outras querem que seja mais fácil para os indivíduos sair em busca de ambições que contrariam os estereótipos e alcançá-las. Outras querem estancar o vazamento de mulheres talentosas, com alto nível de educação formal, cuja qualificação foi dispendiosa, mas que acabam se perdendo ao escoar pelas tubulações profissionais da vida.

Algumas pessoas querem ver famílias chefiadas por mães solteiras que deixaram para trás as adversidades ou as agruras da pobreza. Outras desejam uma representação política mais igualitária, de modo que interesses de meninas e mulheres sejam atendidos com paridade nas políticas de governo. Algumas pessoas também defendem a igualdade de gênero por causa de um conjunto de benefícios para os homens: desde a diminuição da pressão para cumprir as normas hipermasculinas, exigentes e por vezes perigosas, até o alívio do fardo e do estresse de ser o principal provedor da casa. Algumas esperam que isso traga uma expansão libertadora da definição do sucesso masculino para partes da existência humana que vão além do trabalho, da riqueza e da conquista sexual. Algumas vão ainda mais longe e têm a esperança de que pensar em qualidades, papéis e responsabilidades como atributos *humanos*, e não femininos ou masculinos, transformará o mundo do trabalho para o benefício de todos. Outras consideram que uma maior igualdade entre os sexos talvez seja uma faca de dois gumes para os homens, mas de qualquer forma devemos tentá-la, porque é mais justo e mais agradável quando poder, riqueza e status são compartilhados de forma mais igualitária.

E algumas pessoas pensam que a igualdade de sexos é uma ideia em princípio adorável, mas que o Testosterona Rex atravanca ferozmente o caminho para esse lugar melhor. Por quê? Porque os homens são de Marte, e as mulheres são de Vênus, porque uma mulher não pode ser parecida com um homem e porque uma vez meninos, sempre meninos.

Nunca ouvi, porém, ninguém admitir que defende este ponto de vista: "Veja, eu concordo, não é muito justo. E muito menos foi decretado a ferro e fogo pela natureza, então bem que poderíamos mudar as coisas se quiséssemos. Mas a desigualdade de sexos perdura há milhares de anos, e eu meio que gosto disso. Então, que tal deixar as coisas como estão?".

Aparentemente somos todos a favor da igualdade sexual, então. Se é assim, e agora?

Podemos concluir que é uma encrenca grande demais, e que dá uma trabalheira danada, e que talvez seja melhor aceitar um mundo de mudanças só pela metade. Outra opção é continuarmos com as nossas polidas, elegantes e pouco exigentes discussões, conferências e mesas-redondas sobre igualdade de gêneros, nossas boas intenções e nossas gambiarras dóceis e inofensivas, e esperar com paciência os cinquenta a cem anos que normalmente os especialistas consideram necessários para que se alcance a paridade salarial no mercado de trabalho. Mas se nenhuma dessas opções é empolgante, então talvez seja hora de sermos menos educados e mais rebeldes e desordeiros – como as feministas da primeira e segunda ondas. Elas nem sempre foram populares, verdade seja dita. Mas veja o que conseguiram por não pedir com gentileza.[68] Palavras são boas, mas muitas vezes ações funcionam melhor.

Qual dessas direções preferimos depende de nós: é uma questão para nossos valores, não para a ciência. Mas essa ciência em evolução está mostrando que uma opção tradicional e consagrada pelo tempo já não está mais disponível para nós. É hora de parar de culpar o Testosterona Rex, porque esse rei está morto.

Agradecimentos

Agradeço aos muitos profissionais que de diversas maneiras me ajudaram a criar este livro. Agradeço em particular a minha maravilhosa e incansável agente, Barbara Lowenstein, e a sua equipe na Lowenstein Associates. Também sou muito grata a todos os que me auxiliaram na Norton, sobretudo minha editora, Amy Cherry, por seu trabalho atento e minucioso no manuscrito, seu incentivo e sua paciência, e a Remy Cawley por sua assistência eficiente e amável. Muito obrigada também a minha meticulosa revisora, Nina Hnatov. Também sou imensamente grata aos muitos acadêmicos que de bom grado cederam seu tempo e seus conhecimentos especializados para, de forma tão generosa, comentar um ou mais capítulos ou me orientar nas etapas iniciais: Elizabeth Adkins-Regan, John Dupré, Anne Fausto-Sterling, Agustín Fuentes, Martha Hickey, Daphna Joel, Julie Nelson, Elise Payzan-LeNestour, Sari van Anders e Bill von Hippel. Também gostaria de deixar meu agradecimento especial a três queridos colegas na Universidade de Melbourne – Mark Elgar, Nick Haslam e Carsten Murawski –, que também me ofereceram apoio moral e respostas prestativas para perguntas estranhas relativas ao livro ao longo dos anos de sua escrita, bem como substanciais e inestimáveis opiniões sobre o manuscrito.

O gradual avanço desta obra contou com uma bolsa Future Fellowship do Conselho Australiano de Pesquisa, trabalho realizado na Escola de Ciências Psicológicas de Melbourne, na

Universidade de Melbourne, com o apoio da Escola de Negócios de Melbourne e do Centro para Liderança Ética da Faculdade Ormond, da Universidade de Melbourne. Sou especialmente grata pelo auxílio pós-bolsa da Escola de Negócios de Melbourne.

Alguns trechos do livro baseiam-se em textos publicados anteriormente. O capítulo 3 inclui material que foi publicado de forma muito semelhante em "The Vagina Dialogues: When it Comes to Libido, Testosterone is Overrated" [Os diálogos da vagina: quando se trata de libido, a testosterona é superestimada] (*The Monthly*, novembro de 2012). O capítulo 4 inclui linhas previamente publicadas em conjunto com Daphna Joel em "It's Time to Celebrate the Fact that There Are Many Ways to be Male and Female" [É hora de celebrar o fato de que existem muitas maneiras de ser homem e mulher] (*The Guardian*, 1º/12/2015). Agradeço a John van Tiggelen e Ian Sample por se envolverem neste trabalho. Sou profundamente grata a colegas com os quais escrevi em coautoria trabalhos que contribuíram para alguns dos pensamentos e ideias apresentados neste livro.

Argumentos no capítulo 8 foram desenvolvidos a partir de "Expanding the Role of Gender Essentialism in the Single-Sex-Education Debate: A Commentary on Liben" [Expandindo o papel do essencialismo de gênero no debate sobre educação de único sexo: um comentário sobre Liben] (*Sex Roles*, 72 [9], pp. 427-33). Esse capítulo também foi fortemente informado pelo trabalho em coautoria com Emma Rush, "'Why Does All the Girls Have to Buy Pink Stuff?' The Ethics and Science of the Gendered Toy Marketing Debate" [Por que todas as meninas têm que comprar coisas cor-de-rosa? A ética e a ciência do debate sobre o marketing de brinquedos segmentado por gênero] (*Journal of Business Ethics*, sistema DOI: 10.1007/S10551-016-3080-3). Um segmento do material desse capítulo foi incluído como parte da terceira palestra anual Alan Saunders, no ABC Ultimo Centre, em Sidney, em 7 de julho de 2015, apresentado pelo programa *The Philosopher's Zone*, da Radio National, e pela Associação de Filosofia da Australásia.

Quatro colegas – Daphna Joel, Rebecca Jordan-Young, Anelis Kaiser e Gina Rippon – têm desempenhado um papel fundamental no desenvolvimento de meu pensamento sobre modelos científicos de diferenciação sexual e acerca de como estudar sexo/gênero em humanos, em parte por meio das seguintes obras, escritas em coautoria com elas: "Plasticity, Plasticity, Plasticity... and the Rigid Problem of Sex" [Plasticidade, plasticidade, plasticidade... e o rígido problema do sexo] (*Trends in Cognitive Sciences*, 17 [11], pp. 550-1); "Reccomendations for Sex/Gender Neuroimaging Research: Key Principles and Implications for Research design, Analysis, and Interpretation" [Recomendações para pesquisa de neuroimagem de sexo/gênero: princípios-chave e implicações para o projeto, análise e interpretação de pesquisa] (*Frontiers in Human Neuroscience*, n. 8, p. 650); "Why males ≠ Corvettes, females ≠ Volvos, and scientific criticism ≠ ideology" [Por que homens ≠ Corvettes, mulheres ≠ Volvos e crítica científica ≠ ideologia]. (*Cerebrum*, 15/12/2014). Essas quatro colegas também foram uma maravilhosa fonte de apoio intelectual e pessoal ao longo da elaboração deste livro.

Por fim, sou grata a Richard Francis pelo título. Como observado no capítulo 6, Francis usou o termo "Testosterona Rex" em seu livro *Why Men Won't Ask for Directions: The Seductions of Sociobiology* [Por que homens não pedem informações: As seduções da sociobiologia].

Este é meu terceiro livro, e pelo visto a tarefa não fica nem um pouco mais fácil. Como de costume, agradeço a Russell por ser um pai tão excelente e dedicado. Muito obrigada, também, aos meus amigos escritores Simon Caterson, Monica Dux, Christine Kenneally e Anne Manne, cujos talentos se estendem para além da escrita e se manifestam também em saber exatamente a melhor forma de incentivar outros escritores. Meus sinceros agradecimentos, como sempre, à minha mãe, Anne Fine, por sua assistência editorial e emocional do começo ao fim. Finalmente, meus mais profundos agradecimentos e gratidão a C-Rex, por seu encorajamento e apoio infinitamente pacientes, e por seu interesse e confiança persistentes e infatigáveis neste livro. Ter me aturado já teria sido o bastante.

Notas

EPÍGRAFE

1 TEDxEuston, 12/4/2013 [ed. bras.: Adichie, Chimamanda Ngozi. *Sejamos todos feministas*. Tradução de Cristina Baum. São Paulo: Companhia das Letras, 2015].

APRESENTANDO O TESTOSTERONA REX

1 Haslam, N.; Rotschild, L.; Ernst, D. "Essentialist beliefs about social categories". *British Journal of Social Psychology*, n. 39, 2000, pp. 113-27. Essa pesquisa de estudantes norte-americanos descobriu que o gênero é uma categoria social fortemente essencializada, em particular no que diz respeito a ser visto como um "tipo natural" – isto é, ser algo natural, fixo e invariável ao longo do tempo e do espaço, e discreto (com um limite de categoria nitidamente definido).

2 Dupré, J. "A Postgenomic Perspective on Sex and Gender". In: D. L. Smith (org.). *How Biology Shapes Philosophy: New Foundations for Naturalism*. Cambridge: Cambridge University Press, 2016.

3 Charles Darwin definiu a seleção sexual como decorrente da "vantagem que certos indivíduos têm em comparação com outros indivíduos do mesmo sexo e da mesma espécie, exclusivamente em relação à reprodução". Darwin, C. *The Descent of Man, and Selection in Relation to Sex*. Londres: John Murray, 1871, pp. 245-55. Citado na p. 10.001 de: Jones, A. G.; Ratterman, N. L. "Mate Choice and Sexual Selection: What Have We Learned Since Darwin?". *Proceedings of the National Academy of Sciences*, n. 106 (suplemento 1), 2009, pp. 10.001-8. Jones e Ratterman descrevem isso como sendo altamente similar ou idêntico às definições contemporâneas de seleção sexual.

4 Ver, por exemplo: Gangestad, S. W.; Thornhill, R. "Menstrual Cycle Variation in Women's Preferences for the Scent of Symmetrical Men". *Proceedings of the Royal Society of London B: Biological Sciences*, 265 (1.399), 1998, pp. 927-33;

Pillsworth, E. G.; Haselton, M. G. "Women's Sexual Strategies: The Evolution of Long-Term Bonds and Extrapair Sex". *Annual Review of Sex Research*, 17 (1), 2006, pp. 59-100.

5 Citado em: Elgot, J. "'We can't force girls to like science', says Glasgow University academic Dr. Gijsbert Stoet". *Huffington Post*, 12/7/2014. Disponível em: http://www.huffingtonpost.co.uk/2014/07/12/girls-science_n_5580119.html. Acesso em: 7/8/2015.

6 Yamabiko, M. "Women in F1: A Question of Brawn or Brain?", 9/5/2015. Disponível em: http://www.crash.net/f1/feature/218544/1/max-yamabiko-women-in-f1-a-question-of-brawn-or-brain.html. Acesso em: 7/8/2015.

7 Cahill, L. "Equal ≠ the same: Sex Differences in the Human Brain". *Cerebrum*, 1º/4/2014.

8 Esse argumento é apresentado por Daphna Joel. Por exemplo, Joel, D. "Sex, Gender, and Brain: A Problem of Conceptualization". In: Schmitz, S.; Höppner, G. (orgs.). *Gendered Neurocultures: Feminist and Queer Perspectives on Current Brain Discourses*. Viena: Universidade de Viena/Zaglossus, 2014, pp. 169-86.

9 Paul Irwing, citado em: Rettner, R. "Men and Women's Personalities: Worlds Apart, or Not so Different?". *Live Science*, 4/1/2012. Disponível em http://www.livescience.com/36066-men-women-personality-differences.html. Acesso em: 10/2/2016.

10 Cahill, L., op. cit.

11 Como apontado em: Fine, C.; Joel, D.; Jordan-Young, R. M.; Kaiser, A.; Rippon, G. "Why Males ≠ Corvettes, Females ≠ Volvos, and Scientific Criticism ≠ Ideology". *Cerebrum*, 15/12/2014.

12 Por exemplo: Auster, C.; Mansbach, C. "The Gender Marketing of Toys: An Analysis of Color and Type of Toy on the Disney Store Website". *Sex Roles*, 67 (7-8), 2012, pp. 375-88; Blakemore, J.; Centers, R. "Characteristics of Boys' and Girls' Toys". *Sex Roles*, 53 (9/10), 2005, pp. 619-33.

13 Gray, J. *Men are from Mars, Women are from Venus: The Classic Guide to Understanding the Opposite Sex*. Nova York: HarperCollins, 2012 [ed. bras. *Homens são de Marte, mulheres são de Vênus: um guia prático para melhorar a comunicação e conseguir o que você quer nos seus relacionamentos*. Tradução de Alexandre Jordão. Rio de Janeiro: Rocco, 2015.].

14 Farrel, B.; Farrel, P. *Men are like Waffles – Women are like Spaghetti: Understanding and Delighting in your Differences*. Eugene, Oregon: Harvest House, 2001.

15 Pease, A.; Pease, B. *Why Men Want Sex and Women Need Love: Solving the Mystery of Attraction*. Londres: Orion Books, 2010.

16 Pease, A.; Pease, B. *Why Men Don't Listen and Women Can't Read Maps: How We're Different and What to do About It*. Londres: Orion Books, 2001.

17 Moir, A.; Moir, B. *Why Men Don't Iron: The Fascinating and Unalterable Differences Between Men and Women*. Nova York: Citadel Press/Kensington, 2003.

18 Moss, G. *Why Men Like Straight Lines and Women Like Polka Dots: Gender and Visual Psychology*. Alresford: Psyche Books, 2014.

19 Shambaugh, R. *Make Room for Her: Why Companies Need an Integrated Leadership Model to Achieve Extraordinary Results*. Nova York: McGraw-Hill, 2013. Citação do texto da orelha.

20 Gray, J.; Annis, B. *Work with Me: The Eight Blind Spots Between Men and Women in Business*. Nova York: St. Martin's Press, 2013.

21 Adams, S. "Eight Blind Spots Between the Sexes at Work". *Forbes*, 26/4/2013. Disponível em: http://www.forbes.com/sites/susanadams/2013/04/26/8-blind-spots-between-the-sexes-at-work/. Acesso em: 28/4/2013; "Girl Talk". *The Economist*, 13/4/2013. Disponível em: http://www.economist.com/news/business-booksquarterly/21576073-working-women-today-have-it-better-ever-few-agree-how. Acesso em: 15/4/2013.

22 Herbert, J. *Testosterone: Sex, Power, and the Will to Win*. Oxford: Oxford University Press, 2015, p. 194.

23 Herbert sugere que a testosterona desempenhe um papel importante nas mulheres em relação à sexualidade e reconhece uma relativa falta de conhecimento a respeito do papel da testosterona nas fêmeas.

24 Essa suposição implícita ou explícita é descrita por: Van Anders, S. M. "Beyond Masculinity: Testosterone, Gender/Sex, and Human Social Behavior in a Social Behavior". *Frontiers in Neuroendocrinology*, 34 (3), 2013, pp. 198-210.

25 Alexander, R. D. *Darwinism and Human Affairs*. Seattle: University of Washington Press, 1979, p. 241.

26 Hewlett, S. "Too Much Testosterone on Wall Street?", *Harvard Business Review Blogs*, 7/1/2009. Disponível em: http://blogs.hbr.org/2009/01/too-much-testosterone-on-wall/. Acesso em: 15/4/2010.

27 Dupré, J. "Scientism, Sexism and Sociobiology: One More Link in the Chain". *Behavioral and Brain Sciences*, 16 (2), 1993, p. 292.

28 Ver discussão esclarecedora acerca dessa questão em: Wilson, D. S.; Dietrich, E.; Clark, A. B. "On the Inappropriate Use of the Naturalistic Fallacy in Evolutionary Psychology". *Biology and Philosophy*, 18 (5), 2003, pp. 669-81.

29 Idem, ibidem. Ver também: Dupré, L. *Darwin's Legacy: What Evolution Means Today*. Oxford: Oxford University Press, 2003; Kennett, J. "Science and Normative Authority". *Philosophical Explorations*, 14 (3), 2011, pp. 229-35; e Meynell, L. "The Power and Promise of Developmental Systems Theory". *Les Ateliers de L'Éthique*, 3 (2), 2008, pp. 88-103.

30 Kennett, J., op. cit., p. 229.

31 Citado em: Elgot, J., op. cit.

32 Browne, K. R. "Mind Which Gap? The Selective Concern Over Statistical Sex Disparities". *Florida International University Law Review*, n. 8, 2012, pp. 271-86. Citação na p. 284; as referências em nota de rodapé que se seguem foram excluídas.

33 Hoffman, M.; Yoeli, E. "The Risks of Avoiding a Debate on Gender Differences". *Rady Business Journal*, inverno/2013.

34 Tom Knox, citado na condição de presidente da DLKW Lowe no Marketing Society Forum. "Should All Marketing to Children be Gender-Neutral?". *Marketing*, 7/3/2014. Disponível em: http://m.campaignlive.co.uk/article/1283685/marketing-children-gender-neutral. Acesso em: 8/9/2014.

35 Tony Abbott, falando como primeiro-ministro da Austrália, citado em Dearden. "Tony Abbott Says Campaigners Against Gendered Toys Should 'Let Boys be Boys and Girls be Girls'". *The Independent*, 2/12/2014. Disponível em: http://www.independent.co.uk/news/world/australasia/tony-abbott-says-campaigners-against-gendered-toys-should-let-boys-be-boys-and-girls-be-girls-9897135.html. Acesso em: 27/4/2015.

36 Liben, L. "Probability Values and Human Values in Evaluating Single-Sex Education". *Sex Roles*, 72 (9-10), 2015, pp. 401-26. Citado na p. 415. A própria Liben não tem uma visão essencialista de gênero e observa que, dessa perspectiva, o sexo é visto como tão fundamental "que outras características humanas potencialmente importantes podem perder força em comparação com ele e, portanto, atrair relativamente pouca atenção".

37 Por exemplo, Halsam et alii, op. cit.; Haslam, N.; Rothschild, L.; Ernst, D. "Are Essentialist Beliefs Associated with Prejudice?". *British Journal of Social Psychology*, n. 41, 2000, pp. 87-100; Rothbart, M.; Taylor, M. "Category Labels and Social Reality: Do We View Social Categories as Natural Kinds?". In: Semin, G.;

Fiedler, K. (orgs.). *Language, Interaction and Social Cognition*. Thousand Oaks, Califórnia: Sage, 1992, pp. 11-36.

38 Ver: Griffiths, P. E. "What is Innateness?". *The Monist*, 85 (1), 2002, pp. 70-85.

39 John Coates, citado em: Adams, T. "Testosterone and High Finance Do Not Mix: So Bring on the Women". *The Guardian*, 19/6/2011. Disponível em: http://www.theguardian.com/world/2011/jun/19/neuroeconomics-women-city-financial-crash. Acesso em: 20/2/2014.

UMA NOTA SOBRE TERMINOLOGIA

1 O primeiro uso da palavra *gênero* como dissociável do sexo biológico é atribuído a John Money, nos conceitos de "identidade de gênero" e "papel de gênero", em 1955. No entanto, o livro de Ann Oakley *Sex, Gender and Society*, de 1972, parece ser a primeira publicação a usar o termo para distinguir o sexo biológico do gênero cultural.

2 Ver Haig, D. "The Inexorable Rise of Gender and the Decline of Sex: Social Change in Academic Titles, 1945-2001". *Archives of Sexual Behavior*, 33 (2), 2004, pp. 87-96. No entanto, minha impressão é de que, mais ou menos na última década, os psicólogos que enfatizam contribuições biológicas para diferenças entre homens e mulheres tendem a usar *sexo*, enquanto aqueles que enfatizam contribuições sociais usam *gênero*.

3 Como Haig define: "O uso de *gênero* tendeu a se expandir para abranger o biológico, e uma distinção sexo/gênero é agora observada apenas de forma intermitente" (op. cit., p. 87).

4 Por exemplo, Kaiser, A. "Re-Conceptualizing 'Sex' and 'Gender' in the Human Brain". *Journal of Psychology*, 220 (2), 2012, pp. 130-6.

5 Além da desvantagem da imprecisão, a palavra "promíscuo" na linguagem cotidiana também pode ser considerada uma falta de distinção ou discriminação quando se trata de escolher parceiros sexuais. Ver: Elgar, M. A.; Jones, T. M.; McNamara, K. B. "Promiscuous Words". *Frontiers in Zoology*, 10 (1), 2013, p. 66.

6 Marlene Zuk, ecologista comportamental e bióloga evolutiva da Universidade de Minnesota, descreve maravilhosamente as reações morais de seus alunos ao saber que alguns sistemas de acasalamento de aves não são tão monogâmicos como se pensava. Zuk, M. *Sexual Selections: What We Can and Can't Learn about Sex from Animals*. Berkeley: University of California Press, 2002.

PARTE I – **Passado**

CAPÍTULO 1 – MOSQUINHAS MIRABOLANTES

1 Estudos extremamente úteis, bastante utilizados aqui, estão disponíveis em: Dewsbury, D. "The Darwin-Bateman Paradigm in Historical Context". *Integrative and Comparative Biology*, 45 (5), 2005, pp. 831-7; Tang-Martínez, Z. "Bateman's Principles: Original Experiment and Modern Data For and Against". In: Breed, M.; Moore. J. (orgs.). *Encyclopedia of Animal Behavior*. Oxford: Academic Press, 2010, v. 1, pp. 166-76; Hrdy, S. B. "Empathy, Polyandry, and the Myth of the Coy Female". In: Bleier, R. (org.). *Feminist Approaches to Science*. Nova York: Pergamon Press, 1986, pp. 119-46; Tang-Martínez, Z. "Rethinking Bateman's principles: Challenging Persistent Myths of Sexually-Reluctant Females and Promiscuous Males". *Journal of Sex Research*, 53 (4-5), 2016, pp. 532-59. Muitos exemplos citados neste capítulo foram originalmente citados nesse artigo de revisão crítica.

2 Knight, J. "Sexual Stereotypes". *Nature*, n. 415, 2002, pp. 254-6. Citado na p. 254.

3 Darwin, C. *The Descent of Man, and Selection in Relation to Sex*. Londres: John Murray, 1871, p. 272 [ed. bras. *A origem do homem e a seleção sexual*. Tradução de Eugênio Amado. Belo Horizonte: Itatiaia, 2004].

4 Bateman, A. J. "Intra-Sexual Selection in Drosophila". *Heredity*, 2 (3), 1948, pp. 349-68.

5 Ver: Dewsbury, D. "The Darwin-Bateman Paradigm in Historical Context", op. cit.

6 Trivers, R. L. "Parental Investment and Sexual Selection". In: Campbell, B. (org.). *Sexual Selection and the Descent of Man*. Chicago: Aldine, 1972, pp. 136-79.

7 Tang-Martínez, Z. "Bateman's Principles: Original Experiment and Modern Data For and Against", op. cit., p. 167.

8 Por exemplo, Patricia Gowaty é a organizadora do livro *Feminism and Evolutionary Biology: Boundaries, Intersections, and Frontiers* (ver referências na nota 42, à p. 267), bem como de outras publicações acadêmicas na área.

9 Snyder, B. F.; Gowaty, P. A. "A Reappraisal of Bateman's Classic Study of Intrasexual Selection". *Evolution*, 61 (11), 2007, pp. 2.457-68. Citações nas pp. 2.458 e 2.457, respectivamente.

10 Na verdade, uma tentativa posterior de replicar o estudo de Bateman (feita por Patricia Gowaty e seus colegas) contestou a suposição de que haveria um compartilhamento de um quarto (25%) de cada um dos filhotes com

uma mutação exclusivamente materna, mutação exclusivamente paterna, mutação dupla e nenhuma mutação. Moscas com mutação dupla, em especial, tinham chances quase nulas de sobreviver. Gowaty, P. A.; Kim, Y.-K.; Anderson, W. W. "No Evidence of Sexual Selection in a Repetition of Bateman's Classic Study of *Drosophila Melanogaster*". *Proceedings of the National Academy of Sciences*, 109 (29), 2012, pp. 11.740-5.

11 Snyder, B. F.; Gowaty. P. A., op. cit.

12 Tang-Martínez, Z.; Ryder, T. B. "The Problem With Paradigms: Bateman's Worldview as a Case Study". *Integrative and Comparative Biology*, 45 (5), 2005, pp. 821-30. Eles também constaram que o comportamento de acasalamento de linhagens endogâmicas pode não ter sido representativo do que se observava em animais normais. Além disso, um experimento mais longo talvez tivesse produzido resultados diferentes, já que as fêmeas podem armazenar os espermatozoides por vários dias e só atingem a maturidade sexual por volta dos quatro dias de idade (em comparação com um dia para os machos).

13 Idem, p. 821.

14 Snyder e Gowaty relatam que, "ao que tudo indica, o único fundamento lógico de Bateman para representar graficamente esses dados em separado foi que '[…] as séries 5 e 6 diferiam um pouco do resto' (Bateman, A. J., op. cit., p. 361). Essa não era uma justificativa legítima nem apriorística. Bateman vai além e aponta que as séries 5 e 6 se distinguiam das de número 1 a 4 porque as moscas nas séries 5 e 6 eram derivadas de cruzamentos com cepas endogâmicas. No entanto, a série 4 foi derivada de linhagens endogâmicas de maneira semelhante, e todas as seis séries diferiram em aspectos importantes, incluindo o número de moscas em cada população" (op. cit., p. 2.463).

15 Tang-Martínez, Z. "Bateman's Principles: Original Experiment and Modern Data For and Against", p. 168.

16 Snyder, B. F.; Gowaty. P. A., op. cit., p. 2463.

17 Ver: Tang-Martínez, Z. "Bateman's Principles: Original Experiment and Modern Data For and Against", op. cit.

18 Ver a tabela 1, com exemplos de invertebrados, aves, peixes, anfíbios, répteis e mamíferos, para os quais o sucesso reprodutivo feminino é positivamente associado a múltiplos acasalamentos, em: Gerlach, N. M.; McGlothlin, J. W.; Parker, P. G.; Ketterson, E. D. "Reinterpreting Bateman Gradients: Multiple Mating and Selection in Both Sexes of a Songbird Species". *Behavioral Ecology*, 23 (5), 2012, pp. 1.078-88.

19 Schulte-Hostedde, A. I.; Millar, J. S.; Gibbs, H. L. "Sexual Selection and Mating Patterns in a Mammal with Female-Biased Sexual Size Dimorphism". *Behavioral Ecology*, 15 (2), 2004, pp. 351-6; Williams, R. N.; DeWoody, J. A. "Reproductive Success and Sexual Selection in Wild Eastern Tiger Salamanders (*Ambystoma T. Tigrinum*)". *Evolutionary Biology*, 36 (2), 2009, pp. 201-13. Exemplos disponíveis em: Tang-Martínez, Z. "Re-thinking Bateman's Principles: Challenging Persistent Myths of Sexually-Reluctant Females and Promiscuous Males", op. cit.

20 Imhof, M.; Harr, B.; Brem, G.; Schlötterer, C. "Multiple Mating in Wild *Drosophila melanogaster* Revisited by Microsatellite Analysis". *Molecular Ecology*, 7 (7), 1998, pp. 915-7.

21 Clapham, P. J.; Palsbøll, P. J. "Molecular Analysis of Paternity Shows Promiscuous Mating in Female Humpback Whales (*Megaptera novaeangliae*, Borowski)". *Proceedings of the Royal Society of London B: Biological Sciences*, 264 (1.378), 1997, pp. 95-8.

22 Soltis, J. "Do Primate Females Gain Nonprocreative Benefits by Mating with Multiple Males? Theoretical and Empirical Considerations". *Evolutionary Anthropology*, 11 (5), 2002, pp. 187-97. Citado na p. 187.

23 Ver capítulo 4 de: Zuk, M. *Sexual Selections: What We Can and Can't Learn About Sex from Animals*. Berkeley: University of California Press, 2002.

24 Lanctot, R. B.; Scribner, K. T.; Kempenaers, B.; Weatherhead, P. J. "Lekking without a Paradox in the Buff-Breasted Sandpiper". *The American Naturalist*, 149 (6), 1997, pp. 1.051-70.

25 Idem, p. 1.059. Como os pesquisadores apontam, essas descobertas ajudam a explicar um aparente paradoxo de leks, razão pela qual as fêmeas devem continuar a fazer escolhas, apesar da variação genética (presumivelmente) mínima nas características masculinas (devido a quase todas as fêmeas se reproduzirem com o mesmo macho).

26 Hrdy, S. B. "Empathy, Polyandry, and the Myth of the Coy Female", op. cit. Ver também citações em, por exemplo: Tang-Martínez, Z.; Ryder, T. B., op. cit.

27 Hrdy, S. B. "Empathy, Polyandry, and the Myth of the Coy Female", op. cit., p. 135.

28 Ver: Fuentes, A. *Race, Monogamy, and Other Lies They Told You: Busting Myths About Human Nature*. Berkeley: University of California Press, 2012, p. 27.

29 Hrdy, S. B. "Empathy, Polyandry, and the Myth of the Coy Female", op. cit., p. 137.

30 Um breve panorama pode ser lido em Knight, J., op. cit. Para os primatas, ver discussão em: Soltis, J., op. cit. Para uma discussão dos potenciais benefícios genéticos para fêmeas de múltiplos acasalamentos, ver: Jennions, M.; Petrie, M. "Why do Females Mate Multiply? A Review of the Genetic Benefits". *Biological Reviews*, 75 (1), 2000, pp. 21-64.

31 Argumento apresentado por: Hrdy, S. B. "Empathy, Polyandry, and the Myth of the Coy Female", op. cit.

32 Essa última possibilidade será obscurecida por estudos de mais curto prazo, como aponta S. B. Hrdy em "Empathy, Polyandry, and the Myth of the Coy Female", op. cit. Ver também: Stockley, P.; Bro-Jørgensen, J. "Female Competition and its Evolutionary Consequences in Mammals". *Biological Reviews*, 86 (2), 2011, pp. 341-66.

33 Ver tabela 1 em: Stockley, P.; Bro-Jørgensen, J., op. cit. p. 345.

34 Idem, p. 344. Eles observam, no entanto, que nem todos os estudos encontraram esse efeito, embora em alguns casos isso possa ter acontecido porque as populações estudadas tivessem recursos particularmente bons.

35 Por exemplo, Blomquist, G. "Environmental and Genetic Causes of Maturational Differences Among Rhesus Macaque Matrilines". *Behavioral Ecology and Sociobiology*, 63 (9), 2009, pp. 1.345-52.

36 Argumento apresentado tanto por Hrdy, S. B. "Empathy, Polyandry, and the Myth of the Coy Female", op. cit., como por Stockley, P.; Bro-Jørgensen, J., op. cit.

37 Essa questão é apresentada por diversos autores, incluindo Baylis, J. "The Evolution of Parental Care in Fishes, with Reference to Darwin's Rule of Male Sexual Selection". *Environmental Biology of Fishes*, 6 (2), 1981, pp. 223-51; Dewsbury, D. "Ejaculate Cost and Male Choice". *The American Naturalist*, 119 (5), 1982, pp. 601-30; Dewsbury, D. "The Darwin-Bateman Paradigm in Historical Context", op. cit.; e Tang-Martínez, Z.; Ryder, T. B., op. cit.

38 Com considerável variabilidade: Cooper, T. G.; Noonan, E.; Von Eckardstein, S.; Auger, J.; Baker, H. W.; Behre, H. M. et alii. "World Health Organization Reference Values for Human Semen Characteristics". *Human Reproduction Update*, 16 (3), 2010, pp. 231-45.

39 Tang-Martínez, Z.; Ryder, T. B., op. cit., p. 824.

40 Michalik, P.; Rittschof, C. C. "A Comparative Analysis of the Morphology and Evolution of Permanent Sperm Depletion in Spiders". *PloS One*,

6 (1), 2011, p. e16014. Citado em Tang-Martínez, Z. "Re-thinking Bateman's Principles: Challenging Persistent Myths of Sexually-Reluctant Females and Promiscuous Males".

41 Argumento apresentado por: Dewsbury, D. "Ejaculate Cost and Male Choice", op. cit.

42 Idem, ibidem.

43 Tang-Martínez, Z. "Bateman's Principles: Original Experiment and Modern Data For and Against", op. cit., p. 174.

44 Por exemplo, ver a tabela 3, na p. 318, de: Wedell, N.; Gage, M. J. G.; Parker, G. A. "Sperm Competition, Male Prudence and Sperm-Limited Females". *Trends in Ecology and Evolution*, 17 (7), 2002, pp. 313-20.

45 Renfree, M. "Diapausing Dilemmas, Sexual Stress and Mating Madness in Marsupials". In: Sheppard, K.; Boubilik. J.; Funder, J. (orgs.). *Stress and Reproduction*. Nova York: Raven Press, 1992, pp. 347-60. Tanto os machos castrados no campo como aqueles impedidos de acasalar no laboratório sobrevivem substancialmente além do tempo de vida habitual.

46 Elgar, M., comunicação pessoal em 6/8/2015.

47 Alavi, Y.; Elgar, M. A.; Jones, T. M. "Male Mating Success and the Effect of Mating History on Ejaculate Traits in a Facultatively Parthenogenic Insect (*Extatosoma tiaratum*)". *Ethology*, n. 122, 2016, pp. 1-8.

48 August, C. J. "The Role of Male and Female Pheromones in the Mating Behaviour of *Tenebrio molitor*". *Journal of Insect Physiology*, 17 (4), 1971, pp. 739-51; Gwynne, D. T. "Sexual Difference Theory: Mormon Crickets Show Role Reversal in Mate Choice". *Science*, 213 (4.509), 1981, pp. 779-80; Pinxten, R.; Eens, M. "Copulation and Mate-Guarding Patterns in Polygynous European Starlings". *Animal Behaviour*, 54 (1), 1997, pp. 45-58.

49 Gowaty, P. A.; Steinichen, R.; Anderson, W. W. "Indiscriminate Females and Choosy Males: Within- and Between-Species Variation in Drosophila". *Evolution*, 57 (9), 2003, pp. 2.037-45.

50 Wade, M.; Shuster, S. "The Evolution of Parental Care in the Context of Sexual Selection: A Critical Reassessment of Parental Investment Theory". *The American Naturalist*, 160 (3), 2002, pp. 285-92. Ver: Kokko, H.; Jennions, M. "It Takes Two to Tango". *Trends in Ecology and Evolution*, 18 (3), 2003, pp. 103-4.

51 Kokko, H.; Jennions, M. D. "Parental Investment, Sexual Selection and Sex Ratios". *Journal of Evolutionary Biology*, 21 (4), 2008, pp. 919-48. Citado na p. 926.

52 Emlen, D. J. "Alternative Reproductive Tactics and Male-Dimorphism in the Horned Beetle *Onthophagus acuminatus (Coleoptera: Scarabaeidae)*". *Behavioral Ecology and Sociobiology*, 41 (5), 1997, pp. 335-41. Com agradecimentos a John Dupré por me alertar para esse exemplo.

53 Drea, C. M. "Bateman Revisited: The Reproductive Tactics of Female Primates". *Integrative and Comparative Biology*, 45 (5), 2005, pp. 915-23. Citado na p. 920, referências removidas. Nem os cuidados parentais parecem estar fortemente ligados à monogamia, um sistema no qual os machos teriam mais certeza da paternidade. Ver também: Wright, P. C. "Patterns of Paternal Care in Primates". *International Journal of Primatology*, 11 (2), 1990, pp. 89-102.

54 De fato, alguns biólogos argumentam que o "papel sexual" não é mais um conceito útil. Por exemplo: Ah-King, M.; Ahnesjö, I. "The 'Sex Role' Concept: An Overview and Evaluation". *Evolutionary Biology*, 40 (4), 2013, pp. 461-70; Roughgarden, J. *Evolution's Rainbow: Diversity, Gender, and Sexuality in Nature and People*. Berkeley: University of California Press, 2004.

55 Gwynne, D. T.; Simmons, L. W. "Experimental Reversal of Courtship Roles in an Insect". *Nature*, 346 (6.280), 1990, pp. 172-4.

56 Forsgren, E.; Amundsen, T.; Borg, A. A.; Bjelvenmark, J. "Unusually Dynamic Sex Roles in a Fish". *Nature*, 429 (6.991), 2004, pp. 551-4. Citado na p. 553.

57 Davies, N. *Dunnock Behaviour and Social Evolution*. Oxford: Oxford University Press, 1992, p. 1.

58 Ver: Davies, N. "Sexual Conflict and the Polygamy Threshold". *Animal Behaviour*, 38 (2), 1989, pp. 226-34. Agradeço a Mark Elgar por chamar a minha atenção para esse exemplo.

59 Davies, N. *Dunnock Behaviour and Social Evolution*, op. cit., p. 1.

60 Ah-King, M.; Ahnesjö, I., op. cit., p. 467, referências removidas.

61 Itani, J. "Paternal Care in the Wild Japanese Monkey, *Macaca fuscata fuscata*". *Primates*, 2 (1), 1959, pp. 61-93.

CAPÍTULO 2 – CEM BEBÊS?

1 Einon, D. "How Many Children Can One Man Have?". *Evolution and Human Behavior*, 19 (6), 1998, pp. 413-26. Citado na p. 414. Todas as menções subsequentes a Einon fazem referência a essa citação.

2 Bullough, V. L. "Introdução". In: Bullough, V. L.; Appleby, B.; Brewer, G.; Hajo, C. M.; Katz, E. (orgs.). *Encyclopedia of Birth Control*. Santa Barbara: ABC-CLIO, 2001, pp. xi-xv.

3 Idem, ibidem.

4 Schmitt, D. P. "Universal Sex Differences in the Desire for Sexual Variety: Tests from 52 Nations, 6 Continents, and 13 Islands". *Journal of Personality and Social Psychology*, 85 (1), 2003, pp. 85-104. Citado na p. 87, referências removidas.

5 Wilcox, A. J.; Dunson, D. B.; Weinberg, C. R.; Trussell, J.; Baird, D. D. "Likelihood of Conception with a Single act of Intercourse: Providing Benchmark Rates for Assessment of Postcoital Contraceptives". *Contraception*, 63 (4), 2001, pp. 211-5. Ver a figura 1 na p. 212 e o texto que acompanha a imagem.

6 Isso pressupõe que cada ato de coito foi independente – ou seja, que fazer sexo com a Mulher A na terça-feira não afeta a probabilidade de concepção com a Mulher B na quarta. Ver também: Tuana, N. "Coming to Understand: Orgasm and the Epistemology of Ignorance". *Hypatia*, 19 (1), 2004, pp. 194-232.

7 Em um artigo posterior, Schmitt reconhece que o sexo com cem mulheres "raramente, ou nunca" resultaria em cem filhos. No entanto, ele sugere que as probabilidades aumentariam por meio de "repetidos acasalamentos" com a mesma mulher no período fértil. A plausibilidade de realizar a façanha de conquistas sexuais cuidadosamente cronometradas cem vezes é discutida mais adiante no texto principal. Schmitt, D. P. "Sociosexuality from Argentina to Zimbabwe: A 48-Nation Study of Sex, Culture, and Strategies of Human Mating". *Behavioral and Brain Sciences*, 28 (2), 2005, pp. 247-75. Citado na p. 249.

8 Probabilidade de cada uma das cem mulheres ter um filho (a partir de um único coito), em que a probabilidade de gravidez clínica por coito é de 3,1% e a probabilidade de um nascimento vivo de uma gravidez clínica é de 90%, pressupondo independência. A partir de dados de: Wilcox, A. J. et alii, op. cit.

9 Para revisão desses dados, ver: Haselton, M. G.; Gildersleeve, K. "Can Men Detect Ovulation?". *Current Directions in Psychological Science*, 20 (2), 2011, pp. 87-92.

10 Brewis, A.; Meyer, M. "Demographic Evidence that Human Ovulation is Undetectable (at Least in Pair Bonds). *Current Anthropology*, 46 (3), 2005, pp. 465-71. Mulheres que usavam contraceptivos químicos foram excluídas da análise, e o controle masculino do comportamento sexual não afetou os resultados.

11 Laden, G. "Coming to Terms with the Female Orgasm", 9/9/2011. Disponível em: http://scienceblogs.com/gregladen/2011/09/09/coming-to-terms-with-the-femal/. Acesso em: 23/1/2015.

12 Schmitt mais tarde argumenta que um homem que faz sexo com cem mulheres terá maior sucesso reprodutivo do que uma mulher que faz sexo com cem homens. Isso parece razoável, mas a logística para alcançar isso, dado o prazo de dois a três dias para identificar e cortejar a próxima mulher disponível na fase fértil de seu ciclo menstrual, parece implausível para a maioria dos homens, para dizer o mínimo. Ver: Schmitt, D. P. "Sociosexuality from Argentina to Zimbabwe: A 48-Nation Study of Sex, Culture, and Strategies of Human Mating", op. cit.

13 Probabilidade de cada uma das cem mulheres ter um filho (em um único coito), em que a probabilidade de uma gravidez clínica por coito é de 8,6% e a probabilidade de um nascimento vivo de uma gravidez clínica é de 90%, pressupondo independência. A partir de dados de: Wilcox, A. J. et alii, op. cit., tabela 1, p. 213.

14 Se você está lendo este livro, isso não aconteceu ainda. Mann, A. "Odds of Death by Asteroid? Lower than Plane Crash, Higher than Lightning". *Wired*, 15/2/2013. Disponível em: http://www.wired.com/2013/02/asteroid-odds/. Acesso em: 30/12/2015.

15 Betzig, L. "Means, Variances, and Ranges in Reproductive Success: Comparative Evidence". *Evolution and Human Behavior*, 33 (4), 2012, pp. 309-17. Ver tabela 1, p. 310.

16 Brown, G. R.; Laland, K. N.; Mulder, M. B. "Bateman's Principles and Human Sex Roles". *Trends in Ecology and Evolution*, 24 (6), 2009, pp. 297-304.

17 Com base em uma probabilidade de "sucesso" (isto é, nascimento), em cada encontro sexual, de 0,9 × 0,031, fundamentada nos dados usados anteriormente para esses cálculos. A probabilidade de que o número de "fracassos" (nenhum bebê) observados antes de dois sucessos será 136 ou menos é de 0,9. Ou, em outros termos, você precisa estar disposto a observar 136 fracassos para que a probabilidade de ter observado 2 sucessos seja 0,9. Essa é obviamente uma afirmação probabilística – alguns homens podem ter 2 "sucessos" de imediato – mas a probabilidade de isso ocorrer é muito baixa (0,0008). Agradeço a Carsten Murawski por sua ajuda com esse cálculo.

18 Drea, C. M. "Bateman Revisited: The Reproductive Tactics of Female Primates", op. cit., p. 916.

19 Argumento apresentado por Einon ("How Many Children Can One Man Have?", op. cit.), citando um relato da ausência de aquisição de recursos e diferenciais de status entre os !Kung-San, descritos por: Broude, G. J. "Attractive Single Gatherer Wishes to Meet Rich, Powerful Hunter for Good Time Under Mongongo Tree". *Behavioral and Brain Sciences*, 16 (2), 1993, pp. 287-9. O fato de hierarquias de riqueza não serem observadas em sociedades caçadoras-coletoras (como os !Kung-San ou os Hadza) também é apontado por: Hrdy, S. B. "The Optimal Number of Fathers: Evolution, Demography, and History in the Shaping of Female Mate Preferences". *Annals of the New York Academy of Sciences*, 907 (1), 2000, pp. 75-96.

20 Fuentes, A. "Ethnography, Cultural Context, and Assessments of Reproductive Success Matter when Discussing Human Mating Strategies". *Behavioral and Brain Sciences*, 28 (2), 2005, pp. 284-5. Citado na p. 285.

21 Por exemplo, Buss, D. M.; Schmitt, D. P. "Sexual Strategies Theory: An Evolutionary Perspective on Human Mating". *Psychological Review*, 100 (2), 1993, pp. 204-32.

22 Schmitt, D. P. "Sociosexuality from Argentina to Zimbabwe: A 48-Nation Study of Sex, Culture, and Strategies of Human Mating", op. cit., p. 249, referência removida.

23 Smiler, A. *Challenging Casanova: Beyond the Stereotype of the Promiscuous Young Male*. San Francisco: Jossey-Bass, 2013, p. 1.

24 Ver também análises de: Pedersen, W. C.; Miller, L. C.; Putcha-Bhagavatula, A. D.; Yang, Y. "Evolved Sex Diferences in the Number of Partners Desired? The Long and the Short of It". *Psychological Science*, 13 (2), 2002, pp. 157-61; Pedersen, W. C.; Putcha-Bhagavatula, A.; Miller, L. C. "Are Men and Women Really that Different? Examining Some of Sexual Strategies Theory (SST)'s Key Assumptions About Sex-Distinct Mating Mechanisms". *Sex Roles*, 64, 2011, pp. 629-43.

25 Alexander, M.; Fisher, T. "Truth and Consequences: Using the Bogus Pipeline to Examine Sex Differences in Self-Reported Sexuality". *Journal of Sex Research*, 40 (1), 2003, pp. 27-35.

26 Wiederman, M. "The Truth Must be in Here Somewhere: Examining the Gender Discrepancy in Self-Reported Lifetime Number of Sex Partners". *Journal of Sex Research*, 34 (4), 1997, pp. 375-86. Citado na p. 375. A remoção dos entrevistados que participaram apenas de sexo pago reduz um pouco a discrepância entre os relatos de homens e mulheres.

27 Por exemplo, Schmitt encontrou sócio-sexualidade menos "restrita" em homens em 48 nações (a medida de sócio-sexualidade é um amálgama de comportamentos, atitudes e desejos com relação ao sexo casual *versus* comprometido) e maior interesse masculino em ter mais de um parceiro sexual em cada período de tempo investigado, de um mês a trinta anos, e um índice de efeito global para as diferenças de sexo na sociosexualidade de $d = 0,74$ (variando de um mínimo de $d = 0,3$ na Letônia a um máximo de $d = 1,24$ no Marrocos e na Ucrânia). Ver: Schmitt, D. P. "Sociosexuality from Argentina to Zimbabwe: A 48-Nation Study of Sex, Culture, and Strategies of Human Mating", op. cit. Da mesma forma, Lippa encontrou um índice de efeito de $d = 0,74$ com uma medida mais breve de sócio-sexualidade, em uma pesquisa de larga escala via internet feita pela BBC. Ver: Lippa, R. A. "Sex Differences in Sex Drive, Sociosexuality, and Height Across 53 Nations: Testing Evolutionary and Social Structural Theories". *Archives of Sexual Behavior*, 38 (5), 2009, pp. 631-51. No entanto, como observam tanto Eagly e Wood como Ryan e Jethá, o estudo de Schmitt não incluiu nenhuma amostra de sociedades não industriais, e em algumas delas as relações de gênero são mais igualitárias do em qualquer sociedade moderna e industrializada. Eagly, A. H.; Wood, W. "Universal Sex Differences Across Patriarchal Cultures ≠ Evolved Psychological Dispositions". *Behavioral and Brain Sciences*, 28 (2), 2005, pp. 281-3; Ryan, C.; Jethá, C. "Universal Human Traits: The Holy Grail of Evolutionary Psychology". *Behavioral and Brain Sciences*, 28 (2), 2005, pp. 292-3. Uma limitação similar se aplica a Lippa, R. A. "Sex Differences in Sex Drive, Sociosexuality, and Height Across 53 Nations: Testing Evolutionary and Social Structural Theories", op. cit.

28 A razão pela qual estou usando esses dados, e não, por exemplo, os de D. P. Schmitt (tanto em "Universal Sex Differences in the Desire for Sexual Variety: Tests from 52 Nations, 6 Continents, and 13 Islands" como em "Sociosexuality from Argentina to Zimbabwe: A 48-Nation Study of Sex, Culture, and Strategies of Human Mating"), é o benefício de examinar dados extraídos de amostragem probabilística, em vez de estudantes universitários predominantemente jovens que não são representativos da totalidade da população, tampouco são capazes de prever com precisão quais tipos de relações sexuais vão querer nas décadas seguintes. Essas limitações são discutidas, por exemplo, em: Fuentes, A. "Ethnography, Cultural Context, and Assessments of Reproductive Success Matter when Discussing Human Mating Strategies", op. cit.; Asendorpf, J. B.; Penke, L. "A Mature Evolutionary Psychology Demands Careful Conclusions About Sex Differences". *Behavioral and Brain Sciences*, 28 (2), 2005, pp. 275-6.

29 Ver a tabela de referência 3.1. Disponível em: http://www.natsal.ac.uk/natsals-12/results-archived-data.aspx.

30 Ver tabelas 3.25, 3.17 e 3.9 no mesmo link.

31 Ver tabela 3.17 no mesmo link.

32 Ver tabela 8.1 no mesmo link.

33 Ver tabela 8.2 no mesmo link.

34 Dados revisados em: Petersen, J. L.; Hyde, J. S. "A Meta-Analytic Review of Research on Gender Differences in Sexuality, 1993-2007". *Psychological Bulletin*, 136 (1), 2010, pp. 21-38.

35 Ver tabela 8.2. As porcentagens para mulheres divorciadas, separadas ou viúvas são de 81% e 88%, respectivamente.

36 Ver tabela 8.4.

37 Clark, R. D.; Hatfield, E. "Gender Differences in Receptivity to Sexual Offers". *Journal of Psychology and Human Sexuality*, 2 (1), 1989, pp. 39-55. Instruções citadas na p. 49.

38 Hald, G. M.; Høgh-Olesen, H. "Receptivity to Sexual Invitations from Strangers of the Opposite Gender". *Evolution and Human Behavior*, 31 (6), 2010, pp. 453-8; Guéguen, N. "Effects of Solicitor Sex and Attractiveness on Receptivity to Sexual Offers: A Field Study". *Archives of Sexual Behavior*, 40 (5), 2011, pp. 915-9.

39 Curiosamente, uma imagem um pouco diferente do interesse feminino pelo sexo casual surgiu da investigação de uma revista na qual um jornalista alemão (descrito como de "atratividade notavelmente acima da média") abordou uma centena de mulheres diferentes para perguntar se elas teriam relações sexuais com ele. Não só seis das mulheres concordaram, mas a disposição delas "foi efetivamente verificada, e o solicitante posteriormente teve relações sexuais com as mulheres que concordaram". Veja o relato em: Voracek, M.; Hofhansl, A.; Fisher, M. L. "Clark and Hatfield's Evidence of Women's Low Receptivity to Male Strangers' Sexual Offers Revisited". *Psychological Reports*, 97 (1), 2005, pp. 11-20. Citado na p. 16.

40 Tappé, M.; Bensman, L.; Hayashi, K.; Hatfield, E. "Gender Differences in Receptivity to Sexual Offers: A New Research Prototype". *Interpersona: An International Journal on Personal Relationships*, 7 (2), 2013, pp. 323-44. Em uma escala de 1 a 10, em que 1 foi rotulado como "Não, nunca" e 10 significava "Sim, definitivamente", as pontuações médias relativas ao convite para o apartamento foram de 4,30, e para o sexo foram de 3,52.

41 Idem, p. 337.

42 Por exemplo, Tang-Martínez, Z. "The Curious Courtship of Sociobiology and Feminism: A Case of Irreconcilable Differences". In: Gowaty, P. A. (org.). *Feminism and Evolutionary Biology: Boundaries, Intersections and Frontiers*. Dordrecht: Springer, 1997, pp. 116-50.

43 Tappé, M. et alii, op. cit.

44 Burt, M. R.; Estep, R. E. "Apprehension and Fear: Learning a Sense of Sexual Vulnerability". *Sex Roles*, 7 (5), 1981, pp. 511-22.

45 Crawford, M.; Popp, D. "Sexual Double Standards: A Review and Methodological Critique of Two Decades of Research". *Journal of Sex Research*, 40 (1), 2003, pp. 13-26.

46 Bordini, G. S.; Sperb, T. M. "Sexual Double Standard: A Review of the Literature Between 2001 and 2010". *Sexuality and Culture*, 17 (4), 2013, pp. 686-704.

47 M. Crawford e D. Popp (op. cit.) referindo-se à obra de: Moffat, M. *Coming of Age in New Jersey*. New Brunswick: Rutgers University Press, 1989, pp. 19-20. Embora esse estudo seja bastante datado, um estudo qualitativo mais recente com jovens australianos, de autoria de Michael Flood, mostrou que, apesar de uma ligeira mudança nas atitudes sexuais, com algumas preocupações expressadas por homens jovens acerca de serem rotulados como "prostitutos" (no sentido de devassos ou promíscuos), o significado desse termo "não tem o mesmo peso moral e disciplinar do termo *puta* ou *vadia* quando aplicado a mulheres". Flood conclui que "o duplo padrão sexual continua a ser uma característica persistente das relações sexuais e íntimas heterossexuais contemporâneas". Flood, M. "Male and Female Sluts: Shifts and Stabilities in the Regulation of Sexual Relations Among Young Heterosexual Men". *Australian Feminist Studies*, 28 (75), 2013, pp. 95-107. Citado na p. 105.

48 M. Crawford e D. Popp (op. cit.) citando: Moffat, M., op. cit., p. 20.

49 O'Toole, E. *Girls will be Girls: Dressing Up, Playing Parts and Daring to Act Differently*. Londres: Orion, 2015, pp. 10-1.

50 De Sutton, L. A. "Bitches and Skankly Hobags: The Place of Women in Contemporary Slang". In: Hall, K.; Bucholtz, M. (orgs.). *Gender Articulated: Language and the Socially Constructed Self*. Nova York: Routledge, 1995, pp. 279--96. Citado em: Crawford, M.; Popp. D., op. cit.

51 Crawford, M.; Popp, D., op. cit.

52 Rudman, L.; Fetterolf, J. C.; Sanchez, D. T. "What Motivates the Sexual Double Standard? More Support for Male *versus* Female Control Theory". *Personality and Social Psychology Bulletin*, 39 (2), 2013, pp. 250-63.

53 Armstrong, E. A.; England, P.; Fogarty, A. C. "Accounting for Women's Orgasm and Sexual Enjoyment in College Hookups and Relationships". *American Sociological Review*, 77 (3), 2012, pp. 435-62.

54 Idem, p. 456.

55 Conley, T. D. "Perceived Proposer Personality Characteristics and Gender Differences in Acceptance of Casual Sex Offers". *Journal of Personality and Social Psychology*, 100 (2), 2011, pp. 309-29.

56 Conley, T. D.; Ziegler, A.; Moors, A. A. "Backlash from the Bedroom: Stigma Mediates Gender Differences in Acceptance of Casual Sex Offers". *Psychology of Women Quarterly*, 37 (3), 2013, pp. 392-407.

57 Conley, T. D. "Perceived Proposer Personality Characteristics and Gender Differences in Acceptance of Casual Sex Offers", op. cit.

58 Idem, ibidem.

59 Fenigstein, A.; Preston, M. "The Desired Number of Sexual Partners as a Function of Gender, Sexual Risks, and the Meaning of 'Ideal'." *Journal of Sex Research*, 44 (1), 2007, pp. 89-95. Houve uma ausência de contribuição diferencial similar para os riscos à saúde, embora estes não tenham figurado como aspectos de grande importância na pesquisa de Conley.

60 Baumeister, R. F. "Gender Differences in Motivation Shape Social Interaction Patterns, Sexual Relationships, Social Inequality, and Cultural History". In: Ryan, M. K.; Branscombe. N. (orgs.). *The Sage Handbook of Gender and Psychology*. Londres: Sage, 2013, pp. 270-85 (p. 272).

61 Hald, G. M.; Høgh-Olesen, H., op. cit., p. 457.

62 Ver discussão em: Fuentes, A. *Race, Monogamy, and Other Lies They Told You: Busting Myths About Human Nature*, op. cit.

63 Zuk, M. *Paleofantasy: What Evolution Really Tells us About Sex, Diet, and How We Live*. Nova York: Norton, 2013, p. 181.

64 Starkweather, K.; Hames, R. "A Survey of Non-Classical Polyandry". *Human Nature*, 23 (2), 2012, pp. 149-72 (p. 167). Os fatores associados à poliandria são uma proporção sexual operacional em favor dos machos e, em menor grau, à mortalidade masculina adulta e ao absenteísmo masculino.

65 Clarkin, P. F. "Parte 1. Humans Are (Blank)-Ogamous", 5/7/2011. *Kevishere. com*. Disponível em: http://kevishere.com/2011/07/05/part-1-humans-are-blank-ogamous/. Acesso em: 20/8/2015.

CAPÍTULO 3 – UMA NOVA POSIÇÃO PARA O SEXO

1 Saad, G.; Gill, T. "An Evolutionary Psychology Perspective on Gift Giving Among Young Adults". *Psychology and Marketing*, 20 (9), 2003, pp. 765-84. Citado na p. 769.

2 Diversos biólogos feministas notaram essa tendência e identificaram por que ela é problemática. Ver, por exemplo: Fausto-Sterling, A. *Myths of Gender: Biological Theories About Women and Men*. Nova York: Basic Books, 1992; Tang-Martínez, Z. "The Curious Courtship of Sociobiology and Feminism: A Case of Irreconcilable Differences", op. cit.; Zuk, M. *Sexual Selections: What We Can and Can't Learn About Sex from Animals*. Berkeley: University of California Press, 2002.

3 Nesses casos, Tang-Martínez observa: o estudo da característica em uma espécie não é capaz de oferecer explicações sobre as origens genéticas ou evolutivas dessa característica em outras espécies. Ver: Tang-Martínez, Z. "The Curious Courtship of Sociobiology and Feminism: A Case of Irreconcilable Differences", op. cit.

4 Klein, J. G.; Lowery, T. M.; Otnes, C. C. "Identity-Based Motivations and Anticipated Reckoning: Contributions to Gift-Giving Theory from an Identity-Stripping Context". *Journal of Consumer Psychology*, 25 (3), 2015, pp. 431-48.

5 Schwartz, B. "The Social Psychology of the Gift". *American Journal of Sociology*, 73 (1), 1967, pp. 1-11. Citado na p. 2.

6 Marks, J. "The Biological Myth of Human Evolution". *Contemporary Social Science*, 7 (2), 2012, pp. 139-57. Citado na p. 148, referência removida.

7 Marks, J. "Nulture". *Popanth*, 10/11/2013. Disponível em: http://popanth.com/article/nulture/. Acesso em: 21/7/2014.

8 Downey, G. "The Long, Slow Sexual Revolution (part 1) with NSFW video". *PLOS Blogs*, 10/1/2012. Disponível em: http://blogs.plos.org/neuroanthropology/2012/01/10/the-long-slow-sexual-revolution-part-1-with-nsfw-video/. Acesso em: 23/1/2015. Downey sugere (no trecho removido da citação) que esse é o caso para a maior parte das espécies sexuadas.

9 Ver, por exemplo: Wallen, K.; Zehr, J. L. "Hormones and History: The Evolution and Development of Primate Female Sexuality". *Journal of Sex Research*, 41 (1), 2004, pp. 101-12.

10 Gould, S. J.; Vrba, E. S. "Exaptation: A Missing Term in the Science of Form". *Paleobiology*, 8 (1), 1982, pp. 4-15.

11 Dupré, J. *Human Nature and the Limits of Science*. Oxford: Oxford University Press, 2001, p. 58.

12 Abramson, P.; Pinkerton, S. *With Pleasure: Thoughts on the Nature of Human Sexuality*. Oxford: Oxford University Press, 2002, p. 5.

13 Meston, C. M.; Buss, D. M. "Why Humans Have Sex". *Archives of Sexual Behavior*, 36 (4), 2007, pp. 477-507.

14 Para comparações com outros primatas, ver: Wrangham, R.; Jones, J.; Laden, G.; Pilbeam, D.; Conklin-Brittain, N.-L. (1999). "The Raw and the Stolen: Cooking and the Ecology of Human Origins". *Current Anthropology*, 40 (5), 1999, pp. 567-94. Eles observam que, mesmo nas populações humanas de fertilidade natural, "o número de dias de acasalamento entre os nascimentos é excepcionalmente alto" (p. 573).

15 Laden, G. "Coming to Terms with the Female Orgasm", op. cit.

16 Wolf, N. *Vagina: A New Biography*. Nova York: HarperCollins, 2012, p. 327 [ed. bras.: *Vagina: uma biografia*. Tradução de Renata Laureano. São Paulo: Geração Editorial, 2013].

17 Meston, C. M.; Buss, D. M. "Why Humans Have Sex", op. cit. Ver tabela 10 na p. 497.

18 Smiler, A. *Challenging Casanova: Beyond the Stereotype of the Promiscuous Young Male*. San Francisco: Jossey-Bass, 2013, p. 4.

19 A terceira pesquisa NATSAL de homens entre 16 e 74 anos indica que 11% dos homens do Reino Unido pagaram por sexo durante a vida e 3,6% nos últimos cinco anos. (O valor comparável para mulheres entre 16 e 44 anos foi de 0,1%) Jones, K. G.; Johnson, A. M.; Wellings, K.; Sonnenberg, P.; Field, N.; Tanton, C. et alii. "The Prevalence of, and Factors Associated with, Paying for Sex Among Men Resident in Britain: Findings from the Third National Survey of Sexual Attitudes and Lifestyles (NATSAL-3)". *Sexually Transmitted Infections*, 91 (2), 2015, pp. 116-23.

20 Sanders, T. "Male Sexual Scripts: Intimacy, Sexuality and Pleasure in the Purchase of Commercial Sex". *Sociology*, 42 (3), 2008, pp. 400-17. Citado na p. 403.

21 Idem, p. 400.

22 Holzmann, H.; Pines, S. "Buying Sex: The Phenomenology of Being a John". *Deviant Behavior*, 4 (1), 1982, pp. 89-116. Citações nas pp. 108 e 110, respectivamente. Em cerca de metade da amostra, relatou-se o pagamento por sexo como motivado por um desejo de companhia, bem como por prazer sexual.

23 Sanders, T., op. cit., p. 407.

24 Laden, G., "Coming to Terms with the Female Orgasm", op. cit. Aqui ele está se referindo especificamente às mulheres, mas em um momento anterior desenvolve o mesmo argumento para os homens.

25 Geary, por exemplo, escreve que "o fato mais importante é que os parceiros preferidos e as cognições e os comportamentos que os acompanham [...] de ambos os sexos, evoluíram para enfocar e explorar o potencial reprodutivo e o investimento reprodutivo do sexo oposto". Geary, D. C. "Male, Female: The Evolution of Human Sex Diferences". *American Psychological Association*, 2010, p. 211.

26 Por exemplo, Gangestad, S. W.; Thornhill, R.; Garver, C. E. "Changes in Women's Sexual Interests and Their Partner's Mate-Retention Tactics Across the Menstrual Cycle: Evidence for Shifting Conflicts of Interest". *Proceedings of the Royal Society London B*, 269, 2002, pp. 975-82; Little, A. C.; Jones, B. C.; DeBruine, L. M. "Preferences for Variation in Masculinity in Real Male Faces Change Across the Menstrual Cycle: Women Prefer More Masculine Faces When They are More Fertile". *Personality and Individual Differences*, 45 (6), 2008, pp. 478-82.

27 Hrdy, S. B. "The Optimal Number of Fathers: Evolution, Demography, and History in the Shaping of Female Mate Preferences". *Annals of the New York Academy of Sciences*, 907 (1), 2000, pp. 75-96. Citado na p. 90. Hrdy cita: Crow, J. F. "The Odds of Losing at Genetic Roulette". *Nature*, 397 (6.717), 1999, pp. 293-4.

28 Para uma revisão recente, observando o aumento da taxa de mutações *de novo* no esperma de machos mais velhos e sua contribuição para doenças genéticas, ver: Veltman, J. A.; Brunner, H. G. "*De novo* Mutations in Human Genetic Disease". *Nature Reviews Genetics*, 13 (8), 2012, pp. 565-5.

29 Pillsworth, E. G. "Mate Preferences Among the Shuar of Ecuador: Trait Rankings and Peer Evaluations". *Evolution and Human Behavior*, 29 (4), 2008, pp. 256-67. Citado na p. 257.

30 Marlowe, F. W. "Mate Preferences Among Hadza Hunter-Gatherers". *Human Nature*, 15 (4), 2004, pp. 365-6. Uma variável estruturada que em conjunto combinava aparência, idade e fertilidade (que em particular foi citada como mais importante para os machos) resultou em uma pontuação maior de importância para os machos do que para as fêmeas.

31 Pillsworth, E. G., op. cit.

32 Hrdy, S. B. "Raising Darwin's Consciousness". *Human Nature*, 8 (1), 1997, pp. 1-49. Citado na p. 4.

33 Ver, por exemplo: Buss, D. M. "Sex Differences in Human Mate Preferences: Evolutionary Hypotheses Tested in 37 Cultures". *Behavioral and Brain Sciences*, 12 (1), 1989, pp. 1-14.

34 Dupré, J., *Human Nature and the Limits of Science*, op. cit., p. 51.

35 Por exemplo: Gwynne, D. T.; Simmons, L. W. "Experimental Reversal of Courtship Roles in an Insect". *Nature*, 346 (6.280), 1990, pp. 172-4.

36 Zentner, M.; Mitura, K. "Stepping out of the Caveman's Shadow: Nations' Gender Gap Predicts Degree of Sex Differentiation in Mate Preferences". *Psychological Science*, 23 (10), 2012, pp. 1.176-85.

37 Wood, W.; Eagly, A. H. "Biology or Culture Alone Cannot Account for Human Sex Differences and Similarities". *Psychological Inquiry*, 24 (3), 2013, pp. 241-7.

38 Idem, ibidem. Citado na p. 245, referências removidas. Ver: Sweeney, M. M. "Two Decades of Family Change: The Shifting Economic Foundations of Marriage". *American Sociological Review*, 67 (1), 2002, pp. 132-47; Sweeney, M. M.; Cancian, M. "The changing importance of white women's economic prospects for assortative mating". *Journal of Marriage and Family*, 66 (4), 2004, pp. 1.015-28.

39 Buston, P. M.; Emlen, S. T. "Cognitive Processes Underlying Human Mate Choice: The Relationship Between Self-Perception and Mate Preference in Western Society". *Proceedings of the National Academy of Sciences*, 100 (15), 2003, pp. 8.805-10.

40 Por exemplo, a quantidade de variação explicada para a preferência por riqueza, status e aparência física, pela percepção em si mesmos desses

mesmos atributos, foi de 23% e 19%, respectivamente, para mulheres e 19% e 11% para homens. Em contraste, a variação para a preferência por riqueza, status e aparência física percebida em si mesmos foi de 6% nas mulheres e 5% nos homens. A variação na preferência por atratividade física explicada pela riqueza e pelo status foi de 7% para homens e 5% para mulheres. Em outras palavras, embora houvesse pouco respaldo para a hipótese de que "os potenciais se atraem", em proporção similar, pequenas correlações também foram observadas no sexo "errado".

41 Buston, P. M.; Emlen, S. T., op. cit. Citado na p. 8.809.

42 Todd, P. M.; Penke, L.; Fasolo, B.; Lenton, A. P. "Different Cognitive Processes Underlie Human Mate Choices and Mate Preferences". *Proceedings of the National Academy of Sciences*, 104 (38), 2007, pp. 15.011-16. No entanto, esses dados também não corroboram de forma decisiva que os "potenciais se atraem". Nas mulheres, a atratividade que percebiam em si mesmas correlacionou-se com riqueza, status e comprometimento familiar dos homens que elas conheciam em eventos de encontros rápidos e por quem estavam interessadas, mas também com a saúde e uma medida composta de atratividade e saúde. Nos homens, a riqueza e o status percebidos não tinham relação com a atratividade que percebiam em si mesmos ou com a atratividade avaliada pelo observador das mulheres que eles escolhiam. No entanto, a atratividade que percebiam em si estava relacionada à atratividade de suas escolhas, consistente com a hipótese de que iguais se atraem.

43 Kurzban, R.; Weeden, J. "HurryDate: Mate Preferences in Action". *Evolution and Human Behavior*, 26 (3), 2005, pp. 227-44.

44 He, Q.-Q.; Zhang, Z.; Zhang, J.-X.; Wang, Z.-G.; Tu, Y.; Ji, T. et alii. "Potentials-Attract or Likes-Attract in Human Mate Choice in China". *PLoS One*, 8 (4), 2013, p. e59457. Citado na p. 7.

45 Dupré, J. *Human Nature and the Limits of Science*, op. cit., p. 68.

46 Fine, A. *Taking the Devil's Advice*. Londres: Viking, 1990, p. 153.

47 Modenese, S. L.; Logemann, B. K.; Snowdon, C. T. *What do Women (and Men) Want?* Manuscrito inédito, 2016.

48 Downey, G. "The Long, Slow Sexual Revolution (part 1) with NSFW vídeo", op. cit., destaque removido. Essa tendência é por vezes explícita nos textos de psicologia evolucionária, que, por exemplo, perguntam se todos somos "naturalmente restritos" ou "naturalmente irrestritos"; "As mulheres estão fadadas a ser mais promíscuas que os homens?" ou "Os homens são

naturalmente mais promíscuos que as mulheres?"; "Os papéis sexuais invertem ou suprimem as tendências sexuais 'inatas' das mulheres?". Schmitt, D. P. "Sociosexuality from Argentina to Zimbabwe: A 48-Nation Study of Sex, Culture, and Strategies of Human Mating", op. cit. Citações na p. 265.

49 Cook, H. *The Long Sexual Revolution: English Women, Sex, and Contraception 1800-1975*. Oxford: Oxford University Press, 2004. Partes dessa análise do trabalho de Cook e do material que segue foram publicadas anteriormente em: Fine, C. "The Vagina Dialogues: Do Women Really Want More Sex than Men?", *The Monthly*, nov. 2012.

50 Cook, H., op. cit., p. 12.

51 Idem, p. 161.

52 Idem, p. 106.

53 Fielding, M. (1928). *Parenthood: Design or Accident?* Londres: Labour, 1928. Citado em: Cook, H., op. cit., p. 133.

54 Revisto em Sanchez, D. T.; Fetterolf, J. C.; Rudman, L. A. "Eroticizing Inequality in the United States: The Consequences and Determinants of Traditional Gender Role Adherence in Intimate Relationships". *Journal of Sex Research*, 49 (2-3), 2012, pp. 168-83.

55 Schick, V. R.; Zucker, A. N.; Bay-Cheng, L. Y. "Safer, Better Sex Through Feminism: The Role of Feminist Ideology in Women's Sexual Well-Being". *Psychology of Women Quarterly*, 32 (3), 2008, pp. 225-32; Yoder, J.; Perry, R.; Saal, E. "What Good is a Feminist Identity? Women's Feminist Identification and Role Expectations for Intimate and Sexual Relationships". *Sex Roles*, 57 (5-6), 2007, pp. 365-72. Ver também: Sanchez et alii, op. cit.

56 Rudman, L.; Phelan, J. "The Interpersonal Power of Feminism: Is Feminism Good for Romantic Relationships?". *Sex Roles*, 57 (11-2), 2007, pp. 787-99.

57 Tavris, C. "The Mismeasure of Woman: Why Women Are Not the Better Sex, the Inferior Sex, or the Opposite Sex". Nova York: Touchstone, 1992, pp. 211-2 e p. 212, respectivamente.

58 Stewart-Williams, S.; Thomas, A. G. "The Ape that Thought it Was a Peacock: Does Evolutionary Psychology Exaggerate Human Sex Differences?". *Psychological Inquiry*, 24 (3), 2013, pp. 137-68. Citado na p. 156.

PARTE II – **Presente**

CAPÍTULO 4 – POR QUE UMA MULHER NÃO PODE SER MAIS PARECIDA COM UM HOMEM?

1 Terman, L. M.; Miles, C. C. *Sex and Personality*. Nova York: McGraw-Hill, 1936, p. 1.

2 Rapaille, C.; Roemer, A. *Move Up: Why Some Cultures Advance While Others Don't*. Londres: Allen Lane, 2015, p. 44.

3 Wolpert, L. *Why Can't a Woman be More Like a Man? The Evolution of Sex and Gender*. Londres: Faber & Faber, 2014.

4 Casey, P. "So Why Can't a Woman Be Rather More Like a Man?". *Irish Independent*, 30/9/2014. Disponível em: http://www.independent.ie/life/health-wellbeing/so-why-cant-a-woman-be-rather-more-like-a-man-30621028.html. Acesso em: 6/9/2015.

5 Idem, ibidem.

6 Wolpert, L., op. cit., p. 21.

7 Richardson, S. S. *Sex Itself: The Search for Male and Female in the Human Genome*. Chicago: University of Chicago Press, 2013, p. 9.

8 Blackless, M.; Charuvastra, A.; Derryck, A.; Fausto-Sterling, A.; Lauzanne, K.; Lee, E. "How Sexually Dimorphic Are We? Review and Synthesis". *American Journal of Human Biology*, 12 (2), 2000, pp. 151-66.

9 Joel, D. "Genetic-Gonadal-Genitals Sex (3G-sex) and the Misconception of Brain and Gender, or, Why 3G-Males and 3G-Females Have Intersex Brain and Intersex Gender". *Biology of Sex Differences*, 3 (27), 2012.

10 Disponível em: http://www.isna.org/faq/y_chromosome.

11 Ver: http://isna/org/faq/conditions/cah.

12 Fausto-Sterling, A. "The Five Sexes: Why Male and Female Are Not Enough". *Sciences*, 33 (2), 1993, pp. 20-4.

13 Idem. "Life in the XY Corral". *Women's Studies International Forum*, 12 (3), 1989, pp. 319-31. Citado na p. 329. Ver também análise histórica em: Richardson, S. S., op. cit.

14 Ver: Richardson, S. S., op. cit.

15 Ainsworth, C. "Sex Redefined". *Nature*, 518, 19/2/2015, pp. 288-91. Citado na p. 289.

16 Liben, L. "Probability Values and Human Values in Evaluating Single-Sex Education". *Sex Roles*, 72 (9-10), 2015, pp. 401-26. Citado na p. 410.

17 Ou seu equivalente em espécies com um arranjo de determinação diferente do sexo cromossômico.

18 Eric Vilain, geneticista da Universidade da Califórnia (Los Angeles), citado em: Ainsworth, C., op. cit., p. 289.

19 Parte do material neste capítulo descreve o trabalho de D. Joel et alii ("Sex Beyond the Genitalia: The Human Brain Mosaic". *Proceedings of the National Academy of Sciences*, 112 [50], 2015, pp. 15.468-73) e foi publicada anteriormente em: Joel, D.; Fine, C. "It's Time to Celebrate the Fact that There Are Many Ways to Be Male and Female". *The Guardian*, 1º/12/2015. Disponível em: http://www.theguardian.com/science/2015/dec/01/brain-sex-many-ways-to-be-male-and-female?CMP=share_btn_tw. Acesso em: 3/12/2015.

20 Joel, D.; Yankelevitch-Yahav, R. "Reconceptualizing Sex, Brain and Psychopathology: Interaction, Interaction, Interaction". *British Journal of Pharmacology*, 171 (20), 2014, pp. 4.620-35. Citado na p. 4.621.

21 McCarthy, M; Arnold, A. "Reframing Sexual Differentiation of the Brain". *Nature Neuroscience*, 14 (6), 2011, pp. 677-83. Citado na p. 677.

22 Ver, por exemplo: Alexander, G. "An Evolutionary Perspective of Sex-Typed Toy Preferences: Pink, Blue, and the Brain". *Archives of Sexual Behavior*, 32 (1), 2003, pp. 7-14; Bressler, E. R.; Martin, R. A.; Balshine, S. "Production and Appreciation of Humor as Sexually Selected Traits". *Evolution and Human Behavior*, 27 (2), 2006, pp. 121-30.

23 Joel, D. "Male or Female? Brains are Intersex". *Frontiers in Integrative Neuroscience*, 5 (57), 2011. Ver também: McCarthy, M. M. et alii. "Surprising Origins of Sex Differences in the Brain". *Hormones and Behavior*, 76, 2015, pp. 3-10.

24 Ver: Joel, D. "Male or Female? Brains are Intersex" e "Genetic-Gonadal-Genitals Sex (3G-sex) and the Misconception of Brain and Gender, or, Why 3G-Males and 3G-Females Have Intersex Brain and Intersex Gender", op. cit.

25 Descobertas de Shors, T. J.; Chua, C.; Falduto, J. "Sex Differences and Opposite Effects of Stress on Dendritic Spine Density in the Male *versus* Female Hippocampus". *Journal of Neuroscience*, 21 (16), 2001, pp. 6.292-7.

26 Agradeço a D. Joel por essa observação.

27 McCarthy, M. M. et alii. "Surprising Origins of Sex Differences in the Brain", op. cit, p. 6.

28 Joel, D.; Berman, Z.; Tavor, I.; Wexler, N.; Gaber, O.; Stein, Y. et alii. "Sex Beyond the Genitalia: The Human Brain Mosaic". *Proceedings of the National Academy of Sciences*, 112 (50), 2015, pp. 15.468-73. Citado na p. 15.468.

29 Idem, ibidem.

30 O número de pessoas com características cerebrais "intermediárias" (nem "da extremidade masculina" nem "da extremidade feminina") foi igualmente modesto, nunca excedendo 3,6%. Ver tabela 1, p. 15.469.

31 As críticas às conclusões de D. Joel et alii, em "Sex Beyond the Genitalia: The Human Brain Mosaic", demonstram que técnicas estatísticas podem ser usadas para classificar cérebros como pertencentes a mulheres ou homens com precisão razoavelmente alta. No entanto, como Joel e colegas apontam em uma resposta, não há sentido biologicamente significativo em que cérebros próximos nesse espaço estatístico sejam mais semelhantes do que aqueles que estão mais distantes. Além disso, as técnicas estatísticas que classificam com sucesso o sexo a partir de um conjunto de dados podem ser malsucedidas ao fazer isso a partir de outros. Ver: Del Guidice, M.; Lippa, R. A.; Puts, D. A.; Bailey, D. H.; Bailey, J. M.; Schmitt, D. P. "Joel et al.'s method systematically fails to detect large, consistent sex diferences". *Proceedings of the National Academy of Sciences*, 113 (14), 2016, p. E1965; Joel, D.; Persico, A.; Hänggi, J.; Berman, Z. "Response to Del Guidice et alii, Chekroud et alii, and Rosenblatt: Do Brains of Females and Males Belong to Two Distinct Populations?". *Proceedings of the National Academy of Sciences*, 113 (14), 2016, pp. e1969-70.

32 Joel, D. et alii. "Sex Beyond the Genitalia: The Human Brain Mosaic", op. cit., p. 15.468.

33 Joel, D. "Male or Female? Brains are Intersex", op. cit.

34 De Vries, G.; Forger, N. "Sex Differences in the Brain: A Whole Body Perspective". *Biology of Sex Differences*, 6 (1), 2015, pp. 1-15. Citado na p. 2.

35 De Vries, G. J.; Södersten, P. "Sex Differences in the Brain: The Relation Between Structure and Function". *Hormones and Behavior*, 55 (5), 2009, pp. 589-96. Citado na p. 594, referências removidas.

36 Para inúmeros exemplos, ver: Fine, C. *Homens não são de Marte, mulheres não são de Vênus*. São Paulo: Cultrix, 2012. Para uma discussão sobre um exemplo notório, ver: Fine, C. "New Insights into Gendered Brain Wiring, or a Perfect Case Study in Neurosexism?". *The Conversation*, 3/12/2013. Disponível em: https://theconversation.com/new-insights-into-gendered-brain-wiring-or-a-perfect-case-study-in-neurosexism-21083.

Acesso em: 16/7/2018. Para uma análise de dois anos da literatura científica de neuroimagem humana, documentando a frequência dessas "inferências reversas", ver: Fine, C. "Is There Neurosexism in Functional Neuroimaging Investigations of Sex Differences?". *Neuroethics*, 6 (2), 2013, pp. 369-409.

37 Para afirmações explícitas nesse sentido, ver: Fine, C.*Homens não são de Marte e mulheres não são de Vênus*, op. cit.; "Is There Neurosexism in Functional Neuroimaging Investigations of Sex Differences?", op. cit.; "Neurosexism in Functional Neuroimaging: From Scanner to Pseudoscience to Psyche". In: Ryan, M.; Branscombe, N. (orgs.). *The Sage Handbook of Gender and Psychology*. Thousand Oaks: Sage, 2013, pp. 45-60; Fine, C.; Joel, D.; Jordan-Young, R. M.; Kaiser, A.; Rippon, G. "Why Males ≠ Corvettes, Females ≠ Volvos, and Scientific Criticism ≠ Ideology", op. cit.; Fine, C. "His Brain, her Brain?". *Science*, 346 (6.212), 2014, pp. 915-6.

38 Para argumentos nesse sentido, ver, por exemplo: Cahill, L. "Why Sex Matters for Neuroscience". *Nature Reviews Neuroscience*, n. 7, 2006, pp. 477-84; De Vries, G.; Forger, N., op. cit.; McCarthy, M.; Arnold, A.; Ball, G.; Blaustein, J.; De Vries, G. J. "Sex Differences in the Brain: The Not So Inconvenient Truth". *Journal of Neuroscience*, 32 (7), 2012, pp. 2.241-7.

39 Einstein, G. "When Does a Difference Make a Difference? Examples from Situated Neuroscience". *Neurogenderings III*. Universidade de Lausanne, Suíça, 8-10/5/2014. Podcast disponível em: http://wp.unil.ch/neurogenderings3/podcasts/.

40 Yan, H. "Donald Trump's 'Blood' Comment about Megyn Kelly Draws Outrage". CNN, 8/8/2015. Disponível em: http://edition.cnn.com/2015/08/08/politics/donald-trump-cnn-megyn-kelly-comment/. Acesso em: 31/12/2015.

41 Schwartz, D.; Romans, S.; Meiyappan, S.; De Souza, M.; Einstein, G. "The Role of Ovarian Steriod Hormones in Mood". *Hormones and Behavior*, 62 (4), 2012, pp. 448-54. Ver também: Romans, S. E.; Kreindler, D.; Asllani, E.; Einstein, G.; Laredo, S.; Levitt, A. et alii. "Mood and the Menstrual Cycle". *Psychotherapy and Psychosomatics*, 82 (1), 2013, pp. 53-60.

42 Einstein, G., op. cit.

43 Moore, C. "Maternal Contributions to Mammalian Reproductive Development and the Divergence of Males and Females". *Advances in the Study of Behavior*, n. 24, 1995, pp. 47-118. Para discussão desse argumento em relação à neuroimagem humana, ver: Fine, C. *Homens não são de Marte, mulheres não são de Vênus*, op. cit.; Hoffman, G. "What, if Anything, Can

Neuroscience Tell Us About Gender Differences?". In: Bluhm, R.; Jacobson, A.; Maibom, H. (orgs.). *Neurofeminism: Issues at the Intersection of Feminist Theory and Cognitive Science*. Basingstoke: Palgrave Macmillan, 2012, pp. 30-55.

44 Maestripieri, D. "Gender Differences in Personality are Larger than Previously Thought". *Psychology Today*, 14/1/ 2012. Disponível em: https://www.psychologytoday.com/blog/games-primates-play/201201/gender-differences-in-personality-are-larger-previously-thought. Acesso em: 3/2/2016.

45 Wade, L. "Sex Shocker! Men and Women Aren't that Different". *Salon*, 19/9/2013. Disponível em: http://www.salon.com/2013/09/18/sex_shocker_men_and_women_arent_that_different/. Acesso em: 25/9/2015.

46 De Vries, G. J.; Södersten, P., op. cit., p. 594.

47 De Vries, G. "Sex Differences in Adult and Developing Brains: Compensation, Compensation, Compensation". *Endocrinology*, 145 (3), 2004, pp. 1.063-8.

48 Fausto-Sterling, A. *Sex/Gender: Biology in a Social World*. Nova York/Londres: Routledge, 2012.

49 Idem, p. 31, referências removidas. Fausto-Sterling cita o trabalho de: Gahr, M.; Metzdorf, R.; Schmidl, D.; Wickler, W. "Bi-Directional Sexual Dimorphisms of the Song Control Nucleus HVC in a Songbird with Unison Song". *PLoS One*, 3 (8), 2008, p. e3073; Gahr, M.; Sonnenschein, E.; Wickler, W. "Sex Difference in the Size of the Neural Song Control Regions in a Dueting Songbird with Similar Song Repertoire Size of Males and Females". *Journal of Neuroscience*, 18 (3), 1998, pp. 1.124-31.

50 Ver: McCarthy, M. M. et alii. "Surprising Origins of Sex Differences in the Brain", op. cit.

51 Ver: McCarthy, M.; Arnold, A. "Reframing Sexual Differentiation of the Brain", op. cit.

52 Moore, C. "Maternal Contributions to the Development of Masculine Sexual Behavior in Laboratory Rats". *Developmental Psychobiology*, 17 (4), 1984, pp. 347-56; Moore, C.; Dou, H.; Juraska, J. "Maternal Stimulation Affects the Number of Motor Neurons in a Sexually Dimorphic Nucleus of the Lumbar Spinal Cord". *Brain Research*, n. 572, 1992, pp. 52-6.

53 Ver: Auger, A. P.; Jessen, H. M.; Edelmann, M. N. "Epigenetic Organization of Brain Sex Differences and Juvenile Social Play Behavior". *Hormones and Behavior*, 59 (3), 2011, pp. 358-63; De Vries, G.; Forger, N., op. cit.

54 West, M. J.; King, A. P. "Settling Nature and Nurture into an Ontogenetic Niche". *Developmental Psychobiology*, 20 (5), 1987, pp. 549-62. Ver também: Lickliter, R. "The Growth of Developmental Thought: Implications for a New Evolutionary Psychology". *New Ideas in Psychology*, 26 (3), 2008, pp. 353-69.

55 Griffiths, P. E. "What Is Innateness?", op cit., p. 74.

56 Chack, E. "21 Pointlessly Gendered Products". *BuzzFeed*, 25/1/2014. Disponível em: http://www.buzzfeed.com/erinchack/pointlessly-gendered-products#.abowqEoPQK. Acesso em: 6/2/2016.

57 Fausto-Sterling, A. "How Else Can We Study Sex Differences in Early Infancy?". *Developmental Psychobiology*, 58 (1), 2016, pp. 5-16.

58 De Vries, G.; Forger, N., op. cit., p. 11.

59 Ver discussão em: Fine, C. "Neuroscience, Dender, and 'Development To' and 'From': The Example of Toy Preferences". In: Clausen, J.; Levy, N. (orgs.). *Handbook of Neuroethics*. Dordrecht: Springer, 2015, pp. 1.737-55.

60 Para uma discussão do contraste entre os conceitos de "desenvolvimemnto para" e "desenvolvimento desde", ver: Moore, C. L. "On Differences and Development". In: Lewkowicz, D. J.; Lickliter, R. (orgs.). *Conceptions of Development: Lessons from the Laboratory*. Nova York: Psychology Press, 2002, pp. 57-76.

61 Por exemplo, "ainda não está claro o significado funcional de um estímulo ambiental (como [cuidados maternos simulados]) para alterar as diferenças sexuais, mas isso pode servir para preparar a prole para o tipo de ambiente que encontrará quando adulta". Edelmann, M. N.; Auger, A. P. "Epigenetic Impact of Simulated Maternal Grooming on Estrogen Receptor Alpha Within the Developing Amygdala". *Brain, Behavior, and Immunity*, 25 (7), 2011, pp. 1.299-304. Citado na p. 1.303.

62 Henrich, J.; McElreath, R. *The Evolution of Cultural Evolution. Evolutionary Anthropology*, 12 (3), 2003, pp. 123-35. Citado na p. 123.

63 Ver: http://www.broadwayworld.com/bwwtv/tvshows/WIFE-SWAP-/about.

64 Pagel, M. *Wired for Culture: Origins of the Human Social Mind*. Nova York: Norton, 2012, p. 2.

65 Wood, W.; Eagly, A. "Biosocial Construction of Sex Differences and Similarities in Behavior". In: Olson, J; Zanna, M. (orgs.). *Advances in Experimental Social Psychology*. Burlington: Academic Press, 2012, v. 46, pp. 55-123 (p. 56).

66 Por exemplo, Starkweather, K.; Hames, R. "A Survey of Non-Classical Polyandry". *Human Nature*, 23 (2), 2012, pp. 149-72.

67 Wood, W.; Eagly, A. "Biosocial Construction of Sex Differences and Similarities in Behavior", op. cit., p. 57.

68 Em "Biosocial Construction of Sex Differences and Similarities in Behavior", Wood e Eagly, de fato, sugerem que, até certo grau considerável, os papéis de gênero recrutam mecanismos neuro-hormonais.

69 Ver: Wood, W.; Eagly, A. "Biosocial Construction of Sex Differences and Similarities in Behavior", op. cit.

70 Goldstein, J. *War and Gender: How Gender Shapes the War System and Vice Versa*. Cambridge: Cambridge University Press, 2001; Van Wagtendonk, A. (21/8/2014). "Female Kurdish Fighters Take Arms Against Islamic State Extremists". PBS NewsHour The Rundown, 21/8/2014. Disponível em: http://www.pbs.org/newshour/rundown/female-kurdish-fighters-take-arms-islamic-state-extremists/. Acesso em: 8/9/2014.

71 Wood, W.; Eagly, A. "Biosocial Construction of Sex Differences and Similarities in Behavior", op. cit., p. 57.

72 Hyde, J. "The Gender Similarities Hypothesis". *American Psychologist*, 60 (6), 2005, pp. 581-92.

73 Essas e as subsequentes interpretações dos tamanhos do efeito foram retiradas da tabela 1 de: Coe, R. "It's the Effect Size, Stupid: What the 'Effect Size' Is and Why It Is Important". Conferência Anual da Associação Britânica de Pesquisa Educacional, 12-14/9/2002, Universidade de Exeter, Devon. Disponível em: www.leeds.ac.uk/educol/documents/00002182.htm. Acesso em: 31/12/2015.

74 Zell, E.; Krizan, Z.; Teeter, S. R. "Evaluating Gender Similarities and Differences Using Metasynthesis". *American Psychologist*, 70 (1), 2015, pp. 10-20.

75 Carothers, B. J.; Reis, H. T. "Men and Women Are From Earth: Examining the Latent Structure of Gender". *Journal of Personality and Social Psychology*, 104 (2), 2013, pp. 385-407.

76 Reis, H. T.; Carothers, B. J. "Black and White or Shades of Gray? Are Gender Differences Categorical or Dimensional?". *Current Directions in Psychological Science*, 23 (1), 2014, pp. 19-26. Citado na p. 23.

77 Schwartz, S. H.; Rubel, T. "Sex Differences in Value Priorities: Cross--Cultural and Multimethod Studies". *Journal of Personality and Social Psychology*,

89 (6), 2005, pp. 1.010-28. Schwartz e Rubel avaliaram a importância de valores básicos em setenta países. Entre as amostras, o tamanho do efeito médio foi d = 0,15, e o maior foi d = 0,32 (por poder). Idade e cultura, mais que sexo, explicaram de maneira considerável a variação.

78 Patten, E.; Parker, K. "A Gender Reversal on Career Aspirations". *Pew Research Center*, 2012. Disponível em: www.pewsocialtrends.org/2012/04119/a-gender-reversal-on-career-aspirations/. Acesso em: 24/3/2015.

79 Ver capítulo 5 de: Fuentes, A. *Race, Monogamy, and Other Lies They Told You: Busting Myths About Human Nature*, op. cit.

80 Ver resultados meta-analíticos descritos em: Hyde, J. "The Gender Similarities Hypothesis", op. cit.

81 D. Cameron (*The Myth of Mars and Venus: Do Men and Women Really Speak Different Languages?*. Oxford: Oxford University Press, 2007) discute o trabalho de D. Kulick ("Speaking As a Woman: Structure and Gender in Domestic Arguments in a New Guinea Village". *Cultural Anthropology*, 8 [4], 1993, pp. 510-41).

82 Archer, J.; Coyne, S. M. "An Integrated Review of Indirect, Relational, and Social Aggression". *Personality and Social Psychology Review*, 9 (3), 2005, pp. 212-30. Citado na p. 212.

83 Ver, por exemplo, a meta-análise de Archer, J. "Sex Differences in Aggression in Real-World Settings: A Meta-Analytic Review". *Review of General Psychology*, 8 (4), 2004, pp. 291-322.

84 Su, R.; Rounds, J.; Armstrong, P. I. "Men and Things, Women and People: A Meta-Analysis of Sex Differences in Interests". *Psychological Bulletin*, 135 (6), 2009, pp. 859-84.

85 Lippa, R. A.; Preston, K.; Penner, J. "Women's Representation in 60 Occupations From 1972 To 2010: More Women in High-Status Jobs, Few Women in Things-Oriented Jobs". PLOS ONE, 9 (5), 2014.

86 Valian, V. "Interests, Gender, and Science". *Perspectives on Psychological Science*, 9 (2), 2014, pp. 225-30. Citado na p. 226.

87 Idem, p. 227. Valian refere-se aqui a um rol diferente e mais curto de interesses.

88 O argumento de que a carreira na enfermagem, tradicionalmente feminina, requer esse tipo de "sistematização" é apresentado por: Jordan-Young, R. *Brain Storm: The Flaws in the Science of Sex Differences*. Cambridge: Harvard University Press, 2010.

89 Cahill, L. "Equal ≠ the Same: Sex Differences in the Human Brain". *Cerebrum*, 11/7/2014. Cahill baseia-se em dois estudos. O primeiro são as diferenças sexuais categóricas encontradas em atividades fortemente estereotipadas por sexo (como jogar golfe e tomar banhos de banheira). Ver: Carothers, B. J.; Reis, H. T. "Men and Women Are From Earth: Examining the Latent Structure of Gender", op cit. No entanto, como observado anteriormente no texto, Carothers e Reis não encontraram diferenças sexuais categóricas em nenhum dos traços psicológicos estudados. Em segundo lugar, Cahill cita um estudo que combinou quinze medidas diferentes de personalidade em um "índice global de personalidade", relatando que a sobreposição entre os sexos nessa medida multidimensional era muito menor do que para uma única medida de personalidade: apenas 18%. Del Giudice, M.; Booth, T.; Irwing, P. "The Distance between Mars and Venus: Measuring Global Sex Differences in Personality". PLOS ONE, 7 (1), 2012, p. e29265. Um fundamento lógico legítimo do estudo foi examinar separadamente os diferentes fatores que compõem os Cinco Grandes, uma vez que as diferenças sexuais nas submedidas que compõem cada traço de personalidade abrangente podem, até certo ponto, anular-se mutuamente. Contudo, Steve Stewart-Williams e Andrew Thomas, psicólogos da Universidade de Swansea, argumentam que uma importante característica da estatística multidimensional usada para criar o "índice global da personalidade" é que, quanto mais dimensões forem adicionadas, maior será a estatística. "Isso tem uma implicação estranha [...]. Mesmo para populações muito semelhantes – neozelandeses e australianos, por exemplo –, haverá inevitavelmente muitas variáveis para as quais existem pequenas diferenças médias. Se tomássemos uma quantidade suficiente dessas variáveis e as tratássemos como uma única variável multidimensional, poderíamos usar o método de Del Giudice para 'provar' que, do ponto de vista psicológico, neozelandeses e australianos são praticamente espécies diferentes." Stewart-Williams, S.; Thomas, A. G. "The Ape that Thought it Was a Peacock: Does Evolutionary Psychology Exaggerate Human Sex Differences?". *Psychological Inquiry*, 24 (3), 2013, pp. 137-68. Citado na p. 168. Além disso, Hyde observou que a medida multidimensional de Del Giudice et alii não se relaciona a nenhum conceito conhecido de personalidade, tornando difícil saber como interpretar o resultado. Ver: Hyde, J. "Gender Similarities and Differences". *Annual Review of Psychology*, 65 (1), 2014, pp. 373-98.

90 Terman, L. M.; Miles, C. C., op. cit. Ver: Lippa, R. A. *Gender, Nature, and Nurture*. Mahwah: Lawrence Earlbaum, 2002.

91 Spence, J. T.; Helmreich, R. L.; Stapp, J. "The Personal Attributes Questionnaire: A Measure of Sex Role Stereotypes and Masculinity-Femininity". *JSAS Catalog of Selected Documents in Psychology*, n. 4, 1974, pp. 43-4; The Bem Sex Role Inventory, Bem, S. "The Measurement of Psychological Androgyny". *Journal of Consulting and Clinical Psychology*, 42 (2), 1974, pp. 155-62.

92 Em particular, a teoria multidimensional de identidade de gênero de: Spence, J. T. "Gender-Related Traits and Gender Ideology: Evidence for a Multifactorial Theory". *Journal of Personality and Social Psychology*, 64 (4), 1993, pp. 624-35. Ver também: Egan, S. K.; Perry, D. G. "Gender Identity: A Multidimensional Analysis with Implications for Psychosocial Adjustment". *Developmental Psychology*, 37 (4), 2001, pp. 451-63.

93 Wolpert, L., op. cit., p. 179.

94 Valian, V. (2014). "Developmental Biology: Splitting the Sexes". *Nature*, 513 (7.516), 2014, p. 32.

95 Cimpian, A.; Markman, E. M. "The Generic/Nongeneric Distinction Influences How Children Interpret New Information about Social Others". *Child Development*, 82 (2), 2011, pp. 471-92. Explicações extraídas da tabela 1, p. 477.

96 Idem, ibidem, p. 473.

97 Browne, K. R. "Evolutionary Psychology and Sex Differences in Workplace Patterns". In: Saad, G. (org.). *Evolutionary Psychology in the Business Sciences*. Heidelberg: Springer, 2011, pp. 71-94. Citado na p. 71.

98 Carothers, B. J.; Reis, H. T. "Men and Women Are From Earth: Examining the Latent Structure of Gender", op. cit. Um argumento similar é apresentado em relação às "não categorias" na classificação psiquiátrica de: Haslam, N. "Kinds of Kinds: A Conceptual Taxonomy of Psychiatric Categories". *Philosophy, Psychiatry, and Psychology*, 9 (3), 2002, pp. 203-17.

CAPÍTULO 5 – MOSCAS-MORTAS PARAQUEDISTAS

1 Hoffman, M; Yoeli, E., op. cit.

2 Baker, M. D., Jr.; Maner, J. K. "Risk-taking as a Situationally Sensitive Male Mating Strategy". *Evolution and Human Behavior*, 29 (6), 2008, pp. 391-5. Citado na p. 392, referências removidas. Os autores propõem que os benefícios adicionais das manifestações masculinas de exposição ao risco estão atraindo aliados e afugentando concorrentes.

3 Idem, ibidem, p. 392, referência removida.

4 Hoffman, M; Yoeli, E., op. cit.

5 No entanto, deve-se notar que os economistas consideram a exposição a riscos e a competição como conceitos separados – o primeiro abrange o envolvimento com um mundo imprevisível, enquanto o segundo envolve o engajamento com outros imprevisíveis.

6 Niederle, M.; Vesterlund, L. "Gender and Competition". *Annual Review of Economics*, 3 (1), 2011, pp. 601-30. Citado na p. 602.

7 Adams, R. "Gender Gap in University Admissions Rises to Record Level". *The Guardian*, 21/1/2015. Disponível em: http://www.theguardian.com/education/2015/jan/21/gender-gap-university-admissions-record. Acesso em: 14/1/2015.

8 Por exemplo, a Escala do Dilema da Escolha: Kogan, N.; Wallach, M. *Risk-taking: A Study in Cognition and Personality*. Nova York: Holt, 1964.

9 Por exemplo, muitos dos estudos sobre competição e concorrência discutidos mais adiante no capítulo "controlam" a propensão a arriscar-se incluindo um jogo para avaliar a exposição a riscos. A suposição tácita é provavelmente que essa medida particular de atração pelo risco também abarca a propensão a arriscar-se em um domínio diferente, a saber, correr o risco de competir contra pares.

10 Wilson, M.; Daly, M. "Competitiveness, Risk Taking, and Violence: The Young Male Syndrome". *Ethology and Sociobiology*, 6 (1), 1985, pp. 59-73. Citado na p. 66.

11 Johnson, J.; Wilke, A.; Weber, E. U. "Beyond a Trait View of Risk Taking: A Domain-Specific Scale Measuring Risk Perceptions, Expected Benefits, and Perceived-Risk Attitudes in German-Speaking Populations". *Polish Psychological Bulletin*, 35 (3), 2004, pp. 153-63. Citado na p. 153. Ver também a discussão inicial da questão em: Slovic, P. "Assessment of Risk Taking Behavior". *Psychological Bulletin*, 61 (3), 1964, pp. 220-33.

12 MacCrimmon, K.; Wehrung, D. "A Portfolio of Risk Measures". *Theory and Decision*, 19 (1), 1985, pp. 1-29.

13 Weber, E. U.; Blais, A.-R.; Betz, N. E. "A Domain-Specific Risk-Attitude Scale: Measuring Risk Perceptions and Risk Behaviors". *Journal of Behavioral Decision Making*, 15 (4), 2002, pp. 263-90. O grupo de Weber, em seguida, passou a encontrar a mesma especificidade de domínio de propensão ao

risco em uma amostra de larga escala de jovens alemães. Ver: Johnson, J. et alii. "Beyond a Trait View of Risk Taking: A Domain-Specific Scale Measuring Risk Perceptions, Expected Benefits, and Perceived-Risk Attitudes in German-Speaking Populations", op. cit.

14 Hanoch, Y.; Johnson, J. G.; Wilke, A. "Domain Specificity in Experimental Measures and Participant Recruitment: An Application to Risk-Taking Behavior". *Psychological Science*, 17 (4), 2006, pp. 300-4.

15 Weber, E. U. et alii. "A Domain-Specific Risk-Attitude Scale: Measuring Risk Perceptions and Risk Behaviors", op. cit.

16 Cooper, A. C.; Woo, C. Y.; Dunkelberg, W. C. "Entrepreneurs' Perceived Chances for Success". *Journal of Business Venturing*, 3 (2), 1988, pp. 97-108.

17 Weber, E. U. et alii. "A Domain-Specific Risk-Attitude Scale: Measuring Risk Perceptions and Risk Behaviors", op. cit. Isso está de acordo com argumentos, apresentados por muitos na área, de que o risco em si – a possibilidade de perda – é sempre "repugnante" (p. 265). Ver também: Yates, J.; Stone, E. "The Risk Construct". In: Yates, K. (org.). *Risk-Taking Behavior*. Nova York: Wiley, 1992.

18 Keyes, R. *Chancing It: Why We Take Risks*. Boston: Little Brown, 1985, pp. 10 e 9, respectivamente.

19 Yates, J.; Stone, E., op. cit., p. 2.

20 Keyes, R., op. cit. Citado na p. 6.

21 Weber, E. U. et alii. "A Domain-Specific Risk-Attitude Scale: Measuring Risk Perceptions and Risk Behaviors", op. cit.; Johnson, J. et alii. "Beyond a Trait View of Risk Taking: A Domain-Specific Scale Measuring Risk Perceptions, Expected Benefits, and Perceived-Risk Attitudes in German-Speaking Populations", op. cit.; Harris, C. R.; Jenkins, M.; Glaser, D. "Gender Differences in Risk Assessment: Why do Women Take Fewer Risks than Men?". *Judgment and Decision Making*, 1 (1), 2006, pp. 48-63. Descobriu-se que um princípio semelhante estava em ação e explicava as diferenças entre culturas nos preços de compra de opções financeiras arriscadas; constatou-se que essas divergências se deviam a diferenças nas percepções dos riscos das opções financeiras, e não a atitudes de risco. Weber, E. U.; Hsee, C. "Cross-Cultural Differences in Risk Perception, but Cross-Cultural Similarities in Attitudes Towards Perceived Risk". *Management Science*, 44 (9), 1998, pp. 1.205-17.

22 Byrnes, J. P.; Miller, D. C.; Schafer, W. D. "Gender Differences in Risk Taking: A Meta-Analysis". *Psychological Bulletin*, 125 (3), 1999, pp. 367-83.

23 Idem, ibidem, p. 377.

24 Nelson, J. A. "The Power of Stereotyping and Confirmation Bias to Overwhelm Accurate Assessment: The Case of Economics, Gender, and Risk Aversion". *Journal of Economic Methodology*, 21 (3), 2014, pp. 211-31. Nelson usa os exemplos de violência doméstica e gravidez e parto.

25 Taxa de mortalidade por gravidez nos Estados Unidos em 2011: 17,8 mortes por 100 mil nascidos vivos; disponível em: http://www.cdc.gov/repro ductivehealth/MaternalInfantHealth/PMSS.html. Taxa de mortalidade no paraquedismo em 2014: 0,75 morte por 100 mil saltos; disponível em: http:// www.uspa.org/AboutSkydiving/SkydivingSafety/tabid/526/Default.aspx.

26 Ver http://www.osteopathic.org/osteopathic-health/about-your-health/ health-conditions-library/womens-health/Pages/high-heels.aspx.

27 Um dos generosos colegas que revisaram este livro comentou na margem que essa piada parecia um pouco piegas demais. Como se pode ver, ele estava errado.

28 Weber, E. U. et alii. "A Domain-Specific Risk-Attitude Scale: Measuring Risk Perceptions and Risk Behaviors", op. cit.; Johnson et alii. "Beyond a Trait View of Risk Taking: A Domain-Specific Scale Measuring Risk Perceptions, Expected Benefits, and Perceived-Risk Attitudes in German-Speaking Populations", op. cit.; Harris, C. R. et alii, op. cit.

29 Harris, C. R. et alii, op. cit. Isso se deu porque as mulheres viam as chances de sucesso como mais prováveis e as consequências positivas como melhores.

30 Por exemplo, no domínio financeiro: Wang, M.; Keller, C.; Siegrist, M. "The Less You Know, the More You Are Afraid Of: A Survey on Risk Perceptions of Investment Products". *Journal of Behavioral Finance*, n. 12, 2011, pp. 9-19; Weber, E. U.; Siebenmorgen, N.; Weber, M. "Communicating Asset Risk: How Name Recognition and the Format of Historic Volatility Information Affect Risk Perception and Investment Decisions". *Risk Analysis*, 25 (3), 2005, pp. 597-609. Para a relação entre saúde e riscos de lazer, ver: Song, H.; Schwarz, N. "If It's Difficult to Pronounce, It Must Be Risky: Fluency, Familiarity, and Risk Perception". *Psychological Science*, 20 (2), 2009, pp. 135-8.

31 Sunstein, C. "Social Norms and Social Roles". *Columbia Law Review*, 96 (4), 1996, pp. 903-68. Citado na p. 913, referência e nota de rodapé removidas na primeira citação.

32 Isso não parece se dever a diferenças em conhecimento relevante. Por exemplo, membros do sexo feminino da Sociedade Britânica de Toxicologia forneceram classificações de risco de produtos químicos mais altas do que seus colegas do sexo masculino. Slovic, P.; Malmfors, T.; Mertz, C.; Neil, N.; Purchase, I. F. "Evaluating Chemical Risks: Results of a Survey of the British Toxicology Society". *Human and Experimental Toxicology*, 16 (6), 1997, pp. 289-304.

33 Flynn, J.; Slovic, P.; Mertz, C. K. "Gender, Race, and Perception of Environmental Health Risks". *Risk Analysis*, 14 (6), 1994, pp. 1.101-8.

34 Ver: Finucane, M. M.; Slovic, P.; Mertz, C. K.; Flynn, J; Satterfield, T. A. "Gender, Race, and Perceived Risk: The 'White Male' Effect". *Health, Risk and Society*, 2 (2), 2000, pp. 159-72; Kahan, D. M.; Braman, D.; Gastil, J.; Slovic, P.; Mertz, C. K. "Culture and Identity-Protective Cognition: Explaining the White-Male Effect in Risk Perception". *Journal of Empirical Legal Studies*, 4 (3), 2007, pp. 465-505. Ver também: Palmer, C. "Risk Perception: Another Look at the 'White Male' Effect". *Health, Risk and Society*, 5 (1), 2003, pp. 71-83. Essa pesquisa descobriu que o "efeito homem branco" se estendeu aos americanos taiwaneses, no que concerne a riscos para a saúde e da tecnologia.

35 Kahan, D. "Checking in on the 'White Male Effect' for Risk Perception". *The Cultural Cognition Project at Yale Law School*, 7/10/2012. Disponível em: http://www.culturalcognition.net/blog/2012/10/7/checking-in-on-the-white-male-effect-for-risk-perception.html. Acesso em: 7/11/2014.

36 Olofsson, A.; Rashid, S. "The White (Male) Effect and Risk Perception: Can Equality Make a Difference?". *Risk Analysis*, 31 (6), 2011, pp. 1.016-32.

37 Slovic, P.; Finucane, M.; Peters, E.; MacGregor, D. G. "Rational Actors or Rational Fools: Implications of the Affect Heuristic for Behavioral Economics". *Journal of Socio-Economics*, 31 (4), 2002, pp. 329-42. Citado na p. 333. Evidências confirmatórias também foram reveladas por Weber, Blais e Betz, que encontraram correlações negativas entre riscos e benefícios percebidos. Ver: Weber, E. U.; Blais, A.-R.; Betz, N. E. "A Domain-Specific Risk-Attitude Scale: Measuring Risk Perceptions and Risk Behaviors", op. cit.

38 Flynn, J.; Slovic, P.; Mertz, C. K. "Gender, Race, and Perception of Environmental Health Risks", op. cit. p. 1.107.

39 Kahan, D., op.cit.

40 Flynn, J. et alii, op. cit, p. 1.107.

41 Rawn, C. D.; Vohs, K. D. "People Use Self-Control to Risk Personal Harm: An Intra-Interpersonal Dilemma". *Personality and Social Psychology Review*, 15 (3), 2011, pp. 267-89.

42 Por exemplo, Prentice, D.; Carranza, E. "What Women and Men Should Be, Shouldn't Be, Are Allowed to Be, and Don't Have to Be: The Contents of Prescriptive Gender Stereotypes". *Psychology of Women Quarterly*, 26 (4), 2002, pp. 269-81.

43 Por exemplo: Bowles, R.; Babcock, L.; Lai, L. "Social Incentives for Gender Differences in the Propensity to Initiate Negotiations: Sometimes it Does Hurt to Ask". *Organizational Behavior and Human Decision Processes*, n. 103, 2007, pp. 84-103; Rudman, L.; Phelan, J. E. "Backlash Effects for Disconfirming Gender Stereotypes in Organizations". *Research in Organizational Behavior*, n. 28, 2008, pp. 61-79.

44 Hoffman, M.; Yoeli, E., op. cit.

45 Small, D. A.; Gelfand, M.; Babcock, L.; Gettman, H. "Who Goes to the Bargaining Table? The Influence of Gender and Framing on the Initiation of Negotiation". *Journal of Personality and Social Psychology*, 93 (4), 2007, pp. 600-13. Citado na p. 610.

46 Gerhart, B.; Rynes, S. "Determinants and Consequences of Salary Negotiations by Male and Female MBA Graduates". *Journal of Applied Psychology*, 76 (2), 1991, pp. 256-62.

47 Ryan, M., em comunicação pessoal.

48 Mahalik, J. R.; Locke, B. D.; Ludlow, L. H.; Diemer, M. A.; Scott, R. P. J.; Gottfried, M. et alii. "Development of the Conformity to Masculine Norms Inventory". *Psychology of Men and Masculinity*, 4 (1), 2003, pp. 3-25.

49 Prentice, D.; Carranza, E., op. cit.

50 Brescoll, V. L.; Dawson, E.; Uhlmann, E. L. "Hard Won and Easily Lost: The Fragile Status of Leaders in Stereotype-Incongruent Occupations". *Psychological Science*, 21 (11), 2010, pp. 1.640-2.

51 Frankenhuis, W. E.; Karremans, J. C. "Uncommitted Men Match Their Risk Taking to Female Preferences, While Committed Men do the Opposite". *Journal of Experimental Social Psychology*, 48 (1), 2012, pp. 428-31. Curiosamente, a informação teve o efeito oposto em homens já comprometidos.

52 Shan, W.; Shenghua, J.; Davis, H. M.; Peng, K.; Shao, X.; Wu, Y. et alii. "Mating Strategies in Chinese Culture: Female Risk Avoiding *versus* Male Risk Taking". *Evolution and Human Behavior*, 33 (3), 2012, pp. 182-92. Havia também uma condição em que os participantes julgavam estar sendo observados por alguém do mesmo sexo, o que teve efeitos intermediários no comportamento. Citado na p. 183, referências removidas.

53 Verificou-se que isso é ligeiramente desejável nos Estados Unidos e não é nem atraente nem pouco atraente na amostragem alemã. Ver: Wilke, A.; Hutchinson, J. M. C.; Todd, P. M.; Kruger, D. J. "Is Risk Taking Used as a Cue in Mate Choice?". *Evolutionary Psychology*, n. 4, 2006, pp. 367-93.

54 Citação do título de: Farthing, G. W. "Neither Daredevils nor Wimps: Attitudes toward Physical Risk Takers as Mates". *Evolutionary Psychology*, 5 (4), 2007, pp. 754-77. Esse estudo obteve resultados semelhantes para ambos os sexos.

55 Wilke, A. et alii, op. cit., p. 388.

56 Sylwester, K.; Pawłowski, B. (2011). "Daring to be Darling: Attractiveness of Risk Takers as Partners in Long- and Short-Term Sexual Relationships". *Sex Roles*, 64 (9-10), pp. 695-706. Sylwester e Pawłowski compararam a atração exercida por pessoas afeitas e avessas ao risco nos domínios dos riscos físicos, financeiros e sociais. Sua principal constatação foi de que a exposição a riscos era mais desejável em um parceiro de curto prazo do que em um parceiro de longo prazo. Um estudo de Bassett e Moss criou perfis diferentes de um indivíduo afeito a risco físico baixo, médio e alto e pediu aos participantes para classificarem o seu *sex appeal* em contextos românticos e não românticos. Homens e mulheres diferiram apenas no poder pessoal de sedução de uma pessoa afeita a riscos como parceiro ou parceira de longo prazo. Ver: Bassett, J. F.; Moss, B. "Men and Women Prefer Risk Takers as Romantic and Nonromantic Partners". *Current Research in Social Psychology*, 9 (10), 2004, pp. 135-44.

57 Idem, ibidem, p. 140.

58 Wilke, A. et alii, op. cit., p. 387.

59 Apicella, C. L.; Dreber, A.; Gray, P. B.; Hoffman, M.; Little, A. C.; Campbell, B. C. "Androgens and Competitiveness in Men". *Journal of Neuroscience, Psychology, and Economics*, 4 (1), 2011, pp. 54-62. Citado nas pp. 55-6, referências removidas. Note que os dois primeiros autores discutem longamente o crescente reconhecimento da importância da competição feminina em uma publicação posterior: Apicella, C. L.; Dreber, A. "Sex Differences in

Competitiveness: Hunter-Gatherer Women and Girls Compete Less in Gender-Neutral and Male-Centric Tasks". *Adaptive Human Behavior and Physiology*, 1 (3), 2015, pp. 247-69.

60 Cashdan, E. "Are Men More Competitive than Women?". *British Journal of Social Psychology*, 37 (2), 1998, pp. 213-29.

61 Por exemplo, Apicella, C. L.; Dreber, A., op. cit.; Dreber, A.; Von Essen, E.; Ranehill, E. "Gender and Competition in Adolescence: Task Matters". *Experimental Economics*, 17 (1), mar. 2014, pp. 154-72; Flory, J. A.; Leibbrandt, A.; List, J. A. "Do Competitive Work Places Deter Female Workers? A Large-Scale Natural Field Experiment on Gender Differences on Job-Entry Decisions". *Review of Economic Studies*, 82 (1), 2015, pp. 122-55; Grosse, N. D.; Riener, G.; Dertwinkel-Kalt, M. *Explaining Gender Differences in Competitiveness: Testing a Theory on Gender-Task Stereotypes*. Documento de trabalho, Universidade de Mannheim, 2014; Günther, C.; Ekinci, N. A.; Schwieren, C.; Strobel, M. "Women Can't Jump? – An Experiment on Competitive Attitudes and Stereotype Threat". *Journal of Economic Behavior and Organization*, 75 (3), 2010, pp. 395-401; Wieland, A.; Sarin, R. "Domain Specificity of Sex Differences in Competition". *Journal of Economic Behavior and Organization*, 83 (1), 2012, pp. 151-7.

62 Ver discussão em: Khachatryan, K.; Dreber, A.; Von Essen, E.; Ranehill, E. "Gender and Preferences at a Young Age: Evidence from Armenia". *Journal of Economic Behavior and Organization*, n. 118, 2015, pp. 318-32. Ver também: Sutter, M.; Glätzle-Rützler, D. "Gender Differences in the Willingness to Compete Emerge Early in Life and Persist". *Management Science*, 61 (10), 2014, pp. 2.339-54.

63 Cameron, L.; Erkal, N.; Gangadharan, L.; Meng, X. "Little Emperors: Behavioral Impacts of China's One-Child Policy". *Science*, 339 (6.122), 2013, pp. 953-7; Cárdenas, J.-C.; Dreber, A.; Von Essen, E.; Ranehill, E. "Gender Differences in Competitiveness and Risk Taking: Comparing Children in Colombia and Sweden". *Journal of Economic Behavior and Organization*, 83 (1), 2012, pp. 11-23; Khachatryan, K. et alii. "Gender and Preferences at a Young Age: Evidence from Armenia", op. cit.; Zhang, Y. *Culture, Institutions, and the Gender Gap in Competitive Inclination: Evidence from the Communist Experiment in China*. 2015. Disponível na Rede de Pesquisa em Ciências Sociais [SSRN, na sigla em inglês]: http://ssrn.com/abstract=2268874 ou http://dx.doi.org/10.2139/ssrn.2268874.

64 Gneezy, U.; Leonard, K. L.; List, J. A. "Gender Differences in Competition: Evidence from a Matrilineal and a Patriarchal Society". *Econometrica*, 77 (5), 2009, pp. 1.637-64.

65 Andersen, S.; Ertac, S.; Gneezy, U.; List, J. A.; Maximiano, S. "Gender, Competitiveness, and Socialization at a Young Age: Evidence from a Matrilineal and a Patriarchal Society". *Review of Economics and Statistics*, 95 (4), 2013, pp. 1.438-43.

66 Sutter, M.; Glätzle-Rützler, D., op. cit.

67 Kay, J. "Is It Better to Play it Safe or to Place Bets that Risk Bankruptcy?". *Financial Times*, 10/12/2013. Disponível em: http://www.ft.com/intl/cms/s/0/292e514e-60ff-11e3-b7f1-00144feabdc0.html#axzz3wbxCXczm. Acesso em: 8/1/2016. Kay aponta que, "como todas as tentativas de explicar nosso comportamento investigando a fundo nosso passado evolutivo, essa história deve ser encarada com grande dose de ceticismo. Mas não é preciso haver nenhuma verdade histórica em minha narrativa para que sua premissa fundamental seja verdadeira. Pessoas que assumem riscos tolos e, na maioria das vezes, saem vitoriosas, tendem a parecer parceiros e líderes atraentes". Dada a história evolutiva até aqui, isso parece propor que, com "pessoas", ele quer dizer "homens".

68 Butt, C. "Female Surgeons Feel Obliged to Give Sexual Favours, Report Finds". *Sydney Morning Herald*, 10/9/2015. Disponível em: http://www.smh.com.au/national/bullying-endemic-among-surgeons-but-victims-too-scared-to-speak-up-report-finds-20150909-gjiuxl.html. Acesso em: 10/9/2015.

69 Silvester, M; Perkins, M. "Shame Files: Policewomen Targeted for Sex from the Day They Join the Force". *The Age*, 9/12/2015. Disponível em: http://www.theage.com.au/victoria/a-new-report-says-policewomen-are-targeted-for-sex-from-the-day-they-join-20151208-glidtv.html. Acesso em: 30/12/2015.

CAPÍTULO 6 – A ESSÊNCIA HORMONAL DO T-REX?

1 Adkins-Regan, E. *Hormones and Animal Social Behavior*. Princeton: Princeton University Press, 2005, p. 21.

2 Browne, K. R. (2012). "Mind Which Gap? The Selective Concern Over Statistical Sex Disparities". *Florida International University Law Review*, n. 8, 2012, pp. 271-86. Citado nas pp. 284-5, referências removidas.

3 Ver, por exemplo: Hoffman, M.; Yoeli, E., op. cit.; Cronqvist, H.; Previtero, A.; Siegel, S.; White, R. E. "The Fetal Origins Hypothesis in Finance: Prenatal Environment, the Gender Gap, and Investor Behavior". *Review of Financial Studies*, 29 (3), 2016, pp. 739-86.

4 Herbert, J. *Testosterone: Sex, Power, and the Will to Win*, op. cit., p. 22.

5 Idem, "Sex, Cars, and the Power of Testosterone". *Blog* OUP, 14/5/2015. Disponível em: http://blog.oup.com/2015/05/sex-cars-testosterone/. Acesso em: 16/7/2015.

6 Francis, R. C. *Why Men Won't Ask for Directions: The Seductions of Sociobiology*. Princeton: Princeton University Press, 2004, p. 147. Primeira referência ao *Testosterona Rex* na p. 143.

7 Para os humanos, a explicação básica é o modelo biossocial de Mazur ("A Biosocial Model of Status in Face-to-Face Primate Groups") e Mazur e Booth ("Testosterone and Dominance in Men"). O modelo propõe influências recíprocas entre T e busca de status, tanto em mulheres como em homens. Assim, níveis mais altos de T promovem o comportamento de busca de status, e o sucesso alimenta os níveis de T (ao passo que o fracasso diminui a testosterona). Ver: Mazur, A. "A Biosocial Model of Status in Face-to-Face Primate Groups". *Social Forces*, 64 (2), 1985, pp. 377-402; Mazur, A.; Booth, A. "Testosterone and Dominance in Men". *Behavioral and Brain Sciences*, n. 21, 1928, pp. 353-97. O outro arcabouço teórico importante é a hipótese do desafio, na qual se presume que as mudanças na T facilitam as compensações entre a competição (ou o "desafio") e os cuidados parentais. Ver: Wingfield, J. C.; Hegner, R. E.; Dufty, A. M., Jr.; Ball, G. F. "The 'Challenge Hypothesis': Theoretical Implications for Patterns of Testosterone Secretion, Mating Systems, and Breeding Strategies". *American Naturalist*, 136 (6), 1990, pp. 829-46.

8 Van Anders, S. M., op. cit. Um objetivo principal e importante desse artigo é mostrar como a fusão comum de T alta com "masculinidade" e T baixa com "feminilidade", em vez de, mais especificamente, com competição e cuidados com a prole, levou a previsões imprecisas, como a de que T alta teria associações com sexualidade e T baixa, com parentalidade. Mas, como ressalta Van Anders, o comportamento sexual pode ser competitivo ou carinhoso e protetor, ou até mesmo ambos, e na criação dos filhos há elementos competitivos, carinhosos e protetores. Van Anders mostra como ir além da suposição "pré-teórica" de que "T = masculinidade" pode ajudar a dar sentido a descobertas aparentemente contraditórias e a orientar pesquisas melhores.

9 O trecho que segue se apropria em larga medida de: Francis, R. C., op. cit.

10 Francis, R. C.; Jacobson, B.; Wingfield, J. C.; Fernald, R. D. "Castration Lowers Aggression But Not Social Dominance in Male *Haplochromis burtoni* (Cichlidae)". *Ethology*, 90 (3), 1992, pp. 247-55.

11 Francis, R. C.; Soma, K.; Fernald, R. D. "Social Regulation of the Brain-Pituitary-Gonadal Axis". *Proceedings of the National Academy of Sciences*, 90 (16), 1993, pp. 7.794-8.

12 Francis et alii, op. cit., p. 253.

13 Ver também discussão em: Van Anders, S.; Watson, N. "Social Neuroendocrinology: Effects of Social Contexts and Behaviors on Sex Steroids in Humans". *Human Nature*, 17 (2), 2006, pp. 212-37.

14 Hrdy, S. B. "Empathy, Polyandry, and the Myth of the Coy Female". In: Bleier, R. (org.). *Feminist Approaches to Science*. Nova York: Pergamon Press, 1986, pp. 119-46. Citado na p. 141, referindo-se ao trabalho de: Van den Berghe, E. (1984). "Female Competition, Parental Care, and Reproductive Success in Salmon". Artigo apresentado na Reunião da Sociedade do Comportamento Animal, Cheney, Washington, 13-17/8/1984.

15 Adkins-Regan, E. *Hormones and Animal Social Behavior*, op. cit., p. 51.

16 Joel, D. "Genetic-Gonadal-Genitals Sex (3G-sex) and the Misconception of Brain and Gender, or, Why 3G-Males and 3G-Females Have Intersex Brain and Intersex Gender". *Biology of Sex Differences*, 3 (27), 2012, p. 4.

17 Sapolsky, R. *Junk Food Monkeys: And Other Essays on the Biology of the Human Predicament*. Londres: Headline, 1997, p. 127. Nota de rodapé removida no fim da segunda citação.

18 Ver: Freeman, E. R.; Bloom, D. A.; McGuire, E. J. "A Brief History of Testosterone". *Journal of Urology*, 165 (2), 2001, pp. 371-3. Ver também: Adkins-Regan, E., op. cit.

19 Adkins-Regan, E., op. cit., p. 3.

20 Moore, C. "The Role of Maternal Stimulation in the Development of Sexual Behavior and its Neural Basis". *Annals of the New York Academy of Sciences*, 662 (1), 1992, pp. 160-77.

21 R. F. Oliveira descreve isso como o efeito da testosterona em "liberadores somáticos" – isto é, efeitos corporais que então influenciam o comportamento de coespecíficos. Oliveira, R. F. "Social Modulation of Androgens in Vertebrates: Mechanisms and Function". *Advances in the Study of Behavior*, n. 34, 2004, pp. 165-239. Para exemplos, ver tabela 1 na p. 172. Oliveira também fornece exemplos de efeitos da testosterona no sistema sensorial e em "efetores" (por exemplo, nas aves, os efeitos nos músculos envolvidos na produção de cantos para atrair parceiros de cópula).

22 Extraído de uma descrição bem mais detalhada fornecida por: Adkins-Regan, E., op. cit.

23 Idem, ibidem, pp. 13-6, referindo-se a efeitos tanto genômicos (mais lentos) como não genômicos (mais rápidos). Isso também é bem sintetizado em: Oliveira, R. F. "Social Behavior in Context: Hormonal Modulation of Behavioral Plasticity and Social Competence". *Integrative and Comparative Biology*, 49 (4), 2009, pp. 423-40. Cardoso, Teles e Oliveira ("Neurogenomic Mechanisms of Social Plasticity") categorizam três tipos diferentes de plasticidade social: fenótipos alternativos fixos (não aplicáveis no caso de humanos, mas em outras espécies), plasticidade de desenvolvimento (como a transição entre pré e pós-puberdade) e flexibilidade comportamental. Para enfocar as duas categorias relevantes para os humanos, propõe-se que a plasticidade de desenvolvimento envolva (re)organização de estruturas (incluindo o cérebro) e efeitos epigenéticos, enquanto a flexibilidade comportamental é ativacional e envolve mudança bioquímica no nível neural e mudanças transitórias na expressão do gene no nível genômico. Ver: Cardoso, S. D.; Teles, M. C.; Oliveira, R. F. "Neurogenomic Mechanisms of Social Plasticity". *Journal of Experimental Biology*, 218 (1), 2015, pp. 140-9. Ver tabela 1, p. 142.

24 Descrito em: Pfaff, D. W. *Man and Woman: An Inside Story*. Oxford: Oxford University Press, 2010. Ver também: Dufy, B.; Vincent, J. D. "Effects of Sex Steroids on Cell Membrane Excitability: A New Concept for the Action of Steroids on the Brain". In: De Wied, D.; Van Keep, P. (orgs.). *Hormones and the brain*. Lancaster: MTP Press, 1980, pp. 29-41.

25 Adkins-Regan, E., op. cit., p. 15.

26 Idem, ibidem, capítulo 1.

27 Idem, ibidem, p. 16.

28 R. C. Francis argumenta que, "de todos os fatores relevantes para o desenvolvimento sexual, os hormônios esteroides, a exemplo da testosterona, são talvez os mais fáceis de medir, manipular e monitorar, de modo que tendem a ter um peso mais explicativo do que outros fatores de desenvolvimento" (Francis, R. C., op. cit., pp. 143-4).

29 Gleason, E. D.; Fuxjager, M. J.; Oyegbile, T. O.; Marler, C. A. "Testosterone Release and Social Context: When It Occurs and Why". *Frontiers in Neuroendocrinology*, 30 (4), 2009, pp. 460-9. Citado na p. 460.

30 Ver, por exemplo: Adkins-Regan, E., op. cit., pp. 218-22. Ver também: Adkins-Regan, E. "Hormonal Organization and Activation: Evolutionary

Implications and Questions". *General and Comparative Endocrinology*, 2012, 176 (3), pp. 279-85.

31 É surpreendentemente difícil encontrar normas masculinas/femininas para os níveis de testosterona. Como deixa claro um artigo de métodos sobre a medida de T, de autoria de Van Anders, Goldey e Bell, tais "normas" teriam que levar em conta a considerável variabilidade introduzida por fatores como estação do ano, hora do dia, status de relacionamento, peso corporal, e assim por diante. Ver: Van Anders, S. M.; Goldey, K. L.; Bell, S. N. "Measurement of Testosterone in Human Sexuality Research: Methodological Considerations". *Archives of Sexual Behavior*, 43 (2), 2014, pp. 231-50. Com todas as ressalvas, porém, um efeito de cerca de $d = 3$ é estimado a partir de amostras de trabalho de Van Anders e colegas, que geralmente incluem ambos os sexos em suas pesquisas. Para intervalos de referência para a testosterona em crianças e adultos, utilizando uma técnica de medição mais sensível, ver: Kushnir, M. M.; Blamires, T.; Rockwood, A. L.; Roberts, W. L.; Yue, B.; Erdogan, E. et alii. "Liquid Chromatography: Tandem Mass Spectrometry Assay for Androstenedione, Dehydroepiandrosterone, and Testosterone with Pediatric and Adult Reference Intervals". *Clinical Chemistry*, 56 (7), 2010, pp. 1.138-47.

32 Por exemplo, De Vries, G. "Sex Differences in Adult and Developing Brains: Compensation, Compensation, Compensation". *Endocrinology*, 145 (3), 2004, pp. 1.063-8.

33 Por exemplo, Bancroft, J. "Sexual Effects of Androgens in Women: Some Theoretical Considerations". *Fertility and Sterility*, n. 77 (supl. 4), 2002, pp. 55-9; Bancroft, J. "The Endocrinology of Sexual Arousal". *Journal of Endocrinology*, 186 (3), 2005, pp. 411-27.

34 Sherwin, B. "A Comparative Analysis of the Role of Androgen in Human Male and Female Sexual Behavior: Behavioral Specificity, Critical Thresholds, and Sensitivity". *Psychobiology*, 16 (4), 1988, pp. 416-25. Para evidências de diferenças sexuais em receptores de estrogênio, ver: Gillies, G. E.; McArthur, S. "Estrogen Actions in the Brain and the Basis for Differential Action in Men and Women: A Case for Sex-Specific Medicines". *Pharmacological Reviews*, 62 (2), 2010, pp. 155-98.

35 Ver: Bancroft, J. "Sexual Effects of Androgens in Women: Some Theoretical Considerations" e "The Endocrinology of Sexual Arousal".

36 Argumento apresentado por Van Anders, S. M., op. cit.; Adkins-Regan, E. *Hormones and Animal Social Behavior*, op. cit. A ausência de pesquisas sobre a T em mulheres também é observada por Fausto-Sterling, A. *Myths of Gender: Biological Theories About Women and Men*. Nova York: Basic Books, 1992. Deve-se dizer, no entanto, que a escassez relativa de evidências com mulheres não se deveu simplesmente à falta de interesse nos efeitos da testosterona sobre as mulheres, mas está relacionada também a dificuldades técnicas na medição precisa de seus níveis mais baixos, a preocupações equivocadas de que o ciclo menstrual pudesse levar a uma variação significativa em T (não leva) e à redução da T em decorrência do uso de contraceptivos orais. No entanto, esses níveis mais baixos não afetam a alteração na T em resposta à concorrência. Para uma discussão sobre essas e outras questões: Van Anders, S. M.; Goldey, K. L.; Bell, S. N. "Measurement of Testosterone in Human Sexuality Research: Methodological Considerations", op. cit.

37 Van Anders, S. M., op. cit. Citado na p. 198.

38 Healy, M.; Gibney, J.; Pentecost, C.; Wheeler, M.; Sonksen, P. "Endocrine Profiles in 693 Elite Athletes in the Postcompetition Setting". *Clinical Endocrinology*, 81 (2), 2014, pp. 294-305.

39 Adkins-Regan, E. *Hormones and Animal Social Behavior*, op. cit., p. 4.

40 Ver discussão em: Oliveira, R. F. "Social Behavior in Context: Hormonal Modulation of Behavioral Plasticity and Social Competence", op. cit.

41 Dixson, A. F.; Herbert, J. "Testosterone, Aggressive Behavior and Dominance Rank in Captive Adult Male Talapoin Monkeys (*Miopithecus talapoin*)". *Physiology and Behavior*, 18 (3), 1977, pp. 539-43. Citado na p. 542.

42 Ver: Wallen, K. "Sex and Context: Hormones and Primate Sexual Motivation". *Hormones and Behavior*, 40 (2), 2001, pp. 339-57.

43 Idem, ibidem, p. 340.

44 Idem, ibidem. Wallen observa que fatores adicionais possivelmente contribuíram, como o ambiente social empobrecido (o que fez com que houvesse pouca coisa mais a fazer) e a ausência de repercussões sociais, devido à falta de um grupo social completo.

45 Idem, ibidem, p. 346.

46 Adkins-Regan, E. *Hormones and Animal Social Behavior*, op. cit., p. 3.

47 Oliveira, R. F. "Social Behavior in Context: Hormonal Modulation of Behavioral Plasticity and Social Competence", op. cit., p. 423.

48 Ver, por exemplo, artigos de R. Oliveira já citados. Esse é também o princípio subjacente ao modelo biossocial de Mazur. Ver: Mazur, A. "A Biosocial Model of Status in Face-to-Face Primate Groups", op. cit.; e Mazur, A.; Booth, A. "Testosterone and Dominance in Men", op. cit. Oliveira resume da seguinte forma: "As interações sociais das quais um indivíduo participa ou às quais ele está exposto influenciam seus níveis androgênicos, que, por sua vez, modularão os mecanismos perceptivos, motivacionais e cognitivos que afetarão seu comportamento subsequente em interações sociais" (Oliveira, R. F. "Social Behavior in Context: Hormonal Modulation of Behavioral Plasticity and Social Competence", op. cit., p. 427). Ver também: Van Anders, S.; Watson, N. "Social Neuroendocrinology: Effects of Social Contexts and Behaviors on Sex Steroids in Humans", op. cit.

49 Oliveira, R. F.; Almada, V. C.; Canario, A. V. M. "Social Modulation of Sex Steroid Concentrations in the Urine of Male Cichlid Fish, *Oreochromis Mossambicus*". *Hormones and Behavior*, 30 (1), 1996, pp. 2-12.

50 Oliveira, R. F. "Social Behavior in Context: Hormonal Modulation of Behavioral Plasticity and Social Competence", op. cit., p. 426.

51 Fuxjager, M. J.; Forbes-Lorman, R. M.; Coss, D. J.; Auger, C. J.; Auger, A. P.; Marler, C. A. "Winning Territorial Disputes Selectively Enhances Androgen Sensitivity in Neural Pathways Related to Motivation and Social Aggression". *Proceedings of the National Academy of Sciences*, 107 (27), 2010, pp. 12.393-8. Ver também: Burmeister, S. S.; Kailasanath, V.; Fernald, R. D. "Social Dominance Regulates Androgen and Estrogen Receptor Gene Expression". *Hormones and Behavior*, 51 (1), 2007, pp. 164-70.

52 Oliveira, R. F. "Social Modulation of Androgens in Vertebrates: Mechanisms and Function", op. cit., p. 194. Note que a referência não está sendo feita aqui aos níveis de T, mas à proporção de 11-cetotestosterona para testosterona, indicando a conversão da última para a primeira; a 11-cetotestosterona é um andrógeno encontrado apenas em peixes teleósteos.

53 Ziegler, T. E.; Schultz-Darken, N. J.; Scott, J. J.; Snowdon, C. T.; Ferris, C. F. "Neuroendocrine Response to Female Ovulatory Odors Depends Upon Social Condition in Male Common Marmosets, *Callithrix Jacchus*". *Hormones and Behavior*, 47 (1), 2005, pp. 56-64. Os casais que não eram pais também demonstraram aumento de T, mas os autores notaram que esses pares eram, naquele momento, de curta duração.

54 Analisado brevemente, mas de maneira proveitosa, em S. M. "Beyond Masculinity: Testosterone, Gender/Sex, and Human Social Behavior in a Social Behavior", op. cit. Há diferenças sutis entre homens e mulheres nas relações entre a T e o comportamento sexual e orientação de relacionamento que, suspeito, podem ter a ver com o efeito dos padrões duplos na disposição de mulheres e homens de relatar interesse em sexo casual.

55 Mazur, A.; Michalek, J. "Marriage, Divorce, and Male Testosterone". *Social Forces*, 77 (1), 1998, pp. 315-30. Citado na p. 327.

56 Idem, ibidem.

57 Gettler, L.; McDade, T.; Feranil, A.; Kuzawa, C. "Longitudinal Evidence that Fatherhood Decreases Testosterone in Human Males". *Proceedings of the National Academy of Sciences*, 108 (39), 2011, pp. 16.194-9.

58 Muller, M.; Marlowe, F.; Bugumba, R.; Ellison, P. "Testosterone and Paternal Care in East African Foragers and Pastoralists". *Proceedings of the Royal Society B*, 276, 2009, pp. 347-54.

59 Análises úteis sobre testosterona e status social e testosterona e sexualidade, respectivamente, são fornecidas em: Hamilton, L. D.; Carré, J. M.; Mehta, P. H.; Olmstead, N.; Whitaker, J. D. "Social Neuroendocrinology of Status: A Review and Future Directions". *Adaptive Human Behavior and Physiology*, 1 (2), 2015, pp. 202-30; Van Anders, S. M., op. cit.

60 Van Anders, S. M., op. cit.

61 Van Anders, S. M.; Tolamn, R. M.; Volling, B. L. "Baby Cries and Nurturance Affect Testosterone in Men". *Hormones and Behavior*, 61 (1), 2012, pp. 31-6.

62 Exemplo específico de argumento apresentado por: Van Anders, S. M., op. cit.

63 Van Anders, S. M.; Steiger, J.; Goldey, K. L. "Effects of Gendered Behavior on Testosterone in Women and Men". *Proceedings of the National Academy of Sciences*, 112 (45), 2015, pp. 13.805-10. Cada ator fez isso duas vezes: uma de maneira estereotipadamente masculina (por exemplo, uma expressão fria e uma postura dominante) e uma vez de maneira estereotipadamente feminina (como cadência hesitante e evitando contato visual). Esse não foi um fator importante, indicando que a T está ligada ao comportamento competitivo em si, e não à masculinidade.

64 Idem, ibidem, p. 13.808.

65 Ver: Van Anders, S. M.; Watson, N. "Social Neuroendocrinology: Effects of Social Contexts and Behaviors on Sex Steroids in Humans", op. cit.

66 Oliveira, G. A.; Oliveira, R. F. "Androgen Responsiveness to Competition in Humans: The Role of Cognitive Variables". *Neuroscience and Neuroeconomics*, n. 3, 2014, pp. 19-32. Citado na p. 21. Os estudos estão sintetizados na tabela 1, pp. 22-3.

67 Uma possível explicação para essas inconsistências é fornecida pela "hipótese do duplo hormônio", segundo a qual os níveis de T interagem com os níveis de cortisol, de modo que o efeito positivo da T sobre o comportamento competitivo é bloqueado quando os níveis de cortisol são altos. Mehta, P. H.; Josephs, R. A. "Testosterone and Cortisol Jointly Regulate Dominance: Evidence for a Dual-Hormone Hypothesis". *Hormones and Behavior*, 58 (5), 2010 pp. 898-906. Para um panorama dos dados, ver: Hamilton, L. D. et alii, op. cit.

68 Oliveira, G. A.; Oliveira, R. F., op. cit., p. 23. Para um exemplo empírico, ver: Oliveira, G. A.; Uceda, S.; Oliveira, T.; Fernandes, A.; Garcia-Marques, T.; Oliveira, R. F. "Threat Perception and Familiarity Moderate the Androgen Response to Competition in Women". *Frontiers in Psychology*, n. 4, 2013, p. 389.

69 Ver o resumo em: Oliveira, G. A.; Oliveira, R. F., op. cit.

70 Carré, J. M.; Iselin, A.-M. R.; Welker, K. M.; Hariri, A. R.; Dodge, K. A. "Testosterone Reactivity to Provocation Mediates the Effect of Early Intervention on Aggressive Behavior". *Psychological Science*, 25 (5), 2014, 1.140-6. Citado na p. 1.140.

71 Idem, ibidem, p. 1.144.

72 Cohen, D.; Nisbett, R. E.; Bowdle, B. F.; Schwarz, N. "Insult, Aggression, and the Southern Culture of Honor: An 'Experimental Ethnography'". *Journal of Personality and Social Psychology*, 70 (5), 1996, pp. 945-60.

73 Idem, ibidem, p. 957.

74 Herbert, J. *Testosterone: Sex, Power, and the Will to Win*, op. cit., p. 194.

75 Wade, L. "The New Science of Sex Difference". *Sociology Compass*, 7 (4), 2013, pp. 278-93. Citado na p. 284.

76 Por exemplo, Bleier, R. *Science and Gender: A Critique of Biology and its Theories on Women*. Nova York: Pergamon Press, 1984; Fausto-Sterling, A. *Sex/Gender: Biology in a Social World*, op. cit.

77 Fuentes, A. *Race, Monogamy, and Other Lies They Told You: Busting Myths About Human Nature*, op. cit., p. 16.

78 Por exemplo, Ridgeway, C. L. *Framed by Gender: How Gender Inequality Persists in the Modern World*. Oxford: Oxford University Press, 2011.

79 Liben, L. "Probability Values and Human Values in Evaluating Single-Sex Education". *Sex Roles*, 72 (9-10), 2015, pp. 401-26. Citado na p. 415.

CAPÍTULO 7 – O MITO DAS IRMÃS LEHMAN

1 Herbert, J. *Testosterone: Sex, Power, and the Will to Win*, op. cit., referência removida.

2 Sunderland, R. "The Real Victims of This Credit Crunch? Women". *The Observer*, 18/1/2009. Disponível em: http://www.theguardian.com/lifeandstyle/2009/jan/18/women-credit-crunch-ruth-sunderland. Acesso em: 15/1/2015.

3 Prügl, E. "'If Lehman Brothers Had Been Lehman Sisters...': Gender and Myth in the Aftermath of the Financial Crisis". *International Political Sociology*, 6 (1), 2012, pp. 21-35. Citado na p. 21.

4 John Coates, entrevistado em: Adams, T. "Testosterone and High Finance Do Not Mix: So Bring on the Women". *The Guardian*, 19/6/2011, op. cit.

5 Kristof, N. "Mistresses of the Universe". *The New York Times*, 7/2/2009. Disponível em: http://www.nytimes.com/2009/02/08/opinion/08kristof.html?_r=0. Acesso em: 13/1/2015.

6 Adams, T. "Testosterone and High Finance Do Not Mix: So Bring on the Women", op. cit.

7 Kristof, N., op. cit.

8 "Excluding Women from Brokers' Offices; Movement Started in Wall Street to Put an End to Female Speculating – Reasons Why Brokers Object to Business of this Kind – Instances of Woman's Lack of Business Knowledge – Why They Are 'Bad Losers'". *The New York Times*, 13/7/1902. Disponível em: http://query.nytimes.com/mem/archive-free/pdf?res=9502E0D9113BE733A2575C1A9619C946397D6CF. Acesso em: 13/1/2015.

9 Capa da *Time* de 24/5/2010. Citação em: Nelson, J. "Would Women Leaders Have Prevented the Global Financial Crisis? Teaching Critical Thinking by Questioning a Question". *International Journal of Pluralism and Economics Education*, 4 (2), 2013, pp. 192-209.

10 Croson, R.; Gneezy, U. "Gender Differences in Preferences". *Journal of Economic Literature*, 47 (2), 2009, pp. 448-74. Citado na p. 467.

11 Nelson, J. "The Power of Stereotyping and Confirmation Bias to Overwhelm Accurate Assessment: The Case of Economics, Gender, and Risk Aversion", op. cit.

12 Idem, ibidem. Ver tabela 1 na p. 216. Dois estudos obtiveram resultados que abrangiam maior risco financeiro *feminino*, com d variando de -0,34 a nulo e a 0,74, e de -0,25 a nulo e a 0,49. Em quatro estudos adicionais, não foram encontradas diferenças estatisticamente significativas. Em cinco estudos, os resultados variaram de nulo a um mínimo de d = 0,37 e um máximo de d = 0,85. Nos sete estudos finais, a faixa de resultados se distribuiu entre um mínimo de d = 0,06 a 0,17 e um máximo de d = 0,55 a 1,13.

13 Idem, ibidem, p. 212.

14 Stanley, T. D.; Doucouliagos, H. "Picture This: A Simple Graph that Reveals Much Ado About Research". *Journal of Economic Surveys*, 24 (1), 2010, pp. 170-91.

15 Mais precisamente, o eixo *y* registra "precisão"; o inverso do erro padrão, que geralmente diminui com o tamanho da amostra.

16 Nelson, J. "The Power of Stereotyping and Confirmation Bias to Overwhelm Accurate Assessment: The Case of Economics, Gender, and Risk Aversion", op. cit., p. 221.

17 Note que esse exercício trata a "exposição a risco financeiro" como um único constructo, que, como observa Nelson, é uma suposição não questionada, não testada e não provada.

18 Respectivamente: Hartog, J.; Ferrer-i-Carbonell, A.; Jonker, N. "Linking Measured Risk Aversion to Individual Characteristics". *Kyklos*, 55 (1), 2002, pp. 3-26; Sunden, A. E.; Surette, B. J. "Gender Differences in the Allocation of Assets in Retirement Savings Plans". *American Economic Review*, 88 (2), 1998, pp. 207-11; Barber, B. M.; Odean, T. "Boys Will Be Boys: Gender, Overconfidence, and Common Stock Investment". *Quarterly Journal of Economics*, 116 (1), 2001, pp. 261-92.

19 Hartog et alii (op. cit.) descobriram que a aversão ao risco diminui com o aumento da renda e da riqueza.

20 Schubert, R.; Brown, M.; Gysler, M.; Brachinger, H. W. "Financial Decision-Making: Are Women Really More Risk-Averse?". *American Economic*

Review, 89 (2), 1999, pp. 381-5. Curiosamente, eles também descobriram que, quando apostas abstratas eram formuladas como perdas (por exemplo, você preferiria perder trinta dólares com certeza ou ter 50% de chance de perder cem dólares?), as mulheres eram significativamente mais afeitas ao risco do que os homens. Mas, de novo, essa diferença desaparecia quando as apostas eram colocadas no contexto menos abstrato das decisões de seguro. Entretanto, para resultados divergentes, ver: Powell, M.; Ansic, D. "Gender Differences in Risk Behaviour in Financial Decision-Making: An Experimental Analysis". *Journal of Economic Psychology*, 18 (6), 1997, pp. 605-28.

21 Vlaev, I.; Kusev, P.; Stewart, N.; Aldrovandi, S.; Chater, N. "Domain Effects and Financial Risk Atitudes". *Risk Analysis*, 30 (9), 2010, pp. 1.s74-86. Nesse estudo, os pesquisadores determinaram que as decisões se enquadravam em três tipos de decisões financeiras: positivas (apostas de "ganho" abstrato, pensões e questões salariais), positivas e complexas (hipoteca e decisões de investimento) e negativas (apostas "de perda" abstratas e seguros). No balanço geral não houve diferenças relacionadas ao sexo, nem dentro de cada um desses três grupos.

22 Henrich, J.; McElreath, R. "Are Peasants Risk-Averse Decision Makers?". *Current Anthropology*, 43 (1), 2002, pp. 172-81.

23 Quando controladas todas as outras variáveis medidas. Ver: Cameron, L.; Erkal, N.; Gangadharan, L.; Meng, X. "Little Emperors: Behavioral Impacts of China's One-Child Policy". *Science*, 339 (6.122), 2013, pp. 953-7.

24 Gneezy, U.; Leonard, K. L.; List, J. A. "Gender Differences in Competition: Evidence from a Matrilineal and a Patriarchal Society". *Econometrica*, 77 (5), 2009, pp. 1.637-64. Esses estudos usaram apostas não triviais.

25 Gong, B.; Yang, C.-L. "Gender Differences in Risk Attitudes: Field Experiments on the Matrilineal Mosuo and the Patriarchal Yi". *Journal of Economic Behavior and Organization*, 83 (1), 2012, pp. 59-65.

26 Cárdenas, J.-C.; Dreber, A.; Von Essen, E.; Ranehill, E. "Gender Differences in Competitiveness and Risk Taking: Comparing Children in Colombia and Sweden". *Journal of Economic Behavior and Organization*, 83 (1), 2012, pp. 11-23.

27 Booth, A.; Nolen, P. "Gender Differences in Risk Behaviour: Does Nurture Matter?". *Economic Journal*, 122 (558), 2012, pp. F56-78; Booth, A.; Cardona-Sosa, L.; Nolen, P. "Gender Differences in Risk Aversion: Do Single-Sex Environments Affect Their Development?". *Journal of Economic Behavior and Organization*, n. 99, 2014, pp. 126-54.

28 Às vezes os economistas definem as tarefas de "risco" como situações em que as probabilidades de recompensa são conhecidas e usam "incerteza" para descrever situações em que as probabilidades não são conhecidas. No entanto, essa convenção não é seguida aqui.

29 Cross, C. P.; Copping, L. T.; Campbell, A. "Sex Differences in Impulsivity: A Meta-Analysis". *Psychological Bulletin*, 137 (1), 2011, pp. 97-130. O tamanho do efeito foi d = 0,36.

30 Idem, ibidem. O tamanho do efeito foi d =-0,34. Os autores sugerem que as mulheres são mais propensas a escolher os baralhos de alto risco por causa da maior sensibilidade à punição. No entanto, os baralhos de alto e baixo risco são equacionados para a frequência de recompensa e punição.

31 Holt, C. A.; Laury, S. K. "Risk Aversion and Incentive Effects". *American Economic Review*, 92 (5), 2002, pp. 1.644-55. Ver também: Harbaugh, W.; Krause, K.; Vesterlund, L. "Risk Attitudes of Children and Adults: Choices Over Small and Large Probability Gains and Losses". *Experimental Economics*, 5 (1), 2002, pp. 53-84. Os autores observam que, "enquanto muitos outros pesquisadores descobriram que homens são menos avessos ao risco do que mulheres, com esse protocolo não encontramos evidências que corroborem diferenças de gênero no comportamento de risco ou na ponderação de probabilidade, nem em crianças nem em adultos", p. 66, nota de rodapé removida. Ver também nota 25.

32 Henrich, J.; McElreath, R. "Are Peasants Risk-Averse Decision Makers?", op. cit. Citado nas pp. 175 e 175-6.

33 Akerlof, G. A.; Kranton, R. E. "Economics and Identity". *Quarterly Journal of Economics*, 115 (3), 2000, pp. 715-53.

34 Idem. *Identity Economics: How Our Identities Shape our Work, Wages, and Well--Being*. Princeton, Nova Jersey: Princeton University Press, 2010, p 10.

35 Idem, ibidem, p. 6.

36 Por exemplo, Nguyen, H.; Ryan, A. "Does Stereotype Threat Affect Test Performance of Minorities and Women? A Meta-Analysis of Experimental Evidence". *Journal of Applied Psychology*, 93 (6), 2008, pp. 1.314-34. Para uma conclusão mais cética a respeito da magnitude do efeito de ameaça de estereótipo, ver: Stoet, G.; Geary, D. C. "Can Stereotype Threat Explain the Gender Gap in Mathematics Performance and Achievement?". *Review of General Psychology*, 16 (1), 2012, pp. 93-102.

37 Carr, P. B.; Steele, C. M. "Stereotype Threat Affects Financial Decision Making". *Psychological Science*, 21 (10), 2010, pp. 1.411-6.

38 Brooks, A. W.; Huang, L.; Kearney, S. W.; Murray, F. E. "Investors Prefer Entrepreneurial Ventures Pitched by Attractive Men". *Proceedings of the National Academy of Sciences*, 111 (12), 2014, pp. 4.427-31.

39 Gupta, V. K.; Goktan, A. B.; Gunay, G. "Gender Differences in Evaluation of New Business Opportunity: A Sterotype Threat Perspective". *Journal of Business Venturing*, n. 29, 2014, pp. 273-88.

40 Gupta, V. K.; Turban, D. B.; Wasti, S. A.; Sikdar, A. "The Role of Gender Stereotypes in Perceptions of Entrepreneurs and Intentions to Become an Entrepreneur". *Entrepreneurship Theory and Practice*, 33 (2), 2009, pp. 397-417.

41 Lemaster, P; Strough, J. "Beyond Mars and Venus: Understanding Gender Differences in Financial Risk Tolerance". *Journal of Economic Psychology*, n. 42, 2014, pp. 148-60; Meier-Pesti, K.; Penz, E. "Sex or Gender? Expanding the Sex-Based View by Introducing Masculinity and Femininity as Predictors of Financial Risk-Taking". *Journal of Economic Psychology*, 29 (2), 2008, pp. 180-96.

42 Twenge, J. "Changes in Masculine and Feminine Traits Over Time: A Meta-Analysis". *Sex Roles*, 36 (5-6), 1997, pp. 305-25.

43 Meier-Pesti, K; Penz, E., op. cit. Esse estudo preparou a masculinidade e feminilidade mostrando aos participantes a foto de um homem vestindo um terno ou uma mulher com um bebê (ou, em uma condição de controle, uma imagem de gênero neutro), e pedindo-lhes para escrever sobre a cena, seguido por formulários de conclusão de frases com temas semelhantes.

44 Reinhard, M.-A.; Stahlberg, D.; Messner, M. "Failure as an Asset for High-Status Persons: Relative Group Performance and Attributed Occupational Success". *Journal of Experimental Social Psychology*, 44 (3), 2008, pp. 501-18; Reinhard, M.-A.; Stahlberg, D.; Messner, M. "When Failing Feels Good: Relative Prototypicality for a High-Status Group Can Counteract Ego-Threat After Individual Failure". *Journal of Experimental Social Psychology*, 45 (4), 2009, pp. 788-95.

45 Reinhard, M.-A.; Schindler, S.; Stahlberg, D. "The Risk of Male Success and Failure: How Performance Outcomes Along with a High-Status Identity Affect Gender Identification, Risk Behavior, and Self-Esteem". *Group Processes and Intergroup Relations*, 17 (2), 2013, pp. 200-20.

46 Weaver, J. R.; Vandello, J. A.; Bosson, J. K. "Intrepid, Imprudent, or Impetuous? The Effects of Gender Threats on Men's Financial Decisions". *Psychology of Men and Masculinity*, 14 (2), 2013, pp. 184-91. Como comparação, pediu-se aos participantes que testassem uma furadeira elétrica.

47 Esse segundo estudo utilizou a "gratificação adiada" como variável dependente e encontrou um comportamento mais impulsivo em relação à ameaça à masculinidade.

48 Nelson, J. A. "Are Women Really More Risk-Averse than Men? A Re-Analysis of the Literature Using Expanded Methods". *Journal of Economic Surveys*, 29 (3), 2014, pp. 566-85. Citado na p. 576.

49 Beckmann, D.; Menkhoff, L. "Will Women Be Women? Analyzing the Gender Difference Among Financial Experts". *Kyklos*, 61 (3), 2008, pp. 364-84.

50 Nelson, J. A. "Are Women Really More Risk-Averse than Men? A Re-Analysis of the Literature Using Expanded Methods", op. cit., p. 225.

51 Hönekopp, J.; Watson, S. "Meta-Analysis of Digit Ratio 2D:4D Shows Greater Sex Difference in the Right Hand". *American Journal of Human Biology*, n. 22, 2010, pp. 619-30.

52 Voracek, M.; Tran, U. S.; Dressler, S. G. "Digit Ratio (2D:4D) and Sensation Seeking: New Data and Meta-Analysis". *Personality and Individual Differences*, 48 (1), 2010, pp. 72-7. Citado na p. 76.

53 Herbert, J. *Testosterone: Sex, Power, and the Will to Win*, op. cit., p. 52.

54 Hönekopp, J.; Watson, S. "Meta-Analysis of the Relationship between Digit-Ratio 2D:4D and Aggression". *Personality and Individual Differences*, 51 (4), 2011, pp. 381-6. Uma pequena correlação foi encontrada apenas em homens ($r = -.08$ para a mão esquerda, $r = -.07$ para a mão direita), mas isso foi reduzido para uma correlação não significativa de $r = -.03$.

55 Voracek et alii. "Digit Ratio (2D:4D) and Sensation Seeking: New Data and Meta-Analysis", op. cit. Os autores apontam a complexidade do sistema biológico que se acredita ser subjacente à busca de sensações, bem como os muitos fatores psicossociais que sabidamente o influenciam, e concluem que, "dados esses fatos conhecidos, não parece surpreendente que abordagens bastante simplistas, tais como estudos que utilizam apenas 2D:4D (um marcador suposto, ainda não suficientemente validado, de testosterona pré-natal), estejam propensas a ser estéreis em resultados", p. 76.

56 Vermeersch, H.; T'Sjoen, G.; Kaufman, J. M.; Vincke, J. "2D:4D, Sex Steroid Hormones and Human Psychological Sex Differences". *Hormones and Behavior*, 54 (2), 2008, pp. 340-6.

57 Apicella, C.; Carre, J.; Dreber, A. "Testosterone and Economic Risk Taking: A Review". *Adaptive Human Behavior and Physiology*, 1 (3), 2015, pp. 358-85. Note que "assumir riscos" aqui foi definido de acordo com a descrição do economista, referindo-se assim, especificamente, às tarefas de jogos de loteria. No entanto, a revisão subsequente das descobertas 2D:4D para "constructos relacionados ao risco" revela inconsistências adicionais.

58 Respectivamente: Apicella, C. L.; Dreber, A.; Campbell, B.; Gray, P. B.; Hoffman, M.; Little, A. C. "Testosterone and Financial Risk Preferences". *Evolution and Human Behavior*, 29 (6), 2008, pp. 384-90; Stanton, S. J.; Mullette-Gillman, O. D. A.; McLaurin, R. E.; Kuhn, C. M.; LaBar, K. S.; Platt, M. L. et alii. "Low- and High-Testosterone Individuals Exhibit Decreased Aversion to Economic Risk". *Psychological Science*, 22 (4), 2011, pp. 447-53; Sapienza, P.; Zingales, L.; Maestripieri, D. "Gender Differences in Financial Risk Aversion and Career Choices are Affected by Testosterone". *Proceedings of the National Academy of Sciences of the United States of America*, 106 (36), 2009, pp. 15.268-73; Schipper, B. C. "Sex Hormones and Choice Under Risk". Documentos Preliminares, Universidade da Califórnia, Departamento de Economia, n. 12, 2014, p. 7; Doi, H.; Nishitani, S.; Shinohara, K. "Sex Difference in the Relationship between Salivary Testosterone and Inter-Temporal Choice". *Hormones and Behavior*, n. 69, 2015, pp. 50-8.

59 Stanton, S. J.; Liening, S. H.; Schultheiss, O. C. "Testosterone is Positively Associated with Risk Taking in the Iowa Gambling Task". *Hormones and Behavior*, 59 (2), 2011, pp. 252-6; Mehta, P. H.; Welker, K. M.; Zilioli, S.; Carre, J. M. "Testosterone and Cortisol Jointly Modulate Risk-Taking". *Psychoneuroendocrinology*, n. 56, 2015, pp. 88-99.

60 Cueva, C.; Roberts, R. E.; Spencer, T.; Rani, N.; Tempest, M.; Tobler, P. N. et alii. "Cortisol and Testosterone Increase Financial Risk Taking and May Destabilize Markets". *Scientific Reports*, n. 5, 2015, p. 11.206.

61 White, R. E.; Thornhill, S.; Hampson, E. "Entrepreneurs and Evolutionary Biology: The Relationship between Testosterone and New Venture Creation". *Organizational Behavior and Human Decision Processes*, 100 (1), 2006, pp. 21-34.

62 Sapienza, P. et alii, op. cit. Observou-se uma correlação quando as análises foram restritas à menor faixa de testosterona, como nos jogos de loteria,

mas isso pressupõe um efeito não linear da testosterona, de modo que a exposição a riscos é vista em indivíduos em níveis intermediários, não em níveis altos (isto é, mulheres com altos níveis de testosterona e homens com baixa testosterona em relação ao próprio sexo).

63 Hewlett, S. "Too Much Testosterone on Wall Street?". *Harvard Business Review Blogs*, 7/1/2009. Disponível em: http://blogs.hbr.org/2009/01/too-much-testosterone-on-wall/. Acesso em: 15/4/2010.

64 Coates, J. M.; Herbert, J. "Endogenous Steroids and Financial Risk Taking on a London Trading Floor". *Proceedings of the National Academy of Sciences of the United States of America*, 105 (16), 2008, pp. 6.167-72. Pressupõe-se ou infere-se que essa relação entre T e lucros se deva ao aumento dos riscos.

65 Citado em: Solon, O. "'Testosterone is to blame for financial market crashes', says neuroscientist". *Wired*, 13/7/2012. Disponível em: http://www.wired.co.uk/news/archive/2012–07/13/testosterone-financial-crisis. Acesso em: 13/1/2015. Além disso, quando a situação no mercado começa a piorar, acredita-se que grandes elevações no cortisol, causadas pelo estresse, afetem negativamente a tomada de decisões.

66 Apicella, C. L.; Dreber, A.; Mollerstrom, J. "Salivary Testosterone Change Following Monetary Wins and Losses Predicts Future Financial Risk-Taking". *Psychoneuroendocrinology*, n. 39, 2014, pp. 58-64.

67 Leproult, R.; Van Cauter, E. "Effect of 1 Week of Sleep Restriction on Testosterone Levels in Young Healthy Men". JAMA, 305 (21), 2011, pp. 2.173-4.

68 Dos três estudos de manipulação de testosterona com mulheres, dois não conseguiram encontrar nenhum efeito no risco assumido em jogos de loteria. Zethraeus, N.; Kocoska-Maras, L.; Ellingsen, T.; Von Schoultz, B.; Hirschberg, A. L.; Johannesson, M. "A Randomized Trial of the Effect of Estrogen and Testosterone on Economic Behavior". *Proceedings of the National Academy of Sciences of the United States of America*, 106 (16), 2009, pp. 6.535-8; Boksem, M. A. S.; Mehta, P. H.; Van den Bergh, B.; Van Son, V.; Trautmann, S. T.; Roelofs, K. et alii. "Testosterone Inhibits Trust but Promotes Reciprocity". *Psychological Science*, 24 (11), 2013, pp. 2.306-14. Um terceiro estudo, de menor abrangência, descobriu que a aplicação de testosterona aumentava a atração pelo risco no Teste de Iowa, que normalmente constata um aumento de risco ligeiramente maior em mulheres. Van Honk, J.; Schutter, D. J. L. G.; Hermans, E. J.; Putman, P.; Tuiten, A.; Koppeschaar, H. "Testosterone Shifts the Balance between Sensitivity for Punishment and Reward in Healthy Young

Women". *Psychoneuroendocrinology*, 29 (7), 2004, pp. 937-43. O único estudo que manipulou testosterona em homens descobriu que aqueles no grupo de alta testosterona buscavam mais riscos na Tarefa do Balão, mas não no Teste de Iowa, nem em uma terceira tarefa de risco envolvendo dados. Goudriaan, A. E.; Lapauw, B.; Ruige, J.; Feyen, E.; Kaufman, J. M.; Brand, M. et alii. "The Influence of High-normal Testosterone Levels on Risk-Taking in Healthy Males in a 1-Week Letrozole Administration Study". *Psychoneuroendocrinology*, 35 (9), 2010, pp. 1.416-21. Mais precisamente, a intervenção envolvia a criação de níveis de testosterona altos-normais e níveis de estradiol baixos-normais, ou níveis de testosterona baixos-normais e níveis de estradiol altos-normais.

69 Cueva, C. et alii, "Cortisol and Testosterone Increase Financial Risk Taking and May Destabilize Markets", op. cit.

70 Ver, por exemplo: Solon, O. "'Testosterone is to blame for financial market crashes', says neuroscientist", op. cit. Coates também sugere que, uma vez que as mulheres são menos suscetíveis ao estresse decorrente da competição financeira e estão mais preocupadas com a competição social, também serão menos suscetíveis que os homens a efeitos adversos decorrentes de grandes aumentos no cortisol na tomada de decisões. No entanto, a ideia de que uma mulher investidora ou operadora do pregão não julgaria estressante perder grandes somas de dinheiro parece bastante implausível.

71 Ver, por exemplo: Ryan, M.; Haslam, S.; Hersby, M.; Kulich, C.; Atkins, C. "Opting Out or Pushed off the Edge? The Glass Cliff and the Precariousness of Women's Leadership Positions". *Social and Personality Psychology Compass*, 1 (1), 2007, pp. 266-79.

72 Ibarra, H.; Gratton, L.; Maznevski, M. "Claims that Women Are Inherently More Cautious Are Deeply Troubling". *Financial Times*, 10/3/2009. Disponível em: http://www.ft.com/intl/cms/s/0/00829b22-0d14-11dea555-0000779fd2ac.html#axzz3wbxCXczm. Acesso em: 3/1/2015.

73 Entrevista a *The Naked Scientists*, em 3/8/2015. "The Truth Behind Testosterone". Transcrição disponível em: http://www.thenakedscientists.com/html/interviews/interview/1001388/. Acesso em: 3/12/2015.

74 De acordo com N. Kristof ("Mistresses of the Universe", op. cit.), o consenso no Fórum Econômico Mundial em Davos foi o de que esse seria o banco ideal.

75 Prügl, E., op. cit., p. 22.

76 Nelson, J. "Would Women Leaders Have Prevented the Global Financial

Crisis? Teaching Critical Thinking by Questioning a Question", op. cit., pp. 205-6.

77 De acordo com a descrição de senador norte-americano Jim Bunning. Citado na p. 657 em: McDowell, L. "Capital Culture Revisited: Sex, Testosterone and the City". *International Journal of Urban and Regional Research*, 34 (3), 2010, pp. 652-8.

PARTE 3 – **Futuro**

CAPÍTULO 8 – VALE REX

1 Decent, T. "Melbourne Cup 2015: Winning Jockey Michelle Payne Hits Back at Doubters After Making History on Prince of Penzance". *Sydney Morning Herald*, 3/11/2015. Disponível em: http://www.smh.com.au/sport/horseracing/melbourne-cup-2015-winning-jockey-michelle-payne-hits-back-at-doubters-after-making-history-on-prince-of-penzance-20151103-gkpouv.html. Acesso em: 1º/4/2016.

2 Ver, por exemplo: Auster, C.; Mansbach, C. "The Gender Marketing of Toys: An Analysis of Color and Type of Toy on the Disney Store Website". *Sex Roles*, 67 (7-8), 2012, pp. 375-88; Blakemore, J.; Centers, R. "Characteristics of Boys' and Girls' Toys". *Sex Roles*, 53 (9/10), pp. 619-33, 2005; Kahlenberg, S.; Hein, M. "Progression on Nickelodeon? Gender-Role Stereotypes in Toy Commercials". *Sex Roles*, 62 (11-2), 2010, pp. 830-47.

3 Campanhas incluem Pink Stinks (www.pinkstinks.co.uk) e Let Toys Be Toys (www.lettoysbetoys.org.uk) no Reino Unido, e Play Unlimited na Austrália (www.playunlimited.org.au). Para comentários críticos de políticos, ver: "Aiming Toys at Just Boys or Girls Hurts Economy-Minister". BBC News, 6/2/2014. Disponível em: http://www.bbc.com/news/uk-politics-26064302. Acesso em: 8/9/2014; Paton, G. "'Gender Specific Toys 'Put Girls Off' Maths and Science', Says Education Minister". *The Telegraph*, 16/1/2014. Disponível em: http://www.telegraph.co.uk/education/educationnews/10578106/Gender-specific-Toys-put-girls-off-maths-and-science.html. Acesso em: 8/9/2014. Para comentários críticos de psicólogos, ver: Fine, C. "Biology doesn't Justify Gender Divide for Toys". *New Scientist*, 31/3/2014. Disponível em: http://www.newscientist.com/article/dn25306-biology-doesnt-justify-Gender-divide-for-toys.html#.VA1TY fmSwjA. Acesso em: 8/9/2014; Hines, M. "There's no Good Reason to Push Pink Toys on Girls". *The Conversation*, 12/7/2013. Disponível em: http://theconversation.com/theres-no-good-reason-to-push-pink-

toys-on-girls-15830. Acesso em: 10/9/2013. Para críticas de profissionais de marketing, ver, por exemplo, comentários do executivo-chefe da Thinkbox Lindsey Clay: The Marketing Society Forum. "Should all Marketing to Children be Gender-Neutral?". *Marketing*, 7/3/2014. Disponível em: http://m.cam paignlive.co.uk/article/1283685/marketing-children-genderneutral. Acesso em: 8/9/2014.

4 Hoff Sommers, C. "You Can Give a Boy a Doll, but You Can't Make Him Play with It". *The Atlantic*, 6/12/2012. Disponível em: http://www.theatlantic.com/Sexes/archive/2012/12/you-can-give-a-boy-a-doll-but-you-cant-make-him-play-with-it/265977/. Acesso em: 7/1/2013.

5 The Marketing Society Forum, op. cit. Knox condena o marketing que reforça preconceitos ou limita as aspirações ocupacionais das crianças – ele provavelmente se refere, por exemplo, a kits de médicos e enfermeiras com os rótulos "Para meninos" e "Para meninas", respectivamente.

6 Colarelli, S.; Dettman, J. "Intuitive Evolutionary Perspectives in Marketing Practices". *Psychology and Marketing*, 20 (9), 2003, pp. 837-65. Citado na p. 858.

7 Saad, G. *The Evolutionary Bases of Consumption*. Mahwah: Earlbaum, 2007, p. 71.

8 Delingpole, J. "Why It's Not Sexist to Say Boys Should Never Play with Dolls". *Sunday Express*, 23/1/2014. Disponível em: http://www.express.co.uk/lifestyle/life/455465/Stop-making-our-children-neutral-let-boys-and-girls-play-with-gender-specific-toys. Acesso em: 25/1/2014.

9 Ireland, J. "'No Gender 'December'": Greens Senator Calls for End to Gender-Based Toys". *Sydney Morning Herald*, 2/12/2014. Disponível em: http://www.smh.com.au/federal-politics/political-news/no-gender-december-greens-senator-calls-for-end-to-genderbased-toys-20141202-11y4r0.html. Acesso em: 27/4/2015.

10 Ver: "No Gender-December – Don't Let Old-Fashioned Stereotypes Limit Children's Festive Fun", 2/12/2014. Disponível em: http://greens.org.au/node/6713. Acesso em: 3/1/2015.

11 Ver: Waters, L. "Let Toys be Toys". *The Hoopla*, 2/12/2014. Disponível em: http://thehoopla.com.au/let-toys-toys/. Acesso em: 3/1/2015.

12 Wilson, L. (2/12/2014). "Christmas hoppers should not buy gender based toys for kids," Greens say. *Daily Telegraph*. Disponível em: http://m.daily telegraph.com.au/lifestyle/parenting/christmas-shoppers-should-not-buy-

gender-based-toys-for-kids-greens-say/story-fniodobt-1227141319300. Acesso em: 3/8/2015.

13 Ireland, J., op. cit.

14 Medhora, S. "No Gender December: Abbott Criticizes Bid to End Gender Stereotypes in Toys". *The Guardian*, 2/12/2014. Disponível em: m/world/2014/dec/02/no-gender-december-abbott-criticises-bid-to-end-gender-stereotypes-in-toys. Acesso em: 3/8/2014.

15 Tavris, C. *The Mismeasure of Woman: Why Women Are Not the Better Sex, the Inferior Sex, or the Opposite Sex*. Nova York: Touchstone, 1992, p. 212.

16 Pagel, M. *Wired for Culture: Origins of the Human Social Mind*. Nova York: Norton, 2012, p. 4.

17 Wood, W.; Eagly, A. H. "A Cross-Cultural Analysis of the Behavior of Women and Men: Implications for the Origins of Sex Differences". *Psychological Bulletin*, 128 (5), 2002, pp. 699-727.

18 Fausto-Sterling, A. *Sex/Gender: Biology in a Social World*, op. cit., p. xiii.

19 Isso significa que o sistema de desenvolvimento é, de fato, uma parte integrante dos processos evolutivos, que atuam nos indivíduos, não diretamente nos genes individuais. Ver: Jablonka, E.; Lamb, M. J. "Précis of Evolution in Four Dimensions". *Behavioral and Brain Sciences*, 30 (4), 2007, pp. 353-65.

20 Pagel, M. "Adapted to Culture". *Nature*, n. 482, 2012, pp. 297-9. Citado na p. 298.

21 Haun, D. B. M.; Rekers, Y.; Tomasello, M. "Children Conform to the Behavior of Peers: Other Great Apes Stick with What They Know". *Psychological Science*, 25 (12), 2013, pp. 2.160-7.

22 Chudek, M.; Henrich, J. "Culture-Gene Coevolution, Norm-Psychology and the Emergence of Human Prosociality". *Trends in Cognitive Sciences*, 15 (5), 2011, pp. 218-26.

23 Sweet, E. V. *Boy Builders and Pink Princesses*. Tese de doutorado. Universidade da Califórnia, Davis, 2013.

24 Connellan, J.; Baron-Cohen, S.; Wheelwright, S.; Batki, A.; Ahluwalia, J. "Sex Differences in Human Neonatal Social Perception". *Infant Behavior and Development*, 23 (1), 2000, pp. 113-8.

25 Ver: Levy, N. "Book Review: Understanding Blindness". *Phenomenology and the Cognitive Sciences*, n. 3, 2004, pp. 315-24; Nash, A; Grossi, G. "Picking

Barbie's Brain: Inherent Sex Differences in Scientific Ability?". *Journal of Interdisciplinary Feminist Thought*, 2 (1), 2007, p. 5.

26 Escudero, P.; Robbins, R. A.; Johnson, S. P. "Sex-Related Preferences for Real and Doll Faces *versus* Real and Toy Objects in Young Infants and Adults". *Journal of Experimental Child Psychology*, 116 (2), 2013, pp. 367-79.

27 Zosuls, K.; Ruble, D. N.; Tamis LeMonda, C. S. "Self-Socialization of Gender in African American, Dominican Immigrant, and Mexican Immigrant Toddlers". *Child Development*, 85 (6), 2014, pp. 2.202-17.

28 Lamminmaki, A.; Hines, M.; Kuiri-Hanninen, T.; Kilpelainen, L.; Dunkel, L.; Sankilampi, U. "Testosterone Measured in Infancy Predicts Subsequent Sex-Typed Behavior in Boys and in Girls". *Hormones and Behavior*, n. 61, 2012, pp. 611-6.

29 Martin, C. L.; Ruble, D. N. "Children's Search for Gender Cues: Cognitive Perspectives on Gender Development". *Current Directions in Psychological Science*, 13 (2), 2004, pp. 67-70.

30 LoBue, V.; DeLoache, J. S. "Pretty in Pink: The Early Development of Gender-Stereotyped Colour Preferences". *British Journal of Developmental Psychology*, 29 (3), 2011, pp. 656-67.

31 Shutts, K.; Banaji, M. R.; Spelke, E. S. "Social Categories Guide Young Children's Preferences for Novel Objects". *Developmental Science*, 13 (4), 2010, pp. 599-610.

32 Hines, M.; Pasterski, V.; Spencer, D.; Neufeld, S.; Patalay, P.; Hindmarsh, P. C. et alii. "Prenatal Androgen Exposure Alters Girls' Responses to Information Indicating Gender-Appropriate Behaviour". *Philosophical Transactions of the Royal Society B*, 371 (1.668), 2016. Sistema DOI: http://dx.doi.org/10.1098/rstb.2015.0125.

33 Por exemplo, Masters, J.; Ford, M.; Arend, R.; Grotevant, H.; Clark, L. "Modeling and Labeling as Integrated Determinants of Children's Sextyped Imitative Behavior". *Child Development*, n. 50, 1979, pp. 364-71; Bradbard, M. R.; Endsley, R. C. "The Effects of Sex-typed Labeling on Preschool Children's Information Seeking and Retention". *Sex Roles*, 9 (2), 1983, pp. 247-60.

34 Pasterski, V.; Zucker, K. J.; Hindmarsh, P. C.; Hughes, I. A.; Acerini, C.; Spencer, D. et alii. "Increased Cross-Gender Identification Independent of Gender Role Behavior in Girls with Congenital Adrenal Hyperplasia: Results from a Standardized Assessment of 4-to 11-Year-Old Children". *Archives of Sexual Behavior*, 44 (5), 2015, pp. 1.363-75.

35 Fine, C. *Homens não são de Marte, mulheres não são de Vênus*. São Paulo: Cultrix, 2012.

36 Jordan-Young, R. *Brain Storm: The Flaws in the Science of Sex Differences*, op. cit.; Jordan-Young, R. "Hormones, Context, and 'Brain Gender': A Review of Evidence from Congenital Adrenal Hyperplasia". *Social Science and Medicine*, 74 (11), 2012, pp. 1.738-44.

37 Por exemplo, Wolf, T. M. "Effects of Live Modeled Sex-Inappropriate Play Behavior in a Naturalistic Setting". *Developmental Psychology*, 9 (1), 1973, pp. 120-3.

38 Wong, W.; Hines, M. "Effects of Gender Color-Coding on Toddlers' Gender-Typical Toy Play". *Archives of Sexual Behavior*, 44 (5), 2015, pp. 1.233-42.

39 Idem, ibidem. Os tamanhos do efeito para as diferenças de sexo em jogo com um trenzinho azul e uma boneca cor-de-rosa no segundo momento foram $d = 0{,}68$ e $d = -0{,}55$, respectivamente. Os tamanhos do efeito para diferenças de sexo em jogo com um trenzinho cor-de-rosa e uma boneca azul no nesse momento foram $d = 0{,}26$ e $d = -0{,}21$, respectivamente. Um tamanho do efeito positivo corresponde a um maior interesse masculino.

40 Colyle, E. F.; Liben, L. S. "Affecting Girls' Activity and Job Interests Through Play: The Moderating Roles of Personal Gender Salience and Game Characteristics". *Child Development*, 87 (2), 2016, pp. 414-28.

41 Griffiths, P. E. "What is Innateness?", op. cit.

42 Para uma reflexão recente, ver: Gangestad, S. W.; Haselton, M. G.; Buss, D. M. "Evolutionary Foundations of Cultural Variation: Evoked Culture and Mate Preferences". *Psychological Inquiry*, 17 (2), 2006, pp. 75-95.

43 Griffiths, P., op. cit., p. 74.

44 Dupré, J. *Human Nature and the Limits of Science*, op., cit., p. 31.

45 Gottlieb, G. "Probabilistic Epigenesis". *Developmental Science*, 10 (1), 2007, pp. 1-11. Cita a obra de: Hood, K. "Development as a Dependent Variable: Robert B. Cairns on the Psychobiology of Aggression". In: Stoff, D. M.; Susman, E. J. (orgs.). *Developmental Psychobiology of Aggression*. Nova York: Cambridge University Press, 2005, pp. 225-51. Esses efeitos foram também moderados por idade e experiência.

46 Rosenblatt, J. S. "Nonhormonal Basis of Maternal Behavior in the Rat". *Science*, n. 156, 1967, pp. 1.512-4.

47 Haslam, N. "Genetic Essentialism, Neuroessentialism, and Stigma: Comment on Dar-Nimrod & Heine (2011)". *Psychological Bulletin*, 137 (5), 2011, pp. 819-24. Citado na p. 819.

48 Brescoll, V.; LaFrance, M. "The Correlates and Consequences of Newspaper Reports of Research on Sex Differences". *Psychological Science*, 15 (8), 2004, pp. 515-20; Coleman, J; Hong, Y.-Y. "Beyond Nature and Nurture: The Influence of Lay Gender Theories on Self-Stereotyping". *Self and Identity*, 7 (1), 2008, pp. 34-53; Martin, C. L.; Parker, S. "Folk Theories about Sex and Race Differences". *Personality and Social Psychology Bulletin*, 21 (1), 1995, pp. 45-57.

49 Skewes, L.; Fine, C.; Haslam, N. *When Boys will be Boys, Should Women be Women (and Know Their Place)? Evidence From Two Nations on the Relations Between Gender Essentialism, Gender Bias, and Backlash*. 2015 [Manuscrito inédito].

50 Gaunt, R. "Biological Essentialism, Gender Ideologies, and Role Attitudes: What Determines Parents' Involvement in Child Care". *Sex Roles*, 55 (7-8), 2006, pp. 523-33.

51 Tinsley, C. H.; Howell, T. M.; Amanatullah, E. T. "Who Should Bring Home the Bacon? How Deterministic Views of Gender Constrain Spousal Wage Preferences". *Organizational Behavior and Human Decision Processes*, n. 126, 2015, pp. 37-48.

52 Dar-Nimrod, I; Heine, S. "Exposure to Scientific Theories Affects Women's Math Performance". *Science*, 314 (5.798), 2006, p. 435; Thoman, D.; White, P.; Yamawaki, N.; Koishi, H. "Variations of Gender-Math Stereotype Content Affect Women's Vulnerability to Stereotype Threat". *Sex Roles*, n. 58, 2008, pp. 702-12.

53 Dar-Nimrod, I.; Heine, S. J.; Cheung, B. Y.; Schaller, M. "Do Scientific Theories Affect Men's Evaluations of Sex Crimes?". *Aggressive Behavior*, 37 (5), 2011, pp. 440-9.

54 Keller, J. "In Genes we Trust: The Biological Component of Psychological Essentialism and its Relationship to Mechanisms of Motivated Social Cognition". *Journal of Personality and Social Psychology*, 88(4), 2005, pp. 686-702; Morton, T.; Haslam, S.; Hornsey, M. "Theorizing Gender in the Face of Social Change: Is There Anything Essential about Essentialism?". *Journal of Personality and Social Psychology*, 96 (3), 2009, pp. 653-64.

55 Wood, W.; Eagly, A. "Biosocial Construction of Sex Differences and Similarities in Behavior". In: Olson, J; Zanna, M. (orgs.). *Advances in Experimental Social Psychology*, n. 46, pp. 55-123. Burlington: Academic Press, 2012.

56 England, P. "The Gender Revolution: Uneven and Stalled". *Gender and Society*, 24 (2), 2010, pp. 149-66.

57 Jordan-Young, R. *Brain Storm: The Flaws in the Science of Sex Differences*, op. cit., p. 130.

58 Chiang, O. "Trojan: US Market Size for Vibrators $ 1 Billion, Twice the Condom Market Size". *Forbes*, 7/1/2011. Disponível em: http://www.forbes.com/sites/oliverchiang/2011/01/07/trojan-us-market-size-for-vibrators-1-billon-twice-the-condom-market-size/. Acesso em: 8/1/2015.

59 Jordan-Young, R., *Brain Storm: The Flaws in the Science of Sex Differences*, op. cit., p. 113.

60 Meynell, L. "The Power and Promise of Developmental Systems Theory". *Les Ateliers de L'Éthique*, 3 (2), 2008, pp. 88-103. Citado na p. 97, o destaque é meu.

61 McCormack, F. "How to Prevent Violence Against Women". *Big Ideas*, 24/6/2015. Disponível em: http://www.abc.net.au/radionational/programs/bigideas/fiona-mccormack-preventing-violence-against-women-in-australia/6552078. Acesso em: 27/6/2015. Ver também: Flood, M.; Pease, B. "Factors Influencing Attitudes to Violence Against Women". *Trauma, Violence, and Abuse*, 10 (2), 2009, pp. 125-42.

62 Irleand, J. "Greens Get Senate Inquiry to Look into the Link between Barbies, Toys and Domestic Violence". *Sydney Morning Herald*, 25/11/2015. Disponível em: http://www.smh.com.au/federal-politics/political-news/greens-link-barbies-trucks-and-childhood-toys-to-domestic-violence-in-call-for-gender-inquiry-20151124-gl716h.html. Acesso em: 26/11/2015.

63 Bigler, R.; Liben, L. "Developmental Intergroup Theory: Explaining and Reducing Children's Social Stereotyping and Prejudice". *Current Directions in Psychological Science*, 16 (3), 2007, pp. 162-6; Patterson, W.; Bigler, R. "Preschool Children's Attention to Environmental Messages about Groups: Social Categorization and the Origins of Intergroup Bias". *Child Development*, 77 (4), 2006, pp. 847-60.

64 Glick, P.; Lameiras, M.; Fiske, S. T.; Eckes, T.; Masser, B.; Volpato, C. et alii. "Bad But Bold: Ambivalent Attitudes Toward Men Predict Gender Inequality in 16 Nations". *Journal of Personality and Social Psychology*, 86 (5), 2004, pp. 713-28.

65 Para uma revisão abrangente, ver: Rudman, L.; Glick, P. *The Social Psychology of Gender: How Power and Intimacy Shape Gender Relations*. Nova York: Guilford Press, 2008.

66 Halim, M.; Ruble, D.; Amodio, D. "From Pink Frilly Dresses to 'One of the Boys': A Social-Cognitive Analysis of Gender Identity Development and Gender Bias". *Social and Personality Psychology Compass*, 5 (11), 2011, pp. 933-49.

67 Cunningham, S. J.; Macrae, C. N. "The Colour of Gender Stereotyping". *British Journal of Psychology*, 102 (3), 2011, pp. 598-614. Citado na p. 610.

68 Ver: Roberts, Y. "Yet Again Men Hold Power, Why Can't Labour Change?". *The Guardian*, 13/9/2015. Disponível em: http://www.theguardian.com/commentisfree/2015/sep/13/women-politics-power-labour-leadership-jeremy-corbyn. Acesso em: 14/9/2015.

Índice remissivo

A

Abramson, Paul 82

adaptação
  ambiente e 234-5
  evolução e 233-6

adaptação humana 24, 119-20
  contexto social e 233-36
  sistemas de desenvolvimento e 233, 235-9
  vista como fixa e típica 236-7

Adichie, Chimamanda Ngozi 9, 251

Adkins-Regan, Elizabeth 159, 167, 169, 172

adolescentes, assunção de riscos em 207

África Oriental 161

agressão 207
  como traço "masculino" 125-6
  em fêmeas 125-6, 163
  testosterona e 160

Ah-King, Malin 52

Ahnesjö, Ingrid 52

Akerlof, George 109

Alemanha (sob o nazismo) 64

ameaça de esterótipo
  na assunção de riscos financeiros 200, 203, 238

andrógenos 102, 104, 166, 227
  contexto social e 175-6

Annis, Barbara 18

Antechinus, **camundongo** 48

"Ape That Thought It Was a Peacock, The" (Stewart-Williams e Thomas) 98

aranha-da-cruz-de-santo-andré 48

Arnold, Arthur 108

aromatase 168-9

arranjos sociais e comportamento sexual 44, 51-2

assédio sexual 144, 156-7, 244

assunção de riscos 15, 19-24
  ameaça de esterótipo e 200, 203, 238
  atitudes de machos *versus* de fêmeas acerca de 123
  benefícios para a reputação 145-6
  como traço supostamente masculino 133-40, 137, 182

competitividade e 135-6
conhecimento de campo e 136-7, 140
contexto cultural e 183, 196
contexto socioambiental e 125-7, 130
e o sucesso reprodutivo dos machos 135-6, 182
"efeito homem branco" e 146-8
em adolescentes 207
evolução e 134-5, 147-8, 150, 190
experiência e 207-9
falta de correlação entre domínios na 137-8
meta-análise de 123-4
normas sociais e 148-50, 176, 179
padrões variáveis de 123
por fêmeas 135, 140-3, 156-7
pressupostos sexualmente estereotipados sobre a natureza da 124-5, 127-9, 210-1
razão custo-benefício na 157
subjetividade em 139-42, 149
testosterona e 207-11
vista como traço estável de personalidade 137-8
assunção de riscos financeiros 137-9, 142-4, 149
  como traço supostamente masculino 205
  estereotipificação sexual em estudo sobre 193
  estudos de "loteria" versus mundo real 192-8, 202
  influência cultural sobre 150, 152, 154
  normas sociais e 199-201
  probabilidades desconhecidas e 197
  razão entre dígitos e 205-8, 226
  recursos de riqueza e 195
  tamanho do risco e 198-9
  testosterona e 205-9

viés de confirmação em estudos de 193-4, 202-3
  ver também setor de finanças
Atlantic [revista] 218
atratividade física
  estratégias de acasalamento e 90, 92-4
Austen, Jane 90
Austrália 79, 156, 220-1
Áustria 125
aversão a riscos 190-1, 209-11
  como tendência humana geral 139
aves canoras, diferenças sexuais cerebrais 116

B

Bair, Sheila 191
Baker, Michael, Jr. 134
Barnard, Faculdade 230
Bateman, Angus 33, 35-42, 46-7, 49, 51, 57, 73-4, 170, 222
BBC Internet 265
Beck, Glenn 146
bem-estar psicológico 123
Berthold, Arnold 165-6
besouro-do-esterco 50, 75, 102, 232, 237
Bic 118
Booth, Alan 293
Brain Storm (Jordan-Young) 239
brinquedos
  crianças pequenas e 217-21, 227
  sexo biológico e 16-7, 21-2, 217-21, 227-32, 236, 241-4

Brown, Gillian 61
Browne, Kingsley 160
Buffett, Warren 197
Bulgari 79-80, 90
busca de sensações 207
busca de status 20, 39, 58, 65, 293
Buston, Peter 92

C

caça a "bons genes" 14, 89
Cahill, Larry 15-6, 127-8, 252
Campeonato Mundial de Fórmula 1 da FIA 15
canários 116
características sexuais secundárias 19, 84, 166-7, 171
Cárdenas, Juan-Camilo 196
Carothers, Bobbi 124
Carré, Justin 184
carreiras STEM [ciência, tecnologia, engenharia e matemática]
   ameaça de estereótipo e 200, 238, 304
   disparidade de gêneros na 21
Carr-Gregg, Michael 221
Casey, Patricia 101, 105, 131
Cashdan, Elizabeth 153
Centro de Pesquisas Pew 125
cérebro
   estrogênio produzido pelo 169
   testosterona e 105-7, 168-70
cérebro, diferenças de sexo 16, 277
   em aves canoras 116-7
   em ratos 109-10
   epigenética e 109, 117, 295
   estresse e 109-10
   evolução e 14-5
   expressão gênica e 168
   funções desconhecidas de 112-3
   genitais comparados a 107-110, 113
   hormônios e 107-9, 115
   influências socioambientais sobre 105, 109-12, 116-20
   possível função compensatória do 114-5, 170, 207
   sistema de desenvolvimento e 119
   visão tradicional de 14-23, 109-11
   zonas de "extremidade masculina" *versus* "extremidade feminina" no 111-2

Challenging Casanova: Beyond the Stereotype of the Promiscuous Young Male (Smiler) 62
Chancing It (Keyes) 140
Chile 196, 199
China 94, 150, 205
ciclídeos [peixes] 161-3, 172, 175-6, 186, 232
circuitos neurais
   informação social e 212-3
   testosterona e 206-7
Clark, Russell 65, 67, 71-2, 266
Clarkin, Patrick 74
clitóris 103, 105
Coates, John 210-1
cofatores 168-9
cognição 123, 175
Cohen, Dov 184
Colômbia 154, 197

Comissão de Direitos Humanos e Igualdade de Oportunidades de Victoria 156

competitividade 13, 16, 18-24, 105-6
  assunção de riscos e 135-6
  como traço característico supostamente masculino 135-6
  contexto cultural e 153-4, 182
  e sucesso reprodutivo feminino 45, 49
  e sucesso reprodutivo masculino 37-8, 41, 50-1, 152, 206
  em fêmeas 45-6, 49, 157, 162-3, 171, 211
  exibições sexuais e 34-5
  fraca correlação entre sexo e 153-4
  intrassexual *versus* intersexual 34-5
  testosterona e 139-41, 143-8, 211-2

comportamento
  como mosaico de traços característicos 129-31, 207, 225
  flexibilidade no 295
  hormônios e 160, 165-83
  modelo biossocial de 293, 298
  "pessoas de coisas" *versus* "pessoas de pessoas" 127
  pressuposto da polaridade masculino-feminino no 127-8
  testosterona e 160, 165-83
  traços "masculinos" *versus* "femininos" 128-9

comportamento, diferenças de sexo em 164
  divisão do trabalho e 121
  evolução e 105-6, 232-3
  hipótese das semelhanças de gênero 123-4
  meta-análises de 123-5, 142, 197, 207
  pesquisas atuais sobre 124-5
  sistema de desenvolvimento em 232-4
  visão tradicional de 202-3, 207, 213
  visto como "inato" 232-3
  ver também cérebro, diferenças de sexo em; papéis sexuais; comportamentos específicos

comportamento sexual 59-73
  arranjos sociais e 43, 51-2, 73
  comercial, *ver* prostituição
  contexto social e 140
  habilidade acasalamento *versus* motivação sexual 173-4
  hormônios e 165-7
  indistinguibilidade entre papéis masculino e feminino em 231
  prazer e 83, 86
  relacionamentos emocionais e 86-7
  supressão da testosterona e 140-1
  viés de relato pessoal e 63, 65
  ver também sexo casual; sexualidade humana

comunicação 123

Conley, Terri 67, 71-2, 145

contexto social
  adaptação e 226-7, 232-3
  divisão do trabalho por sexo no 121-2
  expressão gênica e 168
  gônadas e 162-3
  hormônios e 166-7
  níveis de andrógenos e 162-3, 167, 170
  sexo biológico como categoria básica no 12, 107, 229
  testosterona e 160-7, 171-82, 226-7

controle de natalidade, sexualidade feminina e 96-7

Cook, Hera 95-6

correção política 92, 218, 221, 244
cortisol 209, 300, 307-9
Corvette 16, 127-8, 249
crianças
   desigualdade nos investimentos parentais nos cuidados da prole 13-4, 37-8, 45, 49-50
   machos como cuidadores da prole 45-7
   socialização de gênero em, *ver* socialização generificada
   comportamento generificado em 226-7
   crise financeira de 2007-2009 19, 25, 188, 214
cromossomo X 105
cromossomo Y 102-6
cuidados com os filhos
   como traço supostamente feminino 16-7
   custos profissionais dos 203
   níveis de testosterona e 161, 173-6
   normas culturais dos 179, 181
   por parte de machos 176
   por parte de pais e mães 106, 117
   visão tradicional dos 238
cuidados maternos, dos filhotes de rato 116-8
cultura
   assunção de riscos e 136-7, 165-7
   competitividade e 144-5, 158
   cuidados com a prole e 154-7
   papéis sexuais e 223, 229
   sexualidade e 81, 91-2, 99-100, 105, 178-80, 230
Cunningham, Sheila 243

D

Daily Telegraph (Austrália) 220
Darwin, Charles 33-5, 134, 251
Davies, Nick 52
DC Thomson 219
De Vries, Geert 113, 115-6, 119
Del Giudice, Marco 283
Delingpole, James 220
Descent of Man, and Selection in Relation to (Darwin) 34
desigualdade de gênero, *ver* mercado de trabalho, desigualdade sexual em
Dinamarca 66
DLKW Lowe 218, 254
dominância social
   de fêmeas 163
   em ciclídeos *H. burtoni* 161
   vista como traço masculino 207
Downey, Greg 81, 95
Downton Abbey [série de TV] 120
Dupré, John 82, 91, 94, 234

E

Eagly, Alice 91-2, 120-2, 239, 265
Economist, The 18
educação, sexo biológico e 12, 16-7
"efeito fracasso-como-um-bem" 202, 213
"efeito homem branco" 146-8, 213, 288
"efeito penhasco de vidro" 212

"efeito vencedor" 210, 212
Eicher, Eva 104
Einon, Dorothy 56-8
Einstein, Gillian 114
Elgar, Mark 48-9
Emlen, Stephen 92
epigenética 109
   cérebro e 106-7, 109, 295
Equador 90
era vitoriana, repressão sexual das mulheres na 95-6
Escola de Direito de Yale 147
Escola de Negócios de Manchester 16
Escola de Negócios Warwick 195
esperma, custo biológico do 37-8
espinhas dendríticas 109-10
esquilo-do-pinheiro amarelo 42
estados de ânimo, hormônios e 114
estereotipificação sexual 86, 88, 150, 154, 187, 193, 200
   setor de finanças e 18
esteroides 169
estratégias de acasalamento
   arranjos sociais em 52
   atratividade física em 90, 92-4
   dando presentes 79-80
   juventude e 94
   modelos "potenciais se atraem" *versus* "iguais se atraem" 92-4
   sabedoria recebida sobre as 90-3
   ver também sucesso reprodutivo
estresse e diferenças sexuais cerebrais 111-2
estrógenos 19, 114, 166, 168-9

evolução
   adaptação e 232-7
   assunção de riscos e 134-5, 137-40
   diferenças de sexo em 13-6, 22, 232-3
   e investimento parental desigual 12-3
Evolutionary Bases of Consumption, The (Saad) 219
exaptação 82
exibições sexuais 34-5
expressão gênica
   e diferenças sexuais no cérebro 115-7
   informação social e 176-7
   testosterona e 168

F
Fast Track 183-4
Fausto-Sterling, Anne 104, 116, 118, 225
fêmeas
   agressividade em 126, 167
   competitividade em 45-6, 49, 157, 166-7
   dominância social de 43, 164, 167-9
   duplos padrões sexuais e 63-4, 67
   exibições sexuais das 34-5
   investimento biológico em filhos 13-4, 32-3, 49
   promiscuidade em 43-7
   seletividade em 31-2, 35, 43-4
   sucesso reprodutivo das, *ver* sucesso reprodutivo fêmea
   testosterona em 179-82, 186-7, 204-5

feminismo 11, 14, 23, 27-8, 39, 60
   e a sexualidade das mulheres 97
Ferrari 139
ferreirinha-comum 52, 75, 102, 233
Filipinas 178
Financial Times [jornal] 155, 212
fixidez de traços 236-7
Flood, Michael 267
Flynn, James 145
Forbes [revista] 18
Forger, Nancy 113, 119
Fórmula 1, corrida 15, 20
França 66
Francis, Richard 161, 163
Fuentes, Augustín 61, 185

G

galos, testosterona e 165-6
Gapun, aldeia (Papua-Nova Guiné) 126
Geary, D. C. 271
gene SRY 104-5
gênero
   como construção social 159, 163, 187
   como hierarquia 203, 242
   normas sociais e 148-52
   uso do termo 28
   visão essencialista do 254
   ver também sexo biológico
genes, na determinação do sexo biológico 101-4

Genghis Khan 223
genitais
   cérebro comparado a 107-8
   masculinos *versus* femininos 105-8
Gettler, Lee 178
Gilmour, Helenor 219
Girls Will Be Girls (O'Toole) 69
glândulas adrenais 166
gônadas 84, 166, 169, 173
   contexto social e 103
Gong, Binglin 196
Google 69
Gowaty, Patricia 39-40, 256-7
gráfico de funil 193
Grande Deserto Indiano 45
Gray, John 16, 18
Griffiths, Paul 118, 232-3, 236
Guardian, The [jornal] 189, 248
Gupta, Vishal 200-1

H

hadza, povo 90, 179, 264
Haig, D. 255
han [etnia chinesa] 154
Haplochromis burtoni [ciclídeos] 161
Haslam, Nick 238, 247
Hatfield, Elaine 65, 67, 71-2, 266
Henrich, Joseph 196, 198-9
herança genética, mutações em 36
Herbert, Joe 18-9, 160, 185, 189, 206, 210, 212-3, 253

Hines, Melissa 229-30

hiperplasia adrenal congênita – HAC 104, 227

hipocampo 109

hipótese de similaridades de gênero 122, 152

Hoffman, Moshe 134-5, 139

homens, *ver* machos

Homens não são de Marte, mulheres não são de Vênus: como a nossa mente, a sociedade e o neurossexismo criam a diferença entre os sexos (Fine) 126, 230

Homens são de Marte, mulheres são de Vênus (Gray) 16, 252

Hormones and Animal Social Behavior (Adkins-Regan) 159

hormônios
  características sexuais secundárias e 166
  cérebro e 107-9, 115
  comportamento e 166, 171-3
  comportamento sexual e 167, 170-1
  contexto social e 172
  e socialização de gênero 168
  estados de ânimo e 114
  função dos 167-8, 173

Hrdy, Sarah Blaffer 44-6, 89-90, 163

huincas 196, 205

"Humans Are (Blank)–ogamous" (Clarkin) 74

humanos, adaptabilidade dos, *ver* adaptação humana

huterita, grupo 56

Hyde, Janet 123-4

I

Idade da Pedra 61, 155, 190, 234

"iguais se atraem" modelo, em estratégias de acasalamento 92-4, 273

igualdade de sexos 227, 243-6
  benefícios de 244-5
  diferenças sexuais e 21-2
  no mercado de trabalho 17-8, 22, 135-6, 160, 238, 246

Imagem & Ação [jogo] 83

"inato", uso do termo 236

Índia 44-5, 154, 196

indivíduos intersexuais 103-4, 107

Inglaterra 95

Instituto Max Planck 111

Instituto Max Planck para o Desenvolvimento Humano 152

J

Jennions, Michael 49-50

Jethá, C. 265

Joel, Daphna 103, 107, 109-12, 129, 164, 252

Jordan-Young, Rebecca 230, 239-40, 249

juventude
  em estratégias de acasalamento 88-9
  sucesso reprodutivo feminino e 20-1, 76, 89, 125, 136
  sucesso reprodutivo masculino e 84

K

Kahan, Dan 147
Kay, John 155, 292
Kennett, Jeanette 20
Keyes, Ralph 140-1
Khasi, povo 154, 196
Knox, Tom 218-9
Kokko, Hanna 49-50
Kranton, Rachel 199
Kristof, Nicholas 190
kung-san, povo 264

L

Laden, Greg 59, 85, 88, 271
Lehman, irmãos 189, 211-3
leks 43-4, 258
Letônia 265
Liben, Lynn 105, 254
Live Science [site] 122

M

macacos rhesus 174, 233
macacos-japoneses 52
maçarico-das-rochas-de-peito-
-ruivo 29, 43, 51
machos
  agressividade dos 125
  assunção de riscos por parte dos 133-4
  cuidados com a prole 47-8, 179-81
  duplos padrões sexuais dos 67-70
  exibições sexuais dos 34-5
  humanos, osso do pênis ausente em 85
  investimento biológico em filhos dos 13-4, 36-7, 46, 51-3
  seletividade nos 44-6

Macrae, Neil 243
Maestripieri, Dario 115
Maner, Jon 134
mapuche 196, 199, 205
marketing de brinquedos segmentado por sexo 218-21, 227, 236, 241, 243
Marks, Jonathan 134
Marrocos 265
Maserati 39, 53, 79, 223
massai, sociedade 154, 196
Mazur, Allan 293, 298
McCarthy, Margaret 108
McElreath, Richard 196
medula espinhal, diferenças de sexo em 113
Meier-Pesti, Katja 305
Melbourne (Austrália) 49, 55
Melbourne Cup 215
Men Are Like Waffles: Women Are Like Spaghetti (Farrel e Farrel) 17, 252
mercado de trabalho
  assédio sexual no 156-7
  desigualdade sexual no 17, 19, 22, 121-2, 135-6, 148, 156-7, 160, 186, 195, 238-9
meta-análises de comportamento em diferenças de sexo 123-5, 142, 197, 207

Meynell, Letitia 240
Miles, Catherine 101
Mismeasure of Woman, The (Tavris) 98
Money, John 255
mongol, império 134, 223
monogamia 52
  e sucesso reprodutivo masculino 56
Moore, Celia 115, 117
drosófilas [mosquinhas-das-frutas] 33
  experimentos de Bateman com 33, 35-6, 40-51, 57, 73-4, 170, 222
mosuo, sociedade 196
Move Up (Rapaille e Roemer) 101
mulheres, sexualidade das
  controle de natalidade e 96-7
  feminismo e 97
mulheres, *ver* **fêmeas**
Murawski, Carsten 263
mutações 36, 40
My Fair Lady [musical] 101

N

Nature [revista] 34, 130
nazistas 80
Nelson, Julien 143, 147, 192-4, 203-4, 213, 287
neurônios 114, 162-3, 169
neurotransmissores 169
New York Times, The 190

normas sociais
  assunção de riscos e 122-4, 191-4
  diferenças de gênero em 122-31, 192-5
Nova Zelândia 283
"Novo estudo confirma que a mente dos homens vem de Marte e a das mulheres vem de Vênus" (Maestripieri) 115

O

O'Toole, Emer 69
Oakley, Ann 255
Occidental, Faculdade 115
Oliveira, Gonçalo 182
Oliveira, Rui 115, 176, 182, 294
Oster 118
ovários 103, 105, 107, 112, 166, 173
  desenvolvimento dos 102

P

Pagel, Mark 120, 223, 226
Paleofantasy: What Evolution Really Tells Us about Sex, Diet, and How We Live (Zuk) 73
Pankhurst, Emmeline 217
"Panorama Biológico Geral" 12, 23
papéis sexuais 222-4
  codificação por cores e 218, 230-1, 242-3
  contexto cultural e 223, 225-6
  em sociedades caçadoras--coletoras 122

fusão de 239
variação em 46, 51, 74-5, 222-4
visão tradicional dos 206, 239
ver também comportamento,
diferenças sexuais em
Papua-Nova Guiné 126
pássaro-tecelão africano 116
Pawłowski, B. 290
Payne, Michelle 215
peixe-espada, testosterona e 167
peixes gobião [caboz, alcaboz ou alcabroz] 51
pênis 28, 85, 103, 105-7, 112, 176
Penz, Elfriede 201
personalidade, traços de, ver comportamento
Pesquisa Nacional de Atitudes Sexuais e Estilo de Vida na Grã--Bretanha – NATSAL 63-5
Petit, Philippe 140
Pinkerton, Steven 82
plasticidade de desenvolvimento 295
poder, exibições de 16, 19-20, 61, 70, 87, 106-7, 130-1, 148-9
poliandria 73-4, 268
prazer, comportamento sexual e 83, 6
primatas
competitividade de fêmeas entre os 45-6
comportamento sexual em 174, 176
cuidados dos pais com a prole 43
progesterona 114

promiscuidade 106
de fêmeas 42-5, 73, 223
de machos 41-3, 47, 223, 238
no sucesso reprodutivos dos machos 37
próstata 103
prostituição 267
e desejo de intimidade 87
psicólogos evolucionários 62, 89, 98
Psychology Today [revista] 115

Q
"Quando a diferença faz a diferença?" [discurso de Gillian Einstein] 114

R
Rady Business Journal 134
Rajastão 45
Rapaille, Clotaire 101
ratos
cuidados maternos com os filhotes machos 117
diferenças sexuais em 109-11, 116
Rawn, Catherine 148
razão entre dígitos 205-8, 226
receptores de androgênio, informação social e expressão 169, 176
receptores de esteroides 169
receptores de estrogênio, informação social e expressão de 168-9, 176

329

receptores de hormônios 168-9
Reinhard, Marc-André 202-3
Reis, Harry 124
Richardson, Sarah 103
Roemer, André 101
Rubel, T. 281-2
Ryan, C. 265
Ryan, Michelle 149, 212
Ryder, Brandt 41

S
Saad, Gad 219
saguis, resposta da testosterona em 176
salmão coho [salmão do Pacífico] 163
Sanders, Teela 87-8
sangu [comunidade] 196, 199, 205
Sapolsky, Robert 165
Schapiro, Mary 191
Schmitt, David 56-7, 62
Schwartz, S. H. 281-2
Sejamos todos feministas (Adichie) 9
seleção natural 118, 233, 235
seleção sexual 13-6, 22-3, 33-5, 38, 74-5, 79, 192, 212
  cuidados maternos e 117-8, 238, 242
  experimentos de Bateman e 33, 35-42, 46-7, 49, 51, 57, 73-4, 170, 222
  influências socioambientais sobre 73, 98

intrassexual *versus* intersexual 134
sabedoria recebida acerca da 19-20
visão tradicional da 81
seletividade 106
  em fêmeas 36, 39, 46-7
  em machos 43-4
setor de finanças
  assunção de riscos em 22, 189-90
  baixo custo do fracasso 198
  desigualdade sexual em 220
  estereotipificação sexual e 199--200
  testosterona e 19-20, 200
Sex and Personality (Terman e Miles) 101
Sex, Gender, and Society (Oakley) 255
Sex/Gender: Biology in a Social World (Fausto-Sterling) 116
sexo biológico, determinação do 102-8
  como processo complexo 104-5, 107
  cromossomo X em 102-6
  cromossomo Y em 102-6
  indivíduos intersexuais e 103-4
  visão tradicional do 103-7
sexo biológico
  ambiente de trabalho e 19, 21-3, 121-2, 125, 127, 129, 136, 148-9, 238-9
  brinquedos e 16-7, 21-2, 217-21, 227-31, 236
  como categoria social básica 12, 16-7, 107-8, 229
  dimorfismo em 115
  educação e 16-7
  sabedoria recebida acerca do 12-25
  uso do termo 28-9

visão essencialista do 24, 131, 136, 139, 156, 164, 203-4, 223, 225
  ver também gênero
sexo casual
  diferenças entre as atitudes de homens *versus* mulheres em relação ao 59, 63-73, 265-6, 299
  duplo padrão no 63, 67-70, 119, 267
sexo genético-gonadal-genital (sexo 3G) 103-4, 107
sexualidade humana
  como *continuum* biocultural 107, 111, 124, 137, 161-2
  das mulheres, *ver* mulheres, sexualidade das
  "longa e lenta revolução" na 82, 95
  usos não reprodutivos da 82-97, 222
Shors, Tracey 110
shuar, povo 90
sistema nervoso central, diferenças de sexo no 113
sistemas de desenvolvimento
  cérebro e 119
  comportamentos adaptativos e 226-7, 232-41
Smiler, Andrew 62, 86
Snyder, Brian 39-40, 42
socialização de gênero 118-9, 220-5
  hormônios e 168
Sociedade Britânica de Toxicologia 288
Sociedade Intersexual da América do Norte 104
sociedades caçadoras-coletoras, papéis sexuais em 122
Sommers, Christina Hoff 218

status 152-3, 157
  afrontas ao 185
  busca de 20, 39, 58, 65, 293
Stewart-Williams, Steve 98, 283
Stoet, Gijsbert 14
sucesso reprodutivo
  como aspecto da sexualidade humana 82, 84, 86
  custo biológico do 84
  modelos "opostos se atraem" *versus* "potenciais se atraem" 92-4
  ver também estratégias de sucesso reprodutivo
sucesso reprodutivo fêmea
  competitividade no 41, 43
  juventude e 20, 76
  promiscuidade e 38-43
  seletividade e 35, 38, 46
  status, recursos materiais e 90-1
  variação no 41
sucesso reprodutivo macho
  assunção de riscos e 134-5, 143-4, 191, 200-3
  busca por status e 20
  competitividade e 47-9, 57-8
  e disponibilidade de fêmeas adequadas 57-8
  exibições sexuais e 34-5
  juventude e 89
  leks e 43-4, 258
  monogamia e 56-61, 63
  pressupostos irrealistas sobre 61-2
  promiscuidade e 46-7, 61-2, 66
  seletividade e 49-51
  testosterona e 19
  variação no 35-6, 38, 60-1, 63
Suécia 146, 197
Sunday Express 220

Sunstein, Cass 144, 148, 150, 199
Sylwester, K. 290

T

talapoins, macacos 172
tamanho do efeito 123, 194
Tang-Martínez, Zuleyma 38, 267
Tanzânia 90, 154, 179, 196, 199
Tarefa de Risco Análogo do Balão 197-8, 200, 209
Tavris, Carol 98, 222
teóricos do gênero 101, 103
Terman, Lewis 103, 111
Teste de Iowa 198, 209, 308
teste de paternidade por DNA 43
testículos 11-4, 22, 102-8, 112, 159-60, 162-6, 173-4, 206
   desenvolvimento dos 102
testosterona 101-2
   agressão e 160
   assunção de riscos e 193-7
   assunção de riscos financeiros e 193-6
   características sexuais secundárias e 167, 171
   cérebro e 105-6, 159-62, 161, 177
   competitividade e 152-7
   comportamento e 148-50, 152-3
   contexto social e 172, 174-5
   cuidados parentais e 161, 177, 235
   diferenças sexuais médias em níveis de 170, 283
   "efeito vencedor" e 210-2
   em ciclídeos *H. Burtoni* 175-6
   em experimentos de "remover-e--substituir" 166
   em fêmeas 170-1, 176, 178
   experiência e 177-8
   expressão gênica e 168
   função da 166-7
   funções complexas dos 168-70
   jorro pré-natal nos machos 108
   na conversão para estrogênio 169
   níveis variáveis de 170-4, 226
   pré-natal 205-7
   setor de finanças e 20, 189-91
   visão tradicional de 21-2, 23-5, 91, 142, 171-2
Testosterone: Sex, Power, and the Will to Win (Herbert) 18, 160
Thomas, Andrew 283
Time [revista] 191
tipicidade dos traços 236-7
transas sem compromisso, *ver* sexo casual
tritão-selvagem-oriental 42
Trivers, Robert 37-9, 50
Troca de esposas [programa de TV] 120
troca de presentes
   em contextos não sexuais 48
   em estratégias de acasalamento 79-80
trompas de Falópio 103, 106
Trouble with Testosterone, The (Sapolsky) 165
Trump, Donald 114

U

Ucrânia 265
Universidade Bradley 56
Universidade Brown 104

Universidade Columbia 138
Universidade Cornell 163
Universidade da Califórnia
  em Davis 44
  em Irvine 14
  em Los Angeles – UCLA 90
Universidade da Carolina do Norte em Charlotte 81
Universidade de Binghampton 200
Universidade de Cambridge 18, 52, 228-9
Universidade de Chicago 115
Universidade de Concordia 219
Universidade de Dalhousie 240
Universidade de Exeter 12, 149
Universidade de Glasgow 14
Universidade de Illinois 184
Universidade de Kassel 202
Universidade de Leeds 87
Universidade de Lisboa 175
Universidade de Los Andes 196
Universidade de Massachusetts em Boston 74, 115, 143
Universidade de Melbourne 238
Universidade de Michigan 67, 161
Universidade de Minnesota 73
Universidade de Missouri-St. Louis 38
Universidade de Notre Dame 61, 178
Universidade de Otago 95
Universidade de Rochester 124
Universidade de Sidney 118
Universidade de St. Andrew's 61
Universidade de Swansea 283
Universidade de Tel Aviv 103, 111
Universidade de Toronto 114
Universidade de Wisconsin 123
Universidade de Zurique 111
Universidade do Sul da Flórida 202
Universidade Emory 173
Universidade Estadual de Wayne 160
Universidade Harvard 44-53, 103, 144
Universidade Macquarie 20, 81
Universidade Nipissing 184
Universidade Rutgers 97
Universidade Wake Forest 62

V

vagina 28, 103, 107, 112
Vagina: A New Biography (Wolf) 85
Valian, Virginia 126
Van Anders, Sari 161, 171, 179-81
Vássilev, Féodor 56
vesículas seminais 103
viés de confirmação 193-4, 211-3
viés de relato pessoal 63-5
violência doméstica 220-1, 241
Vlaev, Ivo 195
Vohs, Kathleen 148
Volvo 16, 127-8

W

Wade, Lisa 115, 185
Wall Street, *ver* **setor de finanças**
Wallen, Kim 173-4
Warren, Elizabeth 191
Washburn, Linda 104
Waters, Larissa 220-1, 241
Weber, Elke 138-9, 141
Why Can't a Man Be More Like a Woman? (Wolpert) 130
Why Can't a Woman Be More Like a Man?: The Evolution of Sex and Gender 101
Why Men Don't Iron (Moir) 17
Why Men Don't Listen and Women Can't Read Maps (Pease e Pease) 17
Why Men Like Straight Lines and Women Like Polka Dots (Moss) 17
Why Men Want Sex and Women Need Love (Pease e Pease) 17
Wilke, Andreas 152
With Pleasure: Thoughts on the Nature of Human Sexuality (Abramson e Pinkerton) 82
Wolf, Naomi 85
Wolpert, Lewis 101-2, 130
Wong, Wang 230
Wood, Wendy 91-2, 120-2, 239
Work with Me: The 8 Blind Spots between Men and Women in Business (Annis e Gray) 18

Y

Yang, Chun-Lei 196
yi [sociedade] 196
Yoeli, Erez 134-5, 139

Z

Zuk, Marlene 73, 255

Este livro foi composto na fonte Albertina
e impresso em agosto de 2018 pela RR Donnelley,
sobre papel pólen soft 80 g/m².